마음 예보

마음 예보

윤홍균
박진성
하주원
이두형
박종석
지민아
배승민
차승민
장광호

정신건강 위기의 시대,
아홉 명 전문의가 전하는
마음 사용법

마음예보

글 쓰는 정신건강의학과 의사회
지음

흐름출판

우리는 '연결'되어 있다

쌓았다 무너지고 쌓았다 무너지는 마음

대학생 시절. 사춘기가 늦게 왔는지 마음이 힘든 시간이 많았다. 남들이 부러워하는 학교를 다녔고, 딱히 아픈 곳도 없는데, 늘 기운이 없고 짜증만 났다. 술과 담배에 의지하기도 하고 밤을 새워 게임도 해봤지만 즐겁지 않았다. 도대체 뭐가 문제야? 주변에서 물어 와도 대답할 수 없었다. 나도 이유를 몰랐으니까.

혼란의 시기였는데, 정신의학 과목이 큰 도움을 줬다. 다른 건 다 재미가 없는데 이쪽 책을 읽으면서 위로를 받았다. 나만 이러는 건 아니라는 묘한 안심, 기억도 나지 않는 오랜 상처 탓일 수 있다는 사실, 그런데 그것을 잘 다루면 오히려 삶의 밑거름이 될 수도 있다는 세계관이 매력적이었다.

지금은 아예 정신의학이 직업이자 삶의 철학이 됐다. 마음이 아픈 이들을 도와주는 일을 한다지만 이 일을 하며 가장 덕을 많이 본 건 나 자신이다. 인생을 바라보는 관점이 변했고, 나의 일상을 무엇으로 채워 넣을지 알게 됐다. 중독 치료를 배우다가 나 자신이 술 담배를 끊기도 했다. 그러면서 빈 시간이 좀 생겼고, 틈날 때마다 글을 썼더니 시간이 흘러 책으로 엮였다. 예상 외로 책이 베스트셀러가 되었고, 내가 쓴 책들 덕분에 도움을 받았다는 사람도 많이 만났다. 하지만 내 책의 가장 큰 수혜자는 나였다.

그렇게 몇 년간 또 정신없이 살았다. 작가 생활을 겸하니 하는 일이 더 많아졌다. 세상을 원 없이 돌아다니며 강연도 하고, 사람들을 만나 정신건강의 중요성을 열심히 알렸다. 즐거웠다. 많은 사람들이 관심을 주었고, 나는 메시지를 전했다. 우울했던 대학생의 성공 스토리는 그렇게 해피엔딩으로 향하는 줄 알았다.

애석하게도 다시 우울이 찾아왔다. 상황은 대학생 때와 비슷했다. 남들이 부러워하는 위치에 있었고, 일도 다 잘 풀리고 있는데, 한편으로는 무력감이 점점 번져갔다. 나를 찾는 사람들은 더 많아지고 사회적으로도 인정을 받고 있어도, 아직도 해결할 수 없는 문제가 너무나 많았다. 사람들은 자존감이 떨어지고, 우울하다면서 나를 찾아오는데 여전히 나는 모르는 게 너무나 많았다. 그래서 마음 한구석이 불안하고, 부담스러웠다. 번아웃인가 싶어서 휴가를 내도, 그때만 잠시 편안해졌다가 다시 마음은 불편해졌다.

혼자서는 답이 나오지 않아 주변 사람들의 의견을 구했다. 동료들과 선배들, 스승님들이 흔쾌히 같이 고민해주셨다. 학생 때는 책의 도움을 받았다면, 이젠 책을 쓰는 사람들의 도움을 받게 된 격이다. 고맙게도 다시 답을 찾을 수 있었다.

심리적 건조함, 그리고 마음의 불길

문제는 **확장**이었다. 나도 모르는 사이에 새로운 영역에 들어서고 있던 것이다. 활동 범위가 넓어지면서 개인만이 아닌 집단을 마주하고, 정지된 시간이 아닌 흘러가는 시간 속의 세대들을 대하고 있었다. 사람들에게서 받는 질문이 다양해졌고, 전보다 포괄적인 범위에서 해결책을 고민하게 되었다. 그 전엔 개인의 문제로 보아 개개인의 역사를 들여다보고 해결책을 제시했는데, 언젠가부터는 지역사회를 다루고, 제도를 다루고, 현 시대와 지금의 한국사회를 바라보고 있었던 것이다.

대한민국 사회는 엄청난 속도로 변하고 있다. 산업 구조는 제조업 중심에서 플랫폼업과 서비스업 중심으로 재편됐고, 코로나19 이후 비대면 온라인 접속으로의 전환은 일상과 노동의 경계를 허물었다. 가족 단위는 핵가족을 넘어서 1인 가족화되고 있고, 고령화, 양극화가 명확해졌다. 이런 상황에서 비롯되는 혐오와 폭력, 범죄, 그리고 마약 등의 중독 문제가 사회 안전망을 흔든다. 그러니 정신과 의사들이 다루는 문제들이 다양해질 수밖에 없고, 문제의 원인과 해결책도 난이도를 높이고 있었던 것이다.

모두가 심리적으로 건조해지고, 분노의 강풍은 거세지며, 불길을 부추기는 사건 사고가 끊이지 않는다. 이유를 알 수 없는 분노, 친절과 공정에 대한 집착, 버티며 살다가 맞이하는 무기력 등 정신병리는 다양해지고 있다. 정신과 의사들은 **마음의 불을 끄는 소방관의 심정**이다. 진화의 범위는 넓어지고, 의사도 환자도 지쳐간다.

함께 버텨야 하는 사회, 함께 해결을 모색하다

이민을 떠났던 한 지인이 이런 얘기를 한다. "언제부턴가 내 기억 속 한국은 존재하질 않아." 우리는 매일 겪어서 모를 수 있지만, 한국사회는 많이 변했다. 10년 전엔 있던 것들이 사라졌고, 시민들의 살림이 달라졌고, 도심의 건물과 길이 변했고, 사람 사이 소통하는 방식이 달라졌다.

빠르게 발전하는 과학 기술이 삶을 편하게 만들어준 건 자명한데, 우리의 일상은 수면 시간이 부족할 정도로 더 바빠졌다. 1초 안에 지구 반대편 사람들과 소통할 수 있게 됐지만, 생각은 자신만의 알고리즘에 갇혔다. 세계에서 가장 가난한 나라에서 태어난 세대와 세계에서 가장 잘사는 나라에서 태어난 세대가 **고밀도 사회**에서 부대끼며 산다. 각자가 저마다의 응어리를 품고 산다. 세상 어디에도 없는 갈등과 충돌, 첨단화된 범죄. 혼자인 사람들이 늘어났지만, 마주하는 문제는 절대 혼자서는 해결할 수 없는 것들이다. 우리의 마음은 복잡할 수밖에 없다.

모든 게 나의 착각일 수도 있다. 세상은 그저 발전하고 있는데, 나이가 많아진 나만 못 따라가고 있는 것일 수도 있다. 하지만 무작정 좋게만 보기에는 우리나라의 자살률이 너무나 높다. 그리고 낮아질 기미가 안 보인다. 출근하는 자녀에게 "차 조심해라!"라고 할 게 아니라 "죽고 싶은 생각 드는 건 아니니?"라고 염려해야 하는 시대를 살고 있다. 현대 한국사회의 이곳저곳에서 **심리적 불길**이 치솟고 있는 것만은 확실해 보인다.

그래서 이번 책은 정신과 의사들이 모여 함께 쓰기로 마음을 먹었다. 급속도로 변화하는 사회, 정신 병리가 광범위하게 퍼져가는 상황에서 혼자 소화기 들고 불 끄러 다니는 데 한계가 있었기 때문이다. 나는 시류를 읽을 줄 알고, 공공의 행복에 관심이 많으며, 글도 잘 쓰는 사람들을 찾으러 다녔다. 주변 의사들에게 묻기도 하고, 학회장을 찾아가 무작정 친분을 맺기도 했다. 함께 토론하며 의견을 조율할 수 있는 융통성도 겸비한 따뜻한 사람들을 설득하고 모았다.

그렇게 아홉 명의 정신과 의사가 모였다. 공부한 학교도 다르고, 세부 전공도 다르고, 활동 지역도 제각각인 이들이다. 관점과 상황은 다르지만 글을 써서 사람들을 돕고 싶다는 마음만은 통했다.

각자의 대표작이 있는 작가 겸 정신과 의사들, 다르면서도 결이 비슷한 따뜻한 사람들이다.

우리는 수시로 모여서 의견을 나누며 요즘 '마음의 트렌드'를 정리했다. 오늘날 우리 마음을 읽어주는 정신건강 키워드들이다. 이 책은 현시점 한국에서 살아가는 사람들을 위한 **마음 지침서**다. 빠르게 소통하는 최신 잡지를 기획하는 심정으로 시작해서, 마음과 사회의 사용 설명서를 정리하는 마음으로 마무리를 했다.

1부에서는 우리 곁의 한 사람 한 사람들에게서 관찰되는 여러 정신건강 문제를 살핀다. 사람 사이에 연결이 사라진 시대에 많은 이들이 느끼는 '정서적 허기', 높은 생산성을 강요하는 사회에서 환자들이 호소하는 '가성 ADHD', 그리고 남의 성공 이야기가 너무 많이 들려오는 세상에서 빠지게 되는 중독, 그중에서도 '도박/투자 중독' 현상을 다룬다.

2부에서는 관계의 위기를 중심으로 우리 자신의 행복을 찾아가는 마음 사용법에 관해 이야기한다. 상대적 불안과 포모 증후군의 사회에서 '나만의 행복의 기준'을 찾을 것을 이야기하고, 부부의 위기가 구경거리가 된 시대, 삶의 동반자로서 좋은 부부 관계를 만들어가는 법에 관해서도 다룬다. 또 다른 글에서는 완벽한 엄마에 대한 기대와 압박을 딛고 '나와 먼저 연결되는 것'의 중요성을 전한다.

3부에서는 위기에 빠진 사회 전반으로 눈을 돌린다. 치유되지 못하고 방치되어 더 큰 아픔을 만들어내는 '스몰 트라우마'와, 억눌린 개인들의 분노가 심각한 '이상동기 범죄'로 표출되는 상황을 지적한다. 마지막으로 정신건강 의료 현장의 생생한 목소리를 전하며 모두가 진정한 자기를 찾아갈 수 있는 '치료받을 권리'에 관한 이야기로 글을 맺는다.

우리는 새로운 시대를 맞이하고 있다. AI와 로봇이 우리의 일상을 획기적으로 바꿀 거라고들 말한다. 이런 흐름을 타고 어떤 공부를 하고 어디에 투자해야 할지 알려준다는 전문가도 많다. 그들은 참 멋있다. 미래를 개척하고, 선도한다. 우리 정신건강의학과 의사들은 그렇게 멋있지는 않다. 우리는 그저 **걱정을 하는 사람들**이다. 새 시대를 따라갈 마음의 힘을 잃은 사람들, 변화의 여파가 부담스러운 사람들, 신종 범죄에 노출될 사람들, 그래서 상처 입고 자책할 사람들을 미리 걱정하고 있다.

그러니 여러분들은 편하게 이 책을 읽기를 바란다. 걱정은 우리의 몫이다. "그럼 어떻게 하지?"라는 걱정에 대한 답변도 우리의 몫이다. 성과가 있건 없건, 우리는 답을 찾아나갈 것이다. 이 작업을 꾸준히 이어나가려 한다.

어떻게 그럴 수 있냐고? 이 글을 쓰는 우리가 혼자가 아니기 때문이다. 함께하기에 덜 아프고 덜 지친다. 그리고 여러분도 이 책을 꺼내 든 순간 혼자가 아니다. 무려 아홉 명의 전문의가 당신과 함께할 것이다.

여러분의 마음이 평안해지길 바라며 글을 시작한다.

글 쓰는 정신건강의학과 의사회

글쓴이들을 대표하여

윤홍균

께할 것이다.

여러분의 마음이 평안해지길 바라며 글을 시작한다.

일러두기
- 이 책에 나오는 환자의 개인정보는 환자 보호를 위해 실제와는 다르게 적었습니다.

1부
마음에 구멍이 뚫린 사람들

윤홍균 —

정신건강의학과 전문의.

윤홍균정신건강의학과 원장, 윤홍균마음건강연구소 소장. 중앙대학교 의과대학을 졸업하고 동대학원에서 석사과정을 마치고 박사과정을 수료했다. 대한민국에 '자존감 열풍'을 불러일으킨 저서 『자존감 수업』은 2016년 출간 이후 지금까지도 '자존감의 교과서'로 불리며 독자들의 큰 사랑을 받고 있으며 일본, 중국, 대만, 인도네시아, 태국, 영국, 미국, 프랑스 등 22개국 이상 해외에서도 번역 출판되었다. 또 다른 저서로 『사랑 수업』, 『마음 지구력』이 있다. 「어쩌다 어른」(tvN), 「세바시」(CBS)를 비롯해 다양한 매체를 통해 독자들을 만나며 강연 활동도 펼치고 있다.

주요 관심 분야는 '자존감'과 '중독'이다. 한국중독정신의학회 이사, 대한신경정신의학회 상임대의원, 서울시 마포구의사회 이사로 활동하고 있다.

감정적으로 허기진 사람들

—

자존감만으로는 채워지지 않는 마음의 빈자리

정서적 허기의 시대

10여 년 전부터 '**자존감**'이라는 단어가 본격적으로 유행했다. 자기 자신을 사랑하라, 나를 먼저 챙기라는 메시지를 담은 책과 강연이 봇물처럼 쏟아졌다. 나 또한 그런 메시지를 전하는 사람 중 하나였고 많은 사람들의 호응을 받았다. "남들이 당신의 가치를 알아봐주지 않는다고 해서 좌절하지 마세요. 당신만이라도 스스로를 사랑하면 됩니다"라는 말은 일종의 구호가 되었다. 상식으로 통할 정도로 **자기 돌봄**의 중요성은 널리 퍼졌다.

그 흐름은 결코 나쁘지 않았다. 이전까지 우리는 늘 타인의 시선 속에서 살았다. 남의 눈에 내가 어떻게 비칠지, 남들이 뭐라고 할지를 먼저 고민하며 두려워했다. 그런 상황에서 '나 자신'의 감정과 욕구를 들여다보는 일은 중요했고, 절실했다. 나는 전국 강연장에서 "스스로를 사랑해주세요"라고 말했고, 많은 성과를 이뤘다. 지금도 자존감은 중요한 문제이며, **모든 사랑의 시작점**이다.

자존감 이후, 거리 두기가 유행하다

'자존감'이 유행한 이후에도 우리 마음을 읽고 다독여주는 여러 가지 심리학 키워드가 있었다. 자연스러운 일이다. 우리의 마음은 환경과 상호 작용하면서 늘 구조적인 변화를 하기 때문이다.

그런데 코로나19라는 강력한 변수가 우리의 생활뿐 아니라 각자의 마음에 큰 파동을 일으켰다. 협동을 강조하고, 전통적인 유대감과 끈끈한 정을 강조하던 사회에서 한동안 '사회적 거리 두기'를 경험했던 시간은 일상 속 우리의 심리에 큰 영향을 미쳤다. 전염병의 유행을 막기 위해 시행된 거리 두기 제도 때문에 엉겁결에 사람과 사람 사이에 관계의 거리가 생긴 것이다. 불편할 것만 같았던 이 경험은 보기 싫은 사람, 부담스런 모임에서 벗어나는 일이 얼마나 편안한 것인지 의외의 체험을 하게 만들었다.

그렇게 코로나 시대가 끝난 후 많은 것이 달라졌다. 일상으로의 복귀가 아니라 '**바뀐** 일상으로의 복귀'가 이루어졌다. 명절 문화만 봐도 그렇다. 더 이상 사람들은 시골집에 모여 차례상을 차리지 않는다. 명절 대이동의 풍경은 여행 대이동 풍경으로 변했다. 회식

문화도 바뀌었다. 단합이라는 미명 아래 함께 모여 삼겹살을 구워 먹는 일에서 벗어나는 것이 얼마나 홀가분한 일인지 많은 이들이 몸소 체험해버린 것이다. 매장에 전화를 걸어 문의를 하거나 직접 만나 주문하기보다는 얼굴을 맞대지 않고 앱을 통해 소통하는 것이 얼마나 편한지 알게 되자 비대면 산업이 급속도로 발전했다. 그렇게 우리의 사회성에도 큰 변화가 생겼다. 거리감에 익숙해졌고, '혼자가 편하다'라는 생각이 당연한 것으로 여겨졌다.

물론 이는 갑작스러운 변화는 아니었다. 이미 사회 전반에 개인화, 분리와 독립을 강조하는 분위기가 있었지만, 코로나와 비대면 산업의 확산이 이런 추세에 불을 지폈다. 그렇게 사람과 연결되고 사람에게서 사랑받는 것보다 '남을 위해 희생하지 말자' '남 때문에 손해 보지 말자'라는 태도가 급속도로 퍼졌다. 인간관계에서 생기는 괴로움을 두고도 갈등을 풀어내려 노력하기보다는 '손절'('손해를 잘라버리는 매도'라는 뜻)이 현명한 선택으로 자리 잡았다. 주식 시장에서 사용하던 용어가 관계 문제에 대한 해결책으로 쓰일 줄 누가 알았겠나. 부모와의 관계도, 연인과의 관계도 자신만의 기준을 세우고 그것을 벗어나면 '끊기'를 권하는 메시지가 수도 없이 이어지고 있다.

자존감의 중요성을 말해온 정신건강 전문가로서 내가 걱정하는 것 중 하나는 거리 두기와 손절을 택하는 많은 사람들이 '내 자존감을 지키기 위해서'라고 이유를 든다는 점이다. "모두를 위해서는 참아야겠지만 나를 위해서는 끊어야 하는데, 나를 지키는 게 우선

이겠죠?"라는 고뇌를 많이 만난다.

　자존감은 자신을 지키는 힘을 강조하는데, 언제부턴가 '상처 받지 않기 위해 관계를 끊어내는 행동의 명분'이 되기 시작했다. 본 디 자존감은 자신에 대한 자신감을 바탕으로 타인과의 관계를 부드 럽게 만드는 원동력이 된다. 그런데 종종 그 의미를 오해해 자존감 을 지키겠다며 헤어짐을 택하는 사람들이 늘어나는 것을 바라보면 서 염려가 되기 시작했다.

완벽한 하루 속 가라앉는 마음

　우리는 정서적인 거리 두기와 손절의 세상에 살고 있다. 이로 인해 발생하는 심리적인 문제는 '자존감의 문제'가 아니다. 자존감 은 "자신에 대한 주관적인 판단" 그 자체를 뜻하기 때문이다. 자존 감은 자신을 사랑해주라는 이야기이지 오롯이 혼자 살라는 의미가 아니다. 그런데 많은 사람들이 나를 사랑하겠다며 다른 이들과 거 리 두기를 선택하고, 그러면서 관계에서 오는 애정, 가까운 사람이 전하는 지지의 감정 같은 것들을 충족하지 못한다. 그렇게 '나를 위 한 손절'이라는 이유로 스스로를 고립시키면서, 인간관계에 대한 갈 망과 사랑받고 싶은 욕구가 결핍된 허전함만 남는다.

　'자존감'에 대한 오해, 그리고 뒤따르는 심리적인 공허함과 텅 빈 느낌. 어떻게든 채워 넣으려고 하지만 죄책감만 불러일으켜지는

　　　　　　　　　　　　　　1장. 감정적으로 허기진 사람들

허탈한 상태를 나는 **정서적 허기**Emotional Hunger라고 부르고 있다. 정서적 허기는 이 시대를 설명하는 가장 중요한 심리적 키워드다.

힘들지 않다면서 힘들어하는 사람들

"저 왜 이러죠? 불편한 게 없는데 자꾸 마음이 가라앉아요." "전 자신을 사랑해요. 자기 비난 끊은 지 오래됐고 자기애가 충만하다는 얘기도 들어요. 그런데 집에 가는 길이 너무 외롭고, 눈물이 납니다. 이유를 모르겠어요."

병원을 찾는 환자들에게서 이런 이야기를 점점 더 자주 듣는다. 의사로서 처음엔 당황스러웠다. 친구가 없는 것도 아니고, 능력이 부족한 것도 아니고, 무엇보다 자존감도 있다면서 이들은 왜 이런 허전함을 호소하는 걸까? 내가 그동안 말해온 자존감이라는 가치가 정말 이 사람들에게 소용이 없는 걸까?

겉에서 본 그들은 훌륭한 삶을 살고 있다. 경제적인 여건도 괜찮고, "괜찮아, 나 잘하고 있어" "나 정도면 매력도 있고, 사랑도 받고 있어"처럼 자신을 격려하는 말도 능숙하게 한다. 불면증이나 공황같이 뚜렷한 증상이 있는 것도 아니다. 몸에 무리가 갈 정도의 부탁은 센스 있게 거절하고, 상처 주는 사람과 거리를 둘 줄도 안다. 비혼인 이도 있지만 친구와 동료가 있고, 기혼자가 이런 이야기를 하는 경우도 많다. 일견 괜찮아 보이는데도, 이들은 말할 수 없는 허탈함에 힘들어한다.

이들은 자신을 이해할 수 없어서 더 고통스럽다고 한다. 말로 표현 못 할 공허함을 느끼는 사람들. 마음이 텅 빈 사람들. 이유는 모르겠는데 자꾸 눈물이 나고, 의욕을 잃어가는 사람들. 이들은 어떤 문제를 겪고 있는 걸까?

현대화된 사회, 현대화된 외로움

연결되어 있다는 착각

외로움은 인류의 기원부터 함께한 본능적인 감정이다. 고대 사회에서 혼자라는 것은 생명을 위협하는 위험한 상태였기 때문이다. 외로움은 사회적 경보 시스템과 같았다. 목이 마르면 갈증이 나고, 배가 고프면 위장에서 소리가 나듯이 '지금 당장 누군가와 연결되어야 해!' 하면서 강력한 알람이 울렸다.

그래서 인류는 외로움을 달래는 방식으로 문명을 발전시켰다. 농경사회에서 기계가 인간의 노동을 대신하는 산업사회로의 전환은 사람 사이 협동과 유대감의 중요성을 줄여주었다. 그 자리는 개인의 독립성과 혼자인 삶의 효율로 채워졌다.

핵가족화와 개인화가 이어지면서, 사람들은 외로움이 불러오는 두려움을 기술의 발전으로 극복했다. 기계와 도구로 채워나갔다. 사람들은 혼자서도 생존이 가능한 세상을 만들어냈다. 이제 혼자서도 생산 활동이 가능해졌고, 가족 없이도 가정생활을 할 수 있다. 코로나19 팬데믹은 '혼자' 살아가는 세상에 힘을 보태주었다. 혼밥, 혼술, 혼영. ‘혼자’는 불쌍한 것이 아니라 ‘쿨한’ 선택이 되었다.

사람 간의 거리가 멀어지면서 얻을 수 있는 명백한 편리함이 있다 보니 많은 사람들이 자신이 외롭다는 걸 인식하지 못한다. 마음 깊은 곳에서 허전함이 올라오지만, 그 감정의 정체를 알지 못한 채 바쁘게 살아간다. 넷플릭스를 보며 웃고, 스마트폰으로 끊임없이 메시지를 주고받고, 소셜 미디어에 짧은 영상과 사진을 올리며 누군가와 연결되어 있다는 느낌을 유지한다.

진보된 기술은 **‘연결된 외로움**Connected Loneliness’이라는 새로운 형태의 외로움을 만들었다. 늘 대화 중이지만, 공감 중은 아닌 상태. 정보는 넘쳐나는데, 마음을 나눌 사람은 없는 상태. 손가락은 바쁘지만, 가슴은 비어 있는 상태. 이것이 현대인의 정서적 허기의 핵심인 외로움의 특징이다.

자존감 – 자기 계발 – 정서적 허기

나는 평생 상처 입은 사람들을 만났다. 과거에 마음이 다치는 경험을 했거나, 좋은 기억을 쌓지 못해 결핍이 있는 사람들을 주로 만났다. 자신을 돌보는 것에 익숙하지 않아서 스스로 상처를 덧나게 하는 사람들도 많았다. 좋은 능력과 심성을 가지고 있으면서도 끊임없이 자기에게 불만족스러워하면서 괴로워하는 사람들이었다. 특히 초경쟁 한국사회에서 앞만 보고 달려온 현대인들은 자신에게 지나치게 채찍질을 해왔다. 이는 단기적으로 자신을 각성시켜 성장과 성취를 자극했지만, 스스로를 야단치고 모질게 대하는 것은 결국 만병통치약이 될 수는 없었다. 마음의 상처를 돌보지 않고 앞으로 나아가기만을 장려하는 사회에서 트라우마는 깊숙이 억압되고 상처 입은 '나'는 외부의 성취와 상관없이 휘청거렸다. 그리고 이런 이들에게 자존감은 적합한 메시지였다.

자존감이라는 개념이 확산되며 자신을 더 이상 미워하지 않고, 자기 감정에도 스스로 편을 들어주기 시작하자 사람들이 달라지기 시작했다. 자신에 대한 사랑이 생기고, 자신과의 관계를 회복한 사람들은 차차 마음의 건강을 찾았다. 불필요한 자기 연민에서 벗어나자 독립심이 생겼고, 사람들은 자신을 성공시키는 데 에너지를 쓰기 시작했다. 일명 '자기 계발'의 시대가 열린 것이다. 새벽에 일어나 공부하고, 일 끝나면 크루들과 모여 러닝하고, 틈틈이 재테크하고, 해외여행도 다니고. 일명 '갓생'을 살아내는 사람들이 늘어났다. 대한민국은 점점 더 행복해질 것 같았다.

그러나 기대와는 달리 지금 우리는 새로운 문제를 만났다. 외로움과 애정 결핍, 무기력이 합쳐진 '정서적 허기'를 경험하는 것이다. 이는 어릴 때 충족하지 못한 애정 욕구의 문제가 중독, 공허감, 자기애 결핍으로 이어지는 현상을 표현하는 단어이다. 정서적 허기에 시달리는 이들은 감정적으로는 외롭고, 공허하며, 타인과의 관계에서 얻었어야 할 애정과 관심, 인정에 목말라한다.

외로움, 애정 결핍, 중독 가능성이 뒤섞인 '증후군'

정서적 허기는 주로 '거짓 배고픔'을 의미하는 표현으로 쓰인다. 배가 고프지 않은데도 만족감이나 편안함 같은 특정한 감정을 느끼고 싶어서, 혹은 느끼고 싶지 않아서 음식을 찾는 행동과 연관이 된다. 하지만 그렇게 단순하게만 쓰일 단어는 아닌 듯하다. 정서적 허기는 정신분석학과 애착 이론, 트라우마 치료 분야가 복합적으로 뒤엉킨 심리 개념이다. 심리학자 앨리스 밀러Alice Miller는 부모의 조건적인 사랑과 감정 억압을 경험하면 그것이 성인이 되어 정서적 공허함과 인정 갈망으로 나타난다고 했으며, 상담학자 존 브래드 쇼John Bradshaw는 정서적 무시의 경험, 그리고 부모와의 감정 교류 부재가 중독, 자기애 결핍 등의 문제로 이어지는 과정을 설명했다.

그러니 정서적 허기를 다이어트를 망치는 단순한 방해물 정도로 봐서는 안 된다. 감정적으로는 공허함, 행동과학적 관점에서는 회피의 방어기제, 사회적으로는 혼자 있는 외로운 상태, 심리적으로는 애정 결핍과 무기력, 중독 행동이 혼재되어 있는 심리 증후군으로 봐야 한다. 방치할 경우 심각한 의학적 문제로 이어질 수도 있다. 심리학자이자 신경과학자 홀트룬스태드의 연구●에 따르면 외로움, 사회적 고립, 혼자 살기 같은 요인은 조기 사망 위험을 26~32% 증가시킨다고 한다. 하루 15개비의 담배를 흡연하는 것에 비유될 정도로 해로운 상태이며, 비만보다 더 위험한 요인으로 평가된다.

나는 정서적 허기가 사회 변화와 관련해 우리가 집단적으로 느끼는 증상, '외로움'을 설명하기에 가장 적합한 단어라고 생각한다. 이 문제는 우리나라의 유난히 높은 우울증 발병률, 높은 자살률과도 관련이 깊다. "공부 잘하면 친구가 생겨!" "애 낳고 키우다 보면 외로움 같은 거 느낄 새가 없어!" 하면서 마냥 미룬다고 해결될 문제가 아니다.

하지만 정서적 허기로 괴로워하는 사람들이 주변에 고통을 호소하면 대개 어색한 반응이 이어진다. "외롭다고요? 당신 같은 능력자가요? 일 중독자처럼 바쁘고, 문화생활도 많이 하고, 소셜 미디어에는 '좋아요'가 줄을 잇는 사람이 무슨 말씀이세요?" 하는 반응이다. 역설적이게도 이런 반응이 정서적 허기의 핵심 원인이 된다. 왜? 성취의 이면에, 그들의 말 못 할 고통에 아무도 공감을 해주지 않기 때문이다. 스스로도 문제의 근원이 아니라 자신의 성취를 돌아보며 '내가 왜 이러지' 하고 의아해한다.

솔직히 나도 그 '허기'에 관해 잘 모른 채 살아왔던 것 같다. 어릴 땐 입시 경쟁을 하느라 정신이 없었고, 성인이 되어서는 자기 계발과 사회 활동을 병행하느라 눈코 뜰 새 없이 지냈다. 외로움이나 애정 결핍 때문에 마음 앓이를 해본 적이 없었다. 오히려 "나도 한 번쯤은 혼자 있어보고 싶다!"는 비명을 지르며 일과 사람에 치여 살았다. 하지만 중년이 되면서 조금씩 알게 되었다. 자녀들은 더 이상

● Holt-Lunstad, Julianne et al., "Loneliness and social isolation as risk factors for mortality: a meta-analytic review", *Perspectives on psychological science: a journal of the Association for Psychological Science* vol. 10,2 (2015): 227-37.

나에게 의지하지 않고, 부모님도 나를 걱정하지 않는다. 동년배와의 관계에서도 별다른 질투심이 생기지 않는다. 특히 몇 명의 선배와 친구들을 하늘나라로 떠나보낸 후 마음 자세가 많이 달라졌다. 굳이 남들보다 더 치열하게 살고자 하지 않는다. 풍선처럼 부풀어 올랐던 경쟁의식과 초조함이 빠져나갔고, 그 자리가 **텅 비어** 공허하게 남았다. 아직도 일을 하고, 운동도 하고, 사람들을 만나지만 마음 한 구석엔 항상 빈 공간이 있다. 이제야 '아, 이런 게 환자들이 말하던 허전함이구나'라고 느낀다.

물론 이런 공허함이 당장 인생을 위협하는 문제는 아니다. 하지만 무시해도 될 만큼 미약한 증상도 아니다. 사회성의 충족은 생존 본능과 관련되어 있기 때문이다. 아무리 인기가 많은 연예인이라도, 아무리 돈이 많은 사업가라도, 닿을 듯이 가까운 곳에 내 편이 없으면 힘들다. 한참 성공 가도를 달리던 사람들이 중독이나 일탈 행동으로 이 허전함을 채우려 하다가 추락해버리는 경우가 얼마나 많은가.

현대인들은 관계의 홍수 시대를 살아가기에 정서적 허기를 간과하는 경향이 있다. 콘텐츠는 범람하고 소셜 미디어 접속은 길어진다. 기다리지 않아도 언제든 남들과 메시지를 주고받을 수 있는 세상이다. 그러다 보니 항상 '누군가와 함께 있다'고 착각하게 된다. 자신의 외로움을 들여다볼 시간도, 기회도 없다. 이는 한국만의 문제가 아니다. 오죽하면 영국에는 외로움부Minister for Loneliness 장관을 두었겠나.

정서적 허기는 어떻게 다가와서 작용할까

행복의 정의는 다양하지만 행복에는 공통적인 원리가 있다. 우리에겐 욕구가 있고, 그것이 충족되면 행복해진다. 이것이 가장 기본적인 행복의 법칙이다.

욕구는 그릇과 같다. 적당한 크기의 그릇과 이를 채워 넣을 능력이 있어야 행복해질 수 있다. 정서적 허기 때문에 괴로운 사람들은 어떨까? 그들은 바라는 게 너무 많은 것일까? 유난히 외로움을 많이 느끼기 때문에 결핍이 채워지지 않는 것일까? 아니면 사람에게 친밀하게 다가갈 능력을 잃은 것일까?

정서적 허기에 시달리는 대부분의 사람들은 평범한 사람들이다. 겉으로 보기에는 잘 살고 있고, 잘 살아오던 사람들이다. 어렸을 때는 공부, 성인이 되어서는 일에 대한 성취 욕구가 있고, 그 욕구를 충족시킨 사람들이 문득 허전함을 느끼고는 한다. 이제 일에서의 성취 다음으로 사랑에 관한 욕구가 남아 있기 때문이다. 누군가와 감정을 주고받는 대화를 하고, 무조건적인 존중과 돌봄을 받고 싶은 욕구는 신생아 시기부터 시작되는 자연스러운 바람이다. 우리는 평생 사람과의 관계에서 오는 따뜻한 상호작용을 그리워한다.

그런데 우리 사회는 이 욕구에 솔직하지 않다. 인간의 사회적 본능임에도 불구하고, 주변에선 이 욕구를 억누르기를 강요한다. "성적만 오르면 친구는 생겨. 이럴 때일수록 공부에 집중해!" "부부 사이도 결국 돈이 있어야 해. 곳간에서 인심 난다잖아"라며 관계보다 생산적인 활동에 관심을 두기를 독려한다.

프로이트도 인간에게 있는 가장 기본적인 욕구로 일과 사랑을 꼽았다. 일을 통해 자아를 실현하는 것이 중요하긴 하지만, 사랑이 충족되지 않는 채로 인생을 살아간다는 것은 참으로 고달픈 일이다.

자존감의 세 가지 축

정서적 허기는 자존감에도 영향을 끼친다. 이를 구체적으로 이해하기 위해서는 먼저 자존감의 구성 요소를 알고 있어야 한다. 자존감을 구성하는 핵심 축은 **자기 효능감**이다. 자기 효능감은 자기 스스로 능력과 가치가 있다고 인식하는 것인데, 일에서의 성취와 관련이 깊다.

'나는 사회적으로 쓸모 있는 존재다' '나는 능력 있는 사람이다'라는 자기 인식을 얻기 위해선 남들보다 뛰어난 능력과 업적을 쌓는 게 유리하다. 많은 부모들이 자신의 자녀가 공부 잘하기를 바라는 것도 이런 이유다. 자기 효능감을 높여서 자존감 높은 당당한 인생을 살기 바라기에 자녀들을 학원에도 보내고, 잔소리도 한다.

하지만 우리는 자존감의 구성 요소에 **자기 조절감**이라는 개념도 있음을 간과하곤 한다. 자신의 인생을 스스로 결정하고, 원하는 대로 살고자 하는 욕구를 의미한다. **자기 안전감**이라는 요소도 있다. 자기 안전감은 자존감의 '바탕색'이라고 보면 된다. 아무리 능력이 있고, 자신이 바라던 모습의 삶을 살아도 이는 '나는 안전하다'라는 인식을 토대로 해야 한다. 무리하며 건강을 해치고 있다거나, 사회적 평판을 떨어뜨려가면서 "나는 잘 살고 있어!"라고 외친들 마음 한구석이 늘 불안할 수밖에 없다. 남을 속였다거나, 안전이 위협받는 상황이라면 성취를 했더라도 극도의 불안감과 후회에 휩싸이게 되는데, 이는 자기 안전감이 손상되었기 때문이다.

"일은 잘하고 있는데, 왜 내 삶이 행복하지 않지?"라는 말은 자존감의 세 가지 구성 요소 중 어느 한 가지가 채워지지 않았기 때문이다. 정서적 허기를 호소하는 이들은 생산적인 능력을 확인하는 자기 효능감은 지켜지고 있지만, 자기 조절감과 자기 안전감이 약해진 상태이다. 결국은 "내가 이런 거 잘해봤자 뭐 하나?" 하는 허무한 상념이 찾아들고 어떻게든 이를 극복하고 싶다는 욕구가 차오른다.

중독으로 연결되다

정서적 허기가 여타의 부정적인 감정과 다른 점이 있다. '마음이 텅 빈다'는 것이다. 이게 무슨 말이냐면, 미움이나 불안 같은 불쾌한 감정은 마음을 차지한다. 그래서 산책을 하거나 심호흡을 하면 부교감신경이 활성화되면서 미움도 불안도 옅어진다. 반면에 정서적 허기는 마음의 진공 상태와 같다. 채워져 있는 게 아니라 비워져 있는 상태다. 그래서 맹렬하게 '채울 것'을 찾는다. 중독을 유발하는 도파민 시스템을 건드리는 것이다.

드라마 「미생」에 이런 메커니즘을 잘 표현한 장면이 있다. 한참을 협심해서 프로젝트를 준비하던 팀이 식당에서 모임을 하고 있었는데 우연히 다른 팀 임원 한 명을 만난다. 이 팀이 모인 이유를 들은 임원은 갑작스럽게도, 그 프로젝트를 왜 당신들이 하냐며 다른 팀에 넘기라는 지시를 내린다. 자신들을 보호해주고 힘을 실어줄 상사가 없다는 사실을 느꼈던 것일까? 직원들은 맹렬한 허기를 느끼며 말 한마디 없이 허겁지겁 음식을 먹기 시작한다. 화면 가득 음식을 먹는 장면이 흐르고, 젓가락 부딪히는 소리, 쩝쩝거리는 소리 끝에 "무엇이든 채워 넣어야 한다는 극심한 허기를 느꼈다."라는 주인공의 내레이션이 공허하게 울린다.

나는 그 장면이 외로움과 정서적 허기가 뇌의 보상 중추 시스템에도 영향을 끼친다는 연구를 형상화한 모습이라고 생각한다. 한 연구에 따르면● 외로운 상태에서는 사람과의 교류가 즐겁게 느껴지지 않고, 사물이나 물건 같은 비사회적 자극에 더 민감한 반응을 보인다고 한다. 사람에게 상처 받고 외로워진 날, 쇼핑하고 싶다는 강렬한 욕구가 올라오거나 도수 높은 술이 달콤하게 느껴지는 것도 이런 기전과 관련이 깊다. 외로움은 쾌락 중추를 민감하게 만든다. 공허한 마음을 중독으로 채울 위험성이 높아진다는 뜻이다.

●   Cacioppo, John T. et al., "In the eye of the beholder: individual differences in perceived social isolation predict regional brain activation to social stimuli", *Journal of cognitive neuroscience* vol. 21,1 (2009) : 83-92.

돌이켜보면 나의 20대 시절도 정서적 허기 때문에 힘들었던 것 같다. 의과 대학에 입학했고, 많은 사람들의 축하를 받으며 시작된 청춘이었지만 행복감은 그리 오래가지 않았다. 언제부턴가 주변과 나를 비교하면서 일종의 벽을 느꼈다. 뛰어난 능력을 지닌 친구들, 부잣집 아이들, 도저히 따라잡을 수 없을 것 같은 선배들. 그 누구와도 어울릴 수 없는 이질감이 있었다.

그렇다고 삼수 중인 친구들에게 신세 한탄을 할 수도 없고, 군대에 가 있는 친구들에게 털어놓을 문제도 아니었다. 이야기를 나눌 사람이 없다 보니, 점점 사람에게 다가가는 게 어색해졌다.

이 글을 읽는 독자들도 공감 못 할 것 같다. "의대생이 외롭다고? 너무 배부른 소리 아니야?" 그때의 나도 그런 소리를 들을 것 같아서, 아무 일 없는 척을 하며 밝게 지냈다. 그러다가 불현듯 쓸쓸해지고, 혼자 술을 먹다가, 여기저기 모임에 가입했다가 취소했다가, 결국 자발적인 고립의 길로 접어들었다.

그러다가 우연히 스타크래프트라는 게임을 만났다. 평소 승부욕도 없고 박진감을 좋아하지도 않았는데 그때는 무섭게 빠져들었다. 스트레스를 해소한다는 명분이었지만, 게임이 잘될수록 학교 진도는 따라잡기 힘들어졌다. 말하자면 게임 중독이었다. 결국 유급을 당했고 펑펑 울면서 후회를 했지만, 나의 생활이 저절로 변화되지는 않았다.

요즘의 한국사회를 바라보면 내 20대의 축약판을 보는 듯하다. 열심히 일한 대한민국은 성공기를 쓰고 있다. OECD에 가입하며 선진국 대열에 진입하고, APEC 의장국도 하고, 한류를 통해 문화 강국으로 올라섰다. 하지만 높은 자살률은 떨어지지 않고, 양극단으로 갈라져 갈등은 심화되고, 전 국민적으로 우울증과 불안장애 환자가 급증하고 있다. 결혼과 출산은 줄고, 이혼과 고립은 늘어간다.

우리는 많은 것을 이뤘지만 모든 것을 얻지는 못했다. 그리고 무엇을 놓치는지조차 모르고 지낸다. 부자도 늘고 고학력자도 늘고 소셜 미디어를 통해 성공을 홍보하는 사람들도 늘어나기 때문에 내 성취를 그들과 비교하며 쫓기는 기분에 시달리지만, 소통의 단절과 그로 인한 외로움은 인식하지 못한다. 불안하면 가슴이 두근거리고, 잠을 못 자면 다음 날 멍해지지만, 정서적 허기는 눈에 띄는 증상이 없다. 사회적 성취와 정서적 결핍을 오가다가 순식간에 중독적인 행동으로 빠져든다. 나도 그랬다. "이건 그냥 게임 문제야. 게임만 끊으면 돼. 내가 해결하면 돼!" 하면서 시간을 보냈다. 나조차도 내 문제가 뭔지 몰랐다.

연결을 잃은 당신에게 찾아오는 증상들

심리적 증상

정서적 허기를 쉽게 표현하면 '감정이 배고픈 상태'다. 달콤한 보람도 느끼고 싶고, 감사함과 충만함도 느끼고 싶은데 그 감정이 채워지지 않는 것이다. 그래서 정서적 허기에 시달리는 사람들은 '마음이 허하다' '황량하다' '헛헛하다'라는 표현을 쓰기도 한다. 보람이 없으니 잘못 살아온 것 같다는 생각도 하고, '현타가 온다' '다시 시작하고 싶다' '내가 왜 이걸 하고 있지?'라고 호소하기도 한다.

예전 같으면 이런 감정은 보통 갱년기에 접어든 중년이나 은퇴에 임박한 어른들을 괴롭히던 증상이었다. 더 이상 잘한다고 박수 쳐주는 사람도 없고, 사회적 쓸모가 다한 것 같지만 이를 받아들일 타이밍도 아니고, 마음의 준비는 당연히 안 되어 있는 이들이다. 말하자면 넷플릭스 방영 중인 화제의 드라마 「서울 자가에 대기업 다니는 김 부장 이야기」(이하 '김 부장 이야기')에 나오는 '50대 대기업 부장님' 또래가 느끼는 허무감으로, 전에는 '빈 둥지 증후군'이라는 말로 통했다.

그러나 요즘은 '7세 고시'라는 말도 있지 않나. 어린 나이부터 경쟁이 시작되고, 파이어족(경제적 자립을 이루어 30~40대에 이르게 은퇴하는 사람들을 이르는 말)이 선망의 대상이 될 정도로 모든 것이 빨리 진행된다. 그래서 이제는 30~40대, 아니 20대부터 빈 둥지 증후군을 앓는 듯하다.

정서적 허기는 우울증과는 다르다. 사회적 기능이 살아 있고, 겉에서 티가 날 정도로 말수가 줄거나 사람을 피하지는 않는다. 그렇지만 평소의 기능을 해내더라도 다음의 감정이나 행동 증상이 이어지고 있다면 '내가 지금 겪는 마음의 문제가 정서적 허기라는 거구나' 정도로 인식을 해야 한다.

주변 사람들과의 불일치감Dissonance

나만 다른 사람 같다. 남들은 자연스럽게 어울리는데 나만 부자연스러운 것 같고, 남들은 쉽게 하는 일을 나만 어렵게 하는 것 같다. 고향을 떠나 겪는 향수병처럼, 단절로 인한 불일치감을 느낀다.

이항상성 부하Allostatic Load

스트레스가 있고 불편감을 느낀다고 해서 바로 퍼포먼스를 포기하는 건 아니다. 물에 떠 있기 위해 오리들이 수면 아래에서 열심히 발을 차듯이, 평소의 기능을 유지하기 위해 많은 양의 에너지를 써야 하는 부하가 걸린다.

거절에 대한 민감성Rejection Feeling

'나만 특이하다'라는 생각에 소속감의 위기를 겪다 보니 작은 거절도 큰 위협으로 다가온다. 관계에서 배제된 후 겪게 될 감정의 소용돌이가 두려워 먼저 거절한 후 숨어버리기도 한다.

감정과 자존감의 불안정성Instability

만성적인 스트레스에 시달리다 보니 세로토닌의 활성이 저하되고 이로 인해 민감성과 충동성이 증가한다. 사소한 걱정에도 잠을 못 자고, 작은 성취와 작은 실패에 자신의 인생 전체를 대입시켜 자존감의 고양과 낙담을 반복한다.

정서적 허기는 종종 신체적 허기와 혼동된다. 정서적 허기와 배고픔 모두 뇌의 시상하부, 편도체, 전전두엽 피질 등에서 느껴지기 때문에 두 가지를 구별해내기가 쉽지 않다. 심리적인 결핍을 포만감으로 대체하는 문화도 이런 혼동을 유발한다. 먹방 콘텐츠가 몇 년째 유행하고 있는 것은 그만큼 많은 이들이 정서적 허기에 시달리고 있다는 뜻이 아닐까? 당분과 지방이 많은 음식물은 일시적으로 도파민 분비량을 늘려서 실제 현실을 잊게 만든다. 하지만 그만큼 내성과 의존성이 생기면서 더 큰 허탈함을 일으키고 이는 탄수화물에 대한 갈망으로 이어진다. 그 외에도 여러 문제적 행동이나 성향이 나타나기도 한다. 대표적인 예로는

소셜 미디어, 쇼핑, 게임 등의 행위에 몰입

자신의 일상생활을 자극적인 행동으로 채워 넣으면 잠깐이나마 허탈감을 잊을 수 있다. 특히 뇌 보상 중추의 도파민을 분비시키는 행동들은 정서적 허기를 느낄 때 가장 유혹적으로 느껴진다. 소셜 미디어의 '좋아요'에 민감해지고, 저 물건 하나만 사면 행복해질 거라는 마술적 기대감이 생기기도 한다.

사랑 없는 연애, 금지된 관계 추구

정서적 허기가 인간관계와 관련해 생기는 공허감이다 보니 이를 채우려는 역동이 생긴다. 평소 같으면 관심도 없었을 사람에게 매혹을

느끼거나 타인을 이상화하기도 한다. 불륜이나 금지된 관계로 선을 넘으면서도 '외로워서 그래' '사랑하면 괜찮아'라며 합리화하는 심리 이면에도 정서적 허기가 작용했을 수 있다.

타인을 괴롭히는 등의 미숙한 행동

정서적 허기는 악플 달기, 시비 걸기, 이간질하기처럼 미숙하고 위험한 행동을 유발한다. 어떠한 관심이라도 받아야 한다는 압박감이 어린 시절의 방어기제를 이끌어내고, 반사회성, 충동성과 결합되며 행동 문제로 이어진다. 굶주림에 내몰리면 땅에 떨어진 음식이라도 먹듯이 외로움과 고립에 시달리다 보면 퇴행된 행동을 하게 된다.

완벽주의적 성향

초이성적인 태도로 감정을 차단하는 방식이다. 「B사감과 러브레터」의 주인공처럼 완고함과 강박으로 무장하여 '난 감정 따위는 몰라' '그저 옳은 길을 갈 뿐이야!' 식으로 행동한다. 작은 실수에도 민감하게 반응하거나, '모든 사람에게 인정받아야 해!' 하는 원대한 목표를 세우곤 한다. 하지만 아무리 노력해도 성취감은 발생하지 않기 때문에 번아웃으로 이어진다.

잠수 이별, 환승 연애 등 이별 증후군

타인을 만나 사랑을 나누고 상호작용을 하는 것은 아름다운 일이다. 하지만 자신의 공허함을 달래는 수단으로 시작된 관계는 끝날 때도 순조로울 수 없다. 특히 '나는 불쌍하니까 이래도 돼'라는 자기 연민과 합리화가 만나면 상대에게 커다란 상처를 남긴다. 진정한 사랑은 헤어질 때도 상대방을 배려한다.

이처럼 정서적 허기는 여러 가지 문제적 심리 현상과 행동으로 이어진다. 그리고 그 행동들은 다시 우리의 외로움을 자극하기도 한다.

집단적 옥시토신 결핍의 시대, 정서적 허기를 해결하기 위한 마음의 기초 세팅

영국 칼럼니스트 다니엘 튜터는 동명의 저서에서 한국을 일컬어 "기적을 이룬 나라, 기쁨을 잃은 나라"라고 표현했다. 기분이 나빠 반박해보고 싶었지만 딱히 근거가 없었다. 우리는 기적을 이룬 것도 맞고, 기쁨을 놓치고 있는 것도 맞다. 슬프지만 정확한 표현이었다.

비슷한 맥락에서 마크 맨슨이라는 미국 작가도 한국을 "전 세계에서 가장 우울한 나라"로 꼽았다. 질서와 공동체 의식을 강조하는 유교주의와, 개인주의를 기반으로 자유로운 경쟁을 장려하는 자본주의. 한국은 유교주의가 남아 있는 상태에서 자본주의가 발전한 복잡한 나라이다. 강점들이 모여서 기적을 만들고, 단점들도 시너지를 냈다. 그 안에서 우리는 괴로울 수밖에 없다.

우리가 나쁜 사람이라서, 약한 사람이라서 괴로운 게 아니다. 우리는 세상 누구보다 함께, 그리고 잘 살아보려는 의지가 강한 사람들이다. 오죽하면 가장 오래된 건국 이념이 "널리 사람을 이롭게 하라"겠나. 지금은 그저 혼란기일 뿐이다. 동서양을 지배하던 대표적인 가치관이 한 사회 안에서 충돌하고 있으니 그 속에서 사람들이 얼마나 휘둘렸겠나. 이제 하나하나 정리해가면 된다. 유대감을, 사회적 연결을 어떻게 되찾아야 할지 하나하나 해결해가는 태도가 중요하다.

유대감을 이야기할 때 빼놓을 수 없는 것이 옥시토신이라는 호르몬이다. 옥시토신은 엄마가 아기에게 처음 젖을 물릴 때 분비되는 호르몬으로 유명하다. 이 호르몬 덕분에 자궁이 수축하며 산모가 빠르게 회복할 수 있다. 옥시토신은 또한 스킨십을 하는 두 생명체 간에 끈끈한 유대감을 만들고 애착을 이어주는 역할도 한다. 아기와 엄마뿐만 아니라 모든 인간들이 직접 접촉할 때 옥시토신이 분비되며 신체에서 반응이 일어나고, 서로에게 집중하고, 같은 편이 되고 싶은 욕구가 만들어진다.

우리의 삶. 연애가 힘들고, 결혼이 힘들고, 이혼을 부추기는 사회를 살아간다는 것은 옥시토신의 결핍에 시달리는 삶이다. 하루 종일 모니터를 맞대며 일하고, 사랑하는 사람의 손길보다는 스마트폰의 액정을 훨씬 더 많이 터치한다. 은둔형외톨이가 아니더라도 현대인이라면 외로움을 기본값으로 삼고 살아간다. 봄이 되면 아무리 건강한 사람도 황사와 미세 먼지에 영향을 받듯이 2020년대를 살아가는 우리들은 정서적 허기에 영향을 받는다. 우리는 외롭거나, 외로웠던 상처가 있거나, 외로워질까 봐 걱정하고 있다.

아무리 자존감이 높은 사람이라도 온기를 나누면서 살지 않으면 영혼이 황폐해진다. 근본적인 해결은 **연결**이다. 혈당이 떨어져 쇼크에 시달리는 사람에게 아무리 좋은 말을 해준다고 해결이 되겠나. 외로움은 옥시토신 결핍 외에도 스트레스 호르몬인 코르티솔을 높이고, 세로토닌 감소, 염증 물질 생성, 교감신경 항진 등 신체적 문제도 동반한다.

회복을 위해 준비해야 할 두 가지 태도

문제를 해결하기 위해 우리에게 필요한 두 가지 '마음의 태도'가 있다. 우선은 **서두르지 말라**는 것이다. 허기는 결핍이며, 결핍은 본능적인 위협이다. 사람 간의 연결, 유대감이 중요하다고 해서 아무에게나 마음을 열면 안 된다. 사회 전반에 깔린 정서적 허기 문제를 인식한 사람들 중엔 나쁜 사람도 많다. 결혼 사기, 로맨스 스캠, 각종 사이비 종교와 자신이 치료자라고 주장하는 정체불명의 전문가들이 당신의 허전한 마음을 노린다. 외로운 마음을 의도적으로 파고드는 이들은 겉으로는 가려내기가 어렵기 때문에 마음이 비어 있을 때는 이런 사람들에게 이용당할 위험도 커진다. 그리고 이런 이들에게 기댔다가 한번 크게 데이면 '다시는 사람에게 기대지 말아야지' 하는 회피로 이어지기도 하고, 그러다 더 심화된 고독으로 괴로워하고, 연결되고 싶다는 갈망이 다시금 자극되어 또 다른 실수를 저지르게 되기도 한다.

갈증이 난다고 바닷물을 마실 수는 없지 않은가. 본능에 이끌려 급하게 해결하려고 하면 상황만 악화된다. 특히 '누군가가 나의 허전한 마음을 한 번에 해결해주겠지' 식의 '구원자 환상'을 품고 있으면 위험성은 배가된다. 세상에 당신의 외로움을 달래기 위해 태어난 생명체는 없다.

두 번째, 어떤 상황이 오더라도 **자신을 사랑하는 마음을 기초로 삼아야** 한다. 아무리 외로워도, 아무리 후회할 만한 행동을 했더라도 자신을 지나치게 폄하하거나 비하해서는 안 된다. 우리가 겪는 문제는 개인만의 잘못이 아니다. '어디서부터 잘못된 거지? 내 성격 탓인가? 내 상처 탓인가?' 하면서 내부에서 원인을 찾으면 정서적 허기가 심화되어 우울감으로 이어진다.

특히, 타인의 사랑과 인정을 얻으려는 상황에서 너무나 큰 고통이 느껴진다면 방법이나 대상이 잘못 설정되었는지 살펴봐야 할 일이다. 행복하게 살기 위해 문제를 해결하려는 것인데 불행한 방향으로 나아가고 있다면 뭔가 문제가 꼬여 있음을 의미한다. 결핍된 애정 문제를 해결하려는데 자기애가 사라지고 있다면 원점에서 다시 시작할 필요도 있다.

정서적 허기 문제는 살면서 이런 경험에서 조금, 저런 경험에서 조금, 올해에 조금, 내년에 그 다음 단계… 이런 식으로 단계적으로 해결된다. 그러니 진정한 해결을 위해선 여유가 필요하다. 하나의 완벽한 해결책은 비현실적임을 이해해야 한다. 풍요로운 가을을 맞이하기 위해서는 씨 뿌리는 봄, 푹푹 찌는 여름을 견뎌야 한다. 당장 열매를 맺을 수 있는 나무는 없다.

변화를 시도할 때, 불안이 자극하는 방어기제들

정서적 허기를 극복하려 우리가 하는 새로운 시도들은 때로는 불안과 두려움을 자아낸다. 그리고 이런 감정은 우리 마음속에 방어기제를 일으킨다. 내게 어떤 마음이 발현하고 상황과는 어떤 충돌을 일으킬지 미리 안다면, 나 자신을 근본적으로 이해하며 스스로를 더 잘 보듬어줄 수 있다.

양가감정

양가감정Ambivalence은 한 가지 대상에 대하여 반대되는 생각과 감정이 동시에 나타나 충돌하는 마음 상태이다. 좋으면서도 싫고, 다가가고 싶으면서도 멀리하려는 마음이 들 때 우리는 양가감정이 든다고 표현한다. 예를 들어 요즘 연애 문제를 바라보는 시각이 그렇다. 많은 사람들이 연애를 포기한다. 경제적으로 부담스럽고, 시간도 없고, 감정 소모가 버겁다. 얼핏 보면 다들 사랑을 싫어하고 두려워하는 것처럼 보인다. 하지만 요즘 가장 인기 있는 예능은 연애 리얼리티 프로그램이다. 다들 사랑과 무관한 인생을 살아가는 것 같아도, 여전히 연애는 최고의 관심사다.

정서적 허기를 바라보는 시선도 이처럼 양가적이다. 흔히들 "먹고 살기 바빠 죽겠는데 마음이 무슨 문제에요? 돈이 문제지. 돈만 있으면 마음이 허한 것도 없어요"라고 말한다. 하지만 정말 그럴까? 사랑하는 사람도 없고 챙겨주고 싶은 사람도 없는데 돈을 벌고 싶은 욕구가 생길까? 절대 그렇지 않다. 실제로 돈을 많이 번 사람들에게 그 시작을 물어보면 대개 사랑을 이야기한다. 사랑하는 가족을 좀 더 좋은 환경에서 살게 하고 싶어서, 사랑하는 사람이 돈 때문에 건강을 못 챙기는 상황에 너무 스트레스를 받아서, 사랑하는 가족과 시간을 더 많이 보내고 싶어서…. 많은 사람들이 사랑을 부담스러워하지만, 또 많은 사람들이 사랑을 원한다.

양가감정은 정서적 허기를 다루는 모든 과정에서 등장한다. 정서적인 빈 공간을 느끼고, 그것을 인정하고, 해결하려고 마음먹는 모든 순간에 등장한다. '내가 정말 외롭나?' '이런 걸 느껴도 되나?' '이게 될까?' 하며 계속해서 갈림길을 만난다.

그렇지만 양가성은 세상에 존재하는 모든 것에 부여된 자연스러운 현상이다. 밥을 먹을 때에도 너무 굶으면 건강을 해치지만, 너무 많이 먹어도 탈이 난다. 예전엔 굶는 게 끔찍한 일이라 생각했지만 요즘은 간헐적 단식을 권하기도 한다.

그러니 정서적 허기 문제를 해결하려 할 때 그만두고 싶은 마음이 들더라도 너무 놀라지 않길 바란다. '아. 그때 얘기 들었던 양가감정이 올라오는군?' 하면서 천천히 다음 단계로 나아가면 된다. 마치 달리기를 하는데 언덕을 만난 것과 같다. 묵묵히 오르다 보면 어느덧 조금 더 건강해져 있을 것이다.

즉시 보상 편향

"오늘 100달러를 받을지, 3년 후 200달러를 받을지 결정하라."

미국 심리학자 조지 에인슬리George Ainslie는 실험 대상자들에게 이런 질문을 던졌다. 그리고 많은 이들이 즉시 100달러를 받는 것을 선택했다. 사람들은 시간이 흐른 후에 주어지는 보상보다는 즉시 받을 수 있는 보상을 편애하기 때문이다. 이를 즉시 보상 편향Instant Gratification Bias 현상이라 부른다.

정서적 허기를 해결할 때도 이런 현상이 나타난다. 정서적 허기는 애착, 사랑, 따뜻함, 본능적인 애정 욕구가 충족되지 않아 발생하는 심리적인 문제인데, 이를 관장하는 뇌 영역은 복측 피개 영역VTA 주변이다. 그런데 이 부위는 보상 중추, 쾌락 중추라고 불리는 부위이기도 하다. 도파민 시스템이 관장하는 부위이기 때문에 정서적 허기 문제의 해결도 즉시 보상 편향이라는 과제를 만나게 된다.

내가 진료실에서 정서적 허기 현상을 발견하고, 이 문제를 해결해야 한다고 이야기를 하면 거의 대부분의 환자가 "지금 당장"

"한 번의 노력으로 한 방에" 해결해달라는 태도를 보인다. 이를 유튜브에서 다룬다면 "정서적 허기 문제가 있다면 ○○○만 기억하세요!" 이런 제목으로 시청자들을 '낚을' 것이다.

이런 특성 때문에도 정서적 허기 문제는 중독 문제와 연관된다. 당장 '도파민을 터뜨려줄 수 있는' 활동에 빠져들기 쉬운 상태이기 때문이다. 정서적 허기가 찾아오면 허기를 느낀 채로 가만히 있는 경우는 없다. 외로움이 커지면 단 음식에 대한 갈망이 생기고, 공허함이 커질수록 릴스나 쇼츠를 보면서 시간을 보내는 현상은 즉시 보상 편향과 관련이 깊다. 말하자면 정서적 허기에 빠진 사람은 중독으로 갈 것이냐, 회복과 성장으로 갈 것이냐 갈림길에 선 상태인 것이다. 우리 사회 전반에 디지털 기기 중독, 쇼핑 중독, 탄수화물 중독, 심각하게는 도박과 마약 중독 문제가 점점 심각해지는 이유이다.

억제의 역설 이론

억제의 역설Ironic Process Theory은 하지 말라고 하면 더 하게 되는 현상이다. 유명한 이야기가 '흰곰 효과White Bear Effect'이다. 흰곰에 대해 생각하지 말라고 하면 사람들은 오히려 흰곰을 자꾸 떠올리게 된다. 정서적 허기 문제에서도 이 효과가 나타난다. 외로움을 호소하는 사람에게 "외로워하지 마!"라고 얘기하면 그 사람은 더 외로워진다. 이별 후유증으로 괴로워하는 사람이 "그 사람을 잊자! 잊어버리자!"라고 결심한다고 해서 상대를 잊을 수 있는 게 아닌 것처럼 말이다.

애정 결핍의 문제는 억압하거나 무시할수록 오히려 응어리가 커지고, 엉뚱한 관계에서까지 연쇄적으로 폭발한다. 부모에게 받지 못한 애정 문제가 친구 사이에서 터지고, 직장에서 인정받지 못해 괴로운 문제가 가정에서 터진다.

정서적 허기 문제를 해결하려면 '숨통을 틔운다'라는 개념으로 접근해야 한다. 그리고 이를 구체화하는 행동은 작은 '연결'이다. 나의 경우 글을 쓰다가 종종 외로움을 느낄 때가 있다. 사무실에 혼자 남아 키보드를 두드리다 보면 조용해서 좋기는 하지만, '과연 이 글을 누가 읽어는 줄까?' '아무도 관심 없는 일에 왜 나 혼자 매달리고 있지?' 하는 생각에 사로잡힐 때가 있다. 예전엔 그래도 꾹 참고 썼었다.

하지만 요즘은 방법을 바꿨다. 숨통을 좀 틔워주는 식으로 외로움을 달랜다. 예를 들면 노트북을 챙겨 들고 카페로 장소를 옮기는 것이다. 시끄럽고 주의가 산만해지기는 하지만, 그 공간에는 항상 누군가가 나와 비슷한 표정을 하고 머리를 긁적거리며 괴로워하고 있다. 남의 고통을 보면서 위안을 얻자는 게 아니다. 모르는 사람들이라 말을 걸 수는 없지만, 그들의 모습을 보면 '나 혼자 고민하는 것은 아니구나' 하며 왠지 공감이 가고 외로움이 덜어진다. 숨통을 틔운다는 것은 내게 있어 혼자만의 몰두에서 빠져나와 다른 사람의 삶을 느껴보는 일이다. '나는 강해! 그런 감정 느낄 리 없어!'라고 외로움이라는 감정을 억압하기보다는 삶의 감각을 되찾기 위해 무엇과 연결될지 고민을 해보는 게 낫다.

연결감이 있는 사회로

빛나는 조연들 – 이모들의 존재

드라마 「폭싹 속았수다」는 참 좋은 이야기였다. 두 주인공 애순과 관식의 관계의 시작은 부모의 부재와 상실이라는 공통의 아픔이었다. 주어진 환경에 좌절하며 주저앉을 수도 있었던 이들이 한 걸음씩 전진하며 성장하는 서사는 많은 시청자들에게 감동을 줬다. 세상 누구보다 외로웠을 그들은 어떻게 용기를 낼 수 있었을까. 나는 드라마 속 '이모들'이 머릿속에 맴돈다. 사랑만 믿고 과감한 모험을 하고, 가진 것도 없으면서 불의에 당당히 맞서는 주인공들에게 '그래! 저들은 저럴 수 있지!'라는 개연성을 부여한 것은 애순과 관식의 주변에서 떠받쳐주고 있는 공동체였다. 이모, 선생님, 형수님, 마을 주민들의 관심과 애정이 그들의 안전지대가 되어주었다. 그들은 마음을 거창하게 과시하지 않으면서도 '**우린 항상 네 옆에 있어**'라는 메시지를 두 주인공에게 전했다.

누군가가 지켜주고 있다는 믿음, 문제가 생겨도 기댈 곳이 있다는 안정감. 이것이 주는 효과는 제법 크다. 현대인이 겪는 정서적 허기의 해결도 그런 관점에서 접근해야 한다.

그러면 옛날 사람들은 정말 다 그렇게 서로 돕고 살았을까? 물론 그렇지는 않았다. 내가 기억하는 공동체 삶이란 이런 것이었다.

나는 김포공항 근처의 한 마을에서 어린 시절을 보냈다. 그때는 아버지 직장 근처에 가족의 터를 정하는 게 보편적이었다. 우리 동네 사람들은 대부분 비행 관련 산업에 종사했다. 아버지가 항공사나 공항에서 근무하는 집이 대개 잘사는 집이었다. 나머지 집들은 고만고만했다. 부모님이 인력 용역 업체나 화물 운송, 기내식 공장 같은 곳에서 일을 하시면, 어른들이 집을 비워 아이들끼리 살림을 하는 집도 많았다.

어찌 보면 그때가 격차감을 더 크게 느꼈을 거라 생각할 수 있다. 산업에 맞추어 마을이 형성되고, 기업 대표의 자녀나 신입 직원의 자녀가 같은 학교를 다녔으니까. 하지만 계층 간의 거리감이 지금처럼 크지는 않았다. 나는 그 이유가 실제적 거리에 있다고 생각한다. 경제적으로 풍족한 집을 소셜 미디어가 아닌 내 눈으로 볼 수 있었다. 잘사는 집에도 어려움이 있고 아픔이 있고 상처가 있었다. 그것까지 다 볼 수가 있었다. 물리적 거리가 가까우니까. 우리 집보다 못사는 집에도 정이 있고 인격과 사랑이 있고 희망이 있음을 알 수 있었다. 감기에 걸리면 똑같이 아팠고, 부모님 사이에 냉기가 흐르면 아이들은 어느 집 할 것 없이 우울하게 등교를 했다. 경제적 격차가 눈에 보였지만, 반전의 기회도 늘 있어 보였다. 옛날이 살기 좋았다는 얘기는 그런 얘기다. 서로의 인생을 알 수 있었고, 이야기를 나눌 기회가 많았다.

어쩌다 보니 오늘날 우리는 '따로' 살게 되었다. 계층 간에도 멀어졌지만, 같은 계층에서도 따로 살고 있다. 그래서 안에서도 밖에서도 어디서도 마음을 채울 수가 없다. 개인주의가 공동체 의식을 이겼다.

그러니 이제는 채우지 못한 모두의 결핍을 공적 시스템에서 챙겨줘야 한다. 전문가의 도움도 받아야 한다. 사회가 변하면서 생긴 혼란이지만, 사회 구조를 되돌릴 수는 없는 일이다. '어떻게든 연결되어야 해' '어쨌든 이 마음을 해결해야 해'라는 해결 중심의 가치관부터 장착해야 해결의 실마리를 잡을 수 있다.

아직도 아프다, 하지만 희망이 있다

이 문제를 해결할 수 있을까? 암담하기는 하지만 나는 여전히 긍정적으로 본다. 우리 사회는 구성원 모두가 주체적이고, 공정성과 책임을 중시하며, 관계 안에서 따뜻함과 개방성을 발휘해왔다. 우리가 지닌 에너지는 이미 검증된 자원이기 때문에 초점만 조금 조율하면 다시 한 번 충만해질 수 있다. 신나게 달려볼 수도 있다. 폭우와 홍수 속에서도 웃으면서 출근하던 1990년대 직장인들. IMF의 어두운 그림자를 몇 년 만에 극복하고, 2002년 월드컵을 잔치로 만들어버린 유쾌한 유전자가 사라지지는 않았을 것이다. 그 힘은 우리의 집단적 기억 속에 여전히 살아 있는 자원이다.

그렇다면 회복을 위해서 우리는 무엇을 해야 할까. 정서적 허기는 사회 변화에 따른 문제이기에 공적 시스템과의 연결을 통해서 해결해야 한다. 그리고 개인의 차원에서는 어떤 실천을 해야 할까도 반드시 고민해야 한다. 우리 각자의 삶의 변화가 모여 집단의 변화를 끌어내기 때문이다.

첫 번째, 우리는 먼저 **인정**해야 한다. 혼자 있으면 외롭고, 외로움이 반복되면 피폐해진다. 우리 사회는 외롭기 딱 좋은 환경에 놓여 있다. AI가 대체하고 있는 인간 사이 접촉점들, 유용해 보이는 정보 뒤에 숨어 있는 교묘한 상술, 극심한 세대 차이와 성별 갈등, 어떻게든 타인을 깎아내리며 인류애를 없애는 악플러들까지. 이런 악조건 속에서 사람은 방어적으로 변한다. 사람에 대한 기대를 내려놓으면서 희망보다는 냉소로 흐를 수도 있고, '호구'가 될까 봐 두려워 회피형으로 바뀌기도 한다.

이런 시대에 외로움을 느끼고 애정 결핍으로 괴로워하는 것은 창피한 일이 아니다. '내가 외롭구나' '내가 부쩍 혼자라는 생각을 하는구나'라고, 자신의 마음을 읽어줘야 한다. 평생 동안 마음을 수련하는 스님들도 허전해서 강아지를 키우고, 풀과 꽃에도 이름을 붙여 대화한다. 이 각박한 세상에 우리만 멀쩡할 리가 있나? 어린이나 어른이나, 솔로나 기혼자나 우린 모두 외롭다. 그럴 만한 시대를 살고 있기 때문이다.

두 번째, **자신과의 연결**을 시작해야 한다. 오랫동안 외로웠던 사람이 갑자기 타인과 순조롭게 관계를 맺을 리가 없다. 사람 보는 눈이 퇴행되어 있을 수도 있고, 대화하는 센스나 기술도 예전 같지 않을 수 있다. 특히 가족이나 친구에게 갑자기 공허함을 토로하고 해결해내라고 떼를 쓰는 건 상당히 위험한 일이다. 그들도 마찬가지로 외롭고, 문제를 인식할 엄두도 못 내고 있는 중이다. 배고픈 사람들끼리 서로 밥을 내놓으라고 해봤자, 감정만 상하고 상처만 남을 뿐이다.

그러니 먼저 나부터 살펴야 한다. '나'를 들여다보는 일이란, 바로 나는 어떤 하루를 보내는지, 내게 어떤 일이 있었는지, 나는 무엇을 바라는지 되짚어보는 일이다. 누군가를 미워한다면 언제부터 미워하게 됐는지, 그 사람의 어떤 행동과 나의 어떤 기억이 만나서 그런 감정을 만들어낸 건지 들여다보는 게 어떨까? 오늘 하루 밥은 잘 먹었는지, 맛은 있었는지, 음악은 들었는지, 관심과 애정으로 나의 내면에 다가가보자.

그리고 책을 읽는 것도 꼭 권하고 싶다. 독서는 타인의 세계에 접근하고 공감대를 느낄 수 있는 거의 유일한 방법이다. 많은 작가들이 당신을 궁금해하고, 당신과 공명하고 싶어 한다. 그들이 보내주는 메시지를 읽고, 느끼고, 즐겨보자. 그러다 보면 나에 대해서도 이해가 깊어진다. 그렇게 최선을 다해서 행복을 느끼고, 여유가 좀 생긴다면 혼자만 행복하지 말고, 이를 나눌 사람들을 찾아보자.

세 번째로 조언하고 싶은 것은 **다양한 관점의 장착**이다. 이제 우리는 고도의 산업 사회에서 극도로 분업화되고 복잡해진 일상을 살게 되었다. 한 가지 기준으로 세상을 흑백으로 나누어 바라본다면 다원화된 현실에서 괴리를 느낄 수밖에 없다. 옳은 사람과 틀린 사람, 도움이 되는 사람과 손해를 끼치는 사람. 이런 식으로 세상을 나눌 수가 없다는 뜻이다.

사랑하던 연인과 헤어지고 난 후, 마음을 어떻게 추슬러야 할지 몰라 의사인 나를 찾는 경우가 있다. 이별의 슬픔도 있지만, 전 연인을 미워해야 할지, 사랑해야 할지, 어떤 관점으로 바라봐야 할지 혼란스러워한다. 좋은 사람이라고 생각하면 헤어진 게 너무 마음 아프고, 나쁜 사람이라고 생각하면 사귀던 시간이 너무 아깝게 느껴지기 때문이다.

이럴 땐 관점을 다양화하고 다면적으로 접근해야 한다. '장점이 있었지만, 계속될 수는 없던 사람' '그 시절엔 좋은 사람이었지만, 지금 시절에는 안 어울리는 사람' 이런 식으로 입체적으로 바라봐야 한다. 한없이 강해 보이고 모든 것을 다 가진 것처럼 보였던 유명인이 사실은 깊은 마음의 병을 앓고 있던 경우가 얼마나 많았나. 회사에서 늘 강해 보이는 리더들, 어떤 그늘 없이 행복해 보이는 주변 사람들도 관점에 따라서는 약한 부분도 있고, 돌봐줘야 할 부분도 있다. 모두가 저마다의 이야기를 품고 다양한 모습으로 살아간다는 사실을 이해한다면, 닫힌 관계의 문은 열리고 연결의 가능성도 조금 더 커진다.

드라마 「김 부장 이야기」에는 서울에 아파트를 보유하고, 대기업 부장 생활을 하는 중년의 남자가 주인공으로 나온다. 예전엔 상상 못 할 일이었다. 기존의 드라마 소재는 가진 것 없고 상처도 많지만 불굴의 의지를 품은 청년의 성공 스토리가 주를 이뤘다. 대기업 부장이 주인공인 경우는 치정극, 스릴러, 파탄 난 부부 이야기밖에 없었다. 나름 엘리트 코스를 밟고, 자식은 공부 잘하고, 아내와도 '케미'가 좋은 김 부장 스토리에 왜 사람들은 열광할까? 우리 모두 그가 느끼는 정서적 허기를 알고 있기 때문이다. 김 부장은 가진 게 많다. 열심히 살았고, 자부심도 있다. 하지만 팀원들에게는 꼰대, 선배에게는 부담, 아내와 아들에게는 철없는 가장이 되어 혼자 소주잔을 기울인다.

우리도 안다. 우리도 제법 괜찮은 능력을 펼치며 열심히 잘 살고 있다. 다만 우리보다 더 나은 듯 보이는 사람들을 보며 이질감을 느끼고, 다가가지 못하고, 조바심을 낸다. 세상이 우리의 가치를 몰라줄 때가 있듯이 우리 스스로도 우리의 가치를 모른 체하기도 한다. 진짜 외로움은 그때 찾아온다. 나만 외로운 것 같고, 나만 초라한 것 같고, 나만 억울한 것 같은 때 말이다.

우린 모두 열심히 달리고 있다. 그러다 보니 서로 사이가 벌어졌고, 멀리 있어 보일 뿐이다. 앞으로는 좀 친하게 지내자. 짧은 인사, 어색하나마 미소 정도면 충분하다. "그럴 수도 있겠네" "괜찮아" "오죽하면 그랬겠어" 하면서 받아줘보자. 상대방 기분이 좋아야, 나의 마음도 가벼워질 테니까.

어쩌면 이 책을 함께 쓰는 정신과 의사들도 그래서 모인 것 같다. 각자 열심히 살면서 각자 글을 쓰다 보니 저마다 외로웠다. 그래서 모였다. **이제 이 글을 읽었으니 당신도 우리의 팀이 됐다. 아는 사이가 된 거다.**

부디 당신 마음 빈구석이 조금은 채워지길, 당신의 따뜻한 온기가 다른 사람들에게도 흐르길 바란다. 혼자 우뚝 서기보다는, 함께 행복하자. 우린 모두 위대하다.

박진성 —

정신건강의학과 전문의. 통계학 석사.

삼성의료원 강북삼성병원에서 수련했으며 전남 여수시 삼성숲정신건강의학과에서 10년째 환자를 진료하고 있다. 반복되는 일상 속에서 스스로의 정신건강을 위해 웹소설을 쓰고 있다. 『전지적 의사 시점』으로 네이버 '지상최대공모전'에서 우수상을 수상했다.

2장
ADHD 권하는 사회

—

성취 강박이 만들어내는 '가짜 ADHD'

전에 없던 ADHD 어른들

요즘 진료실에 주의력결핍과잉행동장애[ADHD] 환자가 부쩍 늘었다. 본래 ADHD는 부주의, 과잉 행동, 충동성이 특징인 질환으로 주로 아동기에 처음 진단되곤 한다. 그런데 최근에는 성인이 된 후 자신이 ADHD가 의심된다며 정신건강의학과를 찾는 경우가 많다. 초진으로 병원을 찾은 환자들이 전부 집중력 문제를 호소하며 ADHD 검사를 요청한 날도 있었다.

최근 몇 년을 살펴보면 ADHD로 병원을 방문한 사람 수는 2019년 7만 2452명에서 2023년 20만 1251명으로 약 3배 증가했다. 같은 기간, 20대 이상 성인 ADHD는 약 5배 증가(1만 8105명 →8만 9664명), 특히 30대 환자는 약 7배 증가(4201명→2만 9072명)

했다.[●] 2004년과 2023년을 비교하면 성인 ADHD 환자가 20배 증가했다는 분석도 있을 정도인데, 이런 기세는 꺾일 기미가 보이지 않는다. 건강보험심사평가원이 2025년 7월 공개한 보건의료 빅데이터를 보면, 2024년 ADHD 환자는 25만 명을 돌파했다. 이번에도 어김없이 20% 이상 증가한 것이다.

정신의학의 오랜 역사에서 이만한 성장세를 보이는 질환은 지금껏 없었다. 단언컨대 앞으로도 없을 것이다. 정신건강의학과 개원의에게 **#성인ADHD** 콘텐츠는 '필수템'이 되었다.

ADHD 진단 건수가 늘고, 전문적인 도움을 받는 환자가 많아지는 것은 긍정적이다. 그러나 한편으로 의아한 점도 있다. ADHD는 뇌의 생물학적 요인이 크게 작용하는 질환이다. 몇 년 사이 갑작스러운 유전자 변이가 발생한 것도 아닐 텐데 왜 하필 지금 이 시기에 진단이 급격히 증가하는 것일까. 이것을 실제 환자의 증가로 보아야 할까, 아니면 사회적 현상으로 이해해야 할까. 2025년 어느 날, 정신건강의학과 진료실을 찾은 이들을 만나보자.

[●] 「바이오타임스」, "2023년 ADHD 환자 20만 명으로 역대 최대 기록… 5년새 178% 폭증", 2024. 10. 8.

     2장. ADHD 권하는 사회

세 명의 환자들

P 씨는 시간 관리의 어려움과 충동구매를 호소했다.

"마감일이 다가와도 일을 시작하지 못해요. 결국은 전날 밤에 급하게 작업을 끝내요."

P 씨는 프리랜서 디자이너다. 자유로운 환경에서 일할 수 있어 좋지만, 그만큼 자기 관리가 되지 않아 고민이다. 달력에 적어두거나 알람을 설정해도, 머릿속에서 약속이 '삭제'되는 일이 빈번하다.

"살 땐 꼭 필요하다고 생각했어요. '그분'이 오시면 통제가 안 돼요. 안 사면 불안해서 견딜 수가 없고⋯."

뜯지도 않은 택배가 쌓여갔지만, 마음에 드는 명품이 있으면 꼭 사야만 했다. 수년째 충동적인 소비로 인해 신용카드 연체와 카드 돌려막기를 반복하다 결국 신용불량자가 되었다. 카드 대금을 감당하지 못해 술집에서 일하기도 했고, 그 과정에서 수치심과 자괴감을 반복적으로 경험했다. 스스로도 나중에서야 인식했지만 충동적인 성관계도 문제였다. '또 저질렀다'라는 자괴감에 빠졌고, 관계가 틀어질까 불안해했다.

사례 2. 30세 남성 K 씨

K 씨는 집중력 저하를 문제로 진료실을 찾았다.

"딴생각이 많아서 공부를 제대로 못 해요. 잠깐 뭐 좀 찾아보느라 핸드폰을 들었다가 정신 차려보면 몇 시간씩 지나 있어요."

K 씨는 학원에서 영어를 가르치며 몇 년째 임용고시를 준비 중이다. 시험까지 남은 시간은 두 달 남짓인데 갈수록 공부가 안 되는 것 같다.

"가만히 있는 걸 못 하겠어요. 자꾸 꼼지락거리고 다리를 떨고 뭐라도 해야 할 것 같아요."

얼마 전에는 코인 투자로 용돈이라도 벌면 강사 일을 그만두고 공부에만 전념할 수 있지 않을까 싶어 소액 투자를 시작했다. 처음엔 소소하게 수익이 났지만, 급등한다는 소문에 큰돈을 넣은 종목이 폭락하면서 순식간에 수백만 원이 날아갔다. 신용카드까지 사용한 터라 정신적 충격이 컸다. 부모님께는 말도 못 하고 빚은 혼자 끌어안고 있다. 부모님의 은근한 기대와 벌써 자리를 잡은 친구들의 근황이 압박으로 다가온다. 올해는 선발 인원이 크게 줄어든 상황인데, 내년에도 같은 공부를 하고 있지는 않을지 매일매일 불안하다.

사례 3. 38세 여성 A 씨

A 씨는 작년부터 감정 조절이 되지 않는다고 말했다.

"집안일 하다 보면 이거 했다가 저거 했다가… 집 안 정리정돈도 안 되고 모든 게 어수선해요."

A 씨는 전업주부로 일곱 살, 다섯 살 아들 둘을 키우고 있다. 첫째가 최근 ADHD를 진단받았다. 남편은 매사 꼼꼼하고 빈틈없는 성격인데, 생각해보니 아이가 보이는 산만한 성향이 자신을 닮

은 것만 같다.

"화를 못 참고 아이에게 소리를 지르고 나서 후회해요."

하루에도 몇 번씩 분노가 폭발한다. 그리고 그때마다 심한 자책에 시달린다. 감정 조절의 어려움은 육아 스트레스와 맞물려 깊어졌다. 도무지 삶의 낙이 없는 것 같다. 남편과 아이들이 잠든 뒤 혼자 과음하는 날이 많아졌다. 몇 달 전, 건강검진에서 유방암 진단을 받았다. 의사는 금주를 강력히 권고했지만 A 씨는 술을 끊지 못한다. 집도 건강도 점점 더 엉망이 되고 있다.

P 씨, K 씨 그리고 A 씨. 세 사람은 나이도 성별도, 직업도 주증상도 달랐지만 모두 같은 이유로 병원을 찾았다.

"혹시 저 성인 ADHD가 아닐까요?"

ADHD는 한때 '소아정신과 질환'이었다. 유치원이나 초등학교 저학년 때, 수업 중 갑자기 일어나 교실을 돌아다녔던 친구들이 학년이 올라가면서 제법 의젓해지고 자리에 잘 앉아 있을 수 있게 되니 병이 다 나았다고 생각했던 시절이 있었다.

그러나 이런 관점은 완전히 사라졌다. 연구에 따라 다소 차이는 있지만, ADHD를 진단받은 아이들의 약 50%가 성인이 된 후에도 여전히 ADHD 진단 기준을 충족하는 것으로 밝혀졌다.[•] 사춘기를 지나면서 눈에 띄는 과잉 행동은 줄어들지만, 집중력 저하와 잦은 실수, 충동적인 행동은 성인기까지 이어지는 경우가 많다는 것이다.

사실 연구까지 갈 것도 없다. 수업을 듣다 말고 낙서를 끄적이고 창밖을 보며 우주를 여행하는 대학생. 회의 시간에 스마트폰을 만지작거리다 중요한 내용을 놓치는 직장인. 수틀리면 바둑판을 엎고 소리를 지르며 억지를 부리는 어르신까지. ADHD 증상을 보이는 성인은 주변 어디에서나 쉽게 찾을 수 있다.

성인 ADHD 환자는 어떤 모습일까

조금만 시끄럽고 거슬려도 집중이 깨지고 도무지 일이 손에 잡히지 않는다. 잠깐 머리를 식히려고 폰을 들었다가 의지까지 차갑게 식어버린다. 머릿속이 항상 시끄럽다. 안개가 낀 것 같다. 가까스로 마음을 다잡고 책상으로 돌아왔는데 너저분한 방이 괜히 거슬린다. 의욕적으로 청소를 시작하지만, 역시나 마무리가 안 되고 흐지부지 끝난다. 습관적으로 PC를 켜고 '소환사의 협곡'으로 달려간다. 조금 해보다가도 이마저도 재미없어 그만둔다. 무기력하다. 오늘도 계획대로 되는 게 아무것도 없다.

● Lara, Carmen et al., "Childhood predictors of adult attention-deficit/hyperactivity disorder: results from the World Health Organization World Mental Health Survey Initiative", *Biological psychiatry* vol. 65,1 (2009): 46-54.

평소에 일을 자주 미루는 편이다. 미룰 수 있을 때까지. 아니, 미루면 안 될 때까지 미룬다. 미팅 날짜가 바뀐 것을 거래처에 공지하지 못해 담당자가 헛걸음했다. 상사와의 관계는 날로 악화되어 결국 퇴사를 결심한다. 참을 만큼 참은 건데 집에서는 회사를 진득하게 다니지 못하고 툭하면 그만둔다고 난리다. 충동적으로 원룸을 계약하고 집에서 나오지만 딱히 더 행복한 것 같지는 않다. 갑자기 매운 음식이 당긴다. TV를 켜놓은 채로 웹툰을 넘기고, 장바구니에 이것저것 물건을 집어넣으며 떡볶이를 먹는다. 멀티태스킹을 못 하는데 차분하게 한 번에 하나만 하는 건 더더욱 못한다.

대인 관계는 대체로 원만하지 않다. 자꾸 약속을 잊거나 시간을 착각하여 사람들의 신뢰를 잃는다. 모임에서 미묘하게 겉돌거나 자기도 모르는 사이에 따돌림을 당하는 경험을 반복한다. 대화 중 흐름을 놓쳐 엉뚱한 말을 하고, 감정 조절을 하지 못하고 자주 욱해 상처를 주기 때문인 경우가 많다. 안타깝게도 눈치가 없어서 사람들이 '아무런 이유도 없이' 자신을 싫어한다고 느낀다. 뭔가 고장 난 것 같다. 확실히 정상이 아닌 것 같다. 자존감이 바닥을 친다. 지난 일을 곱씹으며 잠을 이루지 못한다. 우울하고 공허하고 외롭다. 종종 필름이 끊기도록 술을 마신다.

ADHD 환자가 호소하는 증상이 두서없고 산만하게 느껴지는 것은 기분 탓이 아니다. 뇌 영상 연구에 따르면 ADHD 환자에게서는 전두엽, 특히 전전두엽의 기능 저하가 일관되게 관찰된다. 전두엽은 뇌의 '컨트롤 타워'로서 주의 집중, 행동 억제, 계획 및 조직화,

실행 기능 등 고차원적 인지 기능을 조율하고, 감정 조절에도 깊이 관여한다. 이 컨트롤 타워가 제 기능을 하지 못하면 삶의 여러 영역에서 문제가 생길 수밖에 없다. ADHD의 증상이 다양하고 복합적으로 나타나는 이유다.

'치료' 권하는 사회

ADHD 치료는 크게 약물 치료와 인지행동치료로 나뉜다. 하지만 실제 임상 현장에서의 비율을 보면 약물 치료가 압도적으로 많다. 이유는 간단하다. 모든 치료법 중 약물 치료가 가장 강력한 효과를 보이기 때문이다. 대표적인 약물로 각성제 계열의 메틸페니데이트(콘서타, 메디키넷 등)와 비각성제 계열의 아토목세틴(스트라테라, 아토목신 등)이 있다. 이들 약물은 전두엽에서 도파민과 노르에피네프린을 조절해 집중력을 높이고 산만함을 줄이는 데 도움을 준다.

ADHD 아동이 적절한 치료를 받는다면 자리에 앉아 있는 시간이 늘어나고, 친구들과 마찰도 덜하고, 넘어지고 다치는 일도 눈에 띄게 줄어든다. 수업에 적절하게 참여하면서 교사들로부터 긍정적인 피드백을 받는다. '문제아'라는 낙인이 조금씩 지워진다.

청소년기를 지나 대학생이 되고, 취업을 준비하는 시기에는 공부에 집중하면서 더 높은 학점을 받고, 자격증 취득과 면접 준비도 수월해진다. 직장인은 생산성이 향상된다. 마감 기한을 지키고, 회의 시간에 집중하고, 동료들과 갈등 없이 협업할 수 있는 것. ADHD 환자들이 예전에는 상상도 하지 못했던 일들이다. 성공의 경험은 곧 자기 효능감으로 이어지고, 자기 효능감은 다시 더 나은 결과를 낳는다.

무엇보다 중요한 변화는 자존감의 회복이다. 집중이 안 되고, 실수가 잦고, 감정 조절이 어려워서 스스로를 탓하던 사람들이 '내 잘못이 아니었구나'라는 깨달음을 얻는다. 치료 후에는 더 이상 자신을 비난하지 않게 된다. 의지가 부족했다거나 성격이 이상해서가 아니라 조절 기능의 문제였다는 것을 알게 되기 때문이다.

약물 치료에 대해 일부 사람들은 이렇게 반문한다. "약을 끊으면 전으로 돌아가는 것 아닌가요? 평생 약을 먹어야 하나요?"라고. 하지만 이것은 ADHD 치료의 본질을 오해한 말이다. 치료를 통해 얻는 것은 단지 일시적인 집중력만이 아니다. 집중력이 온전히 발휘되는 동안 공부한 내용은 지식이 되고, 경험은 실력이 된다. 함께 웃었던 친구, 함께 울었던 동료가 인맥으로 남고, 커리어가 쌓인다. 모두 약의 효과가 사라진 뒤에도 이어지는 것들이다. 마치 콩나물 시루에 물은 다 빠져나가도 결국 콩나물이 남는 것처럼. 그래서 치료는 충분히 의미 있다. 치료 효과를 본 사람들은 오늘도 소셜 미디어에 '간증'을 쏟아낸다. 병원에 가서 콘서타를 처방받아보라고. 그럼 많은 것이 달라질 거라고.

혹시 나도 성인 ADHD가 아닐까

정신과 의사로서 ADHD 진단이 늘어나는 건 반갑다. 예전 같으면 '성격 탓'이나 '의지 부족'으로 치부되던 증상들이 이제는 뇌의 특성과 그에 따른 증상으로 이해되고 있기 때문이다. 정신과 진단에 사회적 낙인이 있다고들 하는데, ADHD 진단만큼은 낙인이 아닌 변화를 향한 출발점이 된 기분이다.

그러나 한편으로는 우려되는 지점도 분명하다. 유튜브와 소셜미디어를 중심으로 ADHD 관련 콘텐츠가 폭발적으로 늘면서, 자신의 어려움을 곧바로 ADHD로 단정 짓는 사람들이 늘고 있다. '나도 그런 적 있는데' 싶은 사례들에 반복적으로 노출되다 보면 진단 기준을 충족하지 않아도 스스로 ADHD라고 믿게 된다. 산만함, 주의력 저하, 충동성 등 ADHD의 주요 증상은 누구나 한 번쯤은 겪어본 적 있는 내용이기 때문에, 그만큼 쉽게 공감되고 또 쉽게 자가진단으로 이어진다. 그렇지만 증상이 전형적이지 않아도 ADHD에 대한 의심을 떨치지 못한다. 만약 당신이 어렸을 때 그리 부산한 편이 아니었다면 당신은 '조용한 ADHD'라서 그렇다고 할 것이다. 공부도 잘했고 학교생활에 큰 문제가 없었다면 '고지능 ADHD'라 증상이 드러나지 않았을 뿐 자신에게 ADHD 가능성이 있다고 할 것이다.

공존 질환이 많다는 것도 ADHD의 빼놓을 수 없는 특징이다. ADHD를 진단받은 성인에서 '순수하게' ADHD 증상만 있는 경우는 약 16%에 불과하다. 대다수 환자(84%)는 ADHD 외에 최소 하나 이상의 추가 진단명을 가지고 있다.

앞서 언급한 것처럼 전두엽 기능의 저하는 학업, 직장, 인간관계 등 모든 영역에 영향을 미친다. 조절 기능 저하로 알코올 의존, 약물 남용, 도박장애 등이 동반되기도 하며, 우울증과 조울증 같은 기분장애, 그리고 공황장애와 사회공포증 같은 불안장애도 흔하다. 어려서부터 반복적으로 지적을 받아서인지, ADHD의 핵심 병리가 불안장애와 관련이 있는지, 아니면 둘 다인지는 의견이 분분하다. 하지만 한 가지 분명한 사실은 ADHD 증상이 ADHD로 끝나지 않고 다른 영역으로 확장된다는 점이다.

가뜩이나 증상도 광범위한데 공존 질환까지 다양하다? 사실상 ADHD 하나면 환자들이 겪는 고충 전부를 설명할 수 있다는 얘기다. 유튜브 영상 속 ADHD 권위자가 이렇게 말한다. 당신이 수능 시험에서 뻔히 아는 문제를 틀리는 바람에 '본 실력'에 비해 기대에 못 미치는 대학에 들어간 것도, 회사 생활에서 실수가 잦고 적응이 어려워 이직을 반복한 것도, 순간 감정을 못 이겨 애인에게 상처 주는 말을 하고 헤어진 것도, 어젯밤 만취해서 그 애인에게 다시 전화를 건 것도, 성급한 투자로 손실을 본 것도 전부 ADHD 때문일 수 있다고. 요즘처럼 ADHD 진단이 유행하는 시기에는 모든 것이 '내 이야기'로 들리기 마련이다. 실제로 많은 환자가, 심지어 의사들마저 자신이 겪는 어려움을 ADHD라는 틀 안에서 이해하려는 경향이 있다.

　나 또한 비슷한 경험을 한 적이 있다. 내가 ADHD라는 병을 처음 접한 것은 20년 전, 의대 강의실에서였다. 정신과 수업 시간에 증례로 장난기 많고 한시도 가만히 못 앉아 있는 아이가 나왔다. 실수가 잦고, 자주 다치고, 수업 시간에 선생님 말씀이 끝나기도 전에 "저요!"를 외치는 모습이 어릴 적 나 같았다.

　고3 수험생 못지않게 공부 스트레스가 심한 시절이었다. 밤늦도록 도서관에 앉아는 있는데, 번번이 재시를 보니 머리를 쥐어뜯은 적이 많았다. 밤새워 놀다 들어와 새벽에 바짝 공부하고 시험을 통과하는 친구를 보며 열등감에 시달리기도 했다. 스스로 ADHD가 아닌지 진지한 고민이 시작되었다. 생각해보니 초등학교 입학을 며칠 앞두고 나무 막대기로 칼싸움을 하다가 옥상에서 떨어진 적이 있었다. 얼굴에 난 상처가 부끄러워서 학기 초에 고개를 들지 못했던 기억이 생생하다. 학교에서는 4층 높이 교실에서 창문을 드나들며 장난을 쳤다. 교장 선생님이 아버지에게 "책상에 오래 앉아 있을 수 있도록 훈련을 시키고 놀더라도 책상 위에서 놀게 하라"는 조언을 하셨다고 한다.

　생각이 거기에 미치자 해부학 수업 시간에 도무지 집중할 수 없었던 것도, 노력한 만큼 성적이 안 나왔던 것도, 간혹 엉뚱한 구석이 있다는 평을 듣는 것도 ADHD 성향과 맞아떨어지는 것 같았다.

　　　　　　　　　　　2장. ADHD 권하는 사회

당신의 산만함은 ADHD 때문이 아니다

감별진단Differential Diagnosis이란 비슷한 증상이나 징후를 보이는 질환 중 특정 질환을 구분하여 진단하는 과정을 의미한다. 가령 환자가 발열 증세를 보인다면, 발열이 생길 수 있는 다양한 가능성을 염두에 두고 각각의 질환을 배제하거나 확인하여 최종 진단에 도달하는 것이다.

결론부터 말하자면, 집중력 저하를 문제로 병원에 방문한 환자 중 최소 절반은 ADHD가 **아니다**. ADHD 환자가 집중력 저하를 호소하는 것은 맞다. 이 명제는 참이지만 그 역은 성립하지 않는다. 집중력 저하를 유발할 수 있는 질환 또는 상태가 수도 없이 많기 때문이다.

본격적인 논의에 앞서, 글 초입에 언급한 세 환자의 이야기를 다시 보자. 시간 관리와 충동구매로 어려움을 호소한 프리랜서 디자이너 P 씨, 집중력 저하로 진료실을 찾은 취준생 K 씨, 분노 조절이 되지 않고 알코올 의존을 보이는 전업주부 A 씨. 모두 ADHD를 의심하여 찾아온 사람들이었다.

그렇다면 그들은 병원에서 어떤 치료를 받았을까?

P 씨는 업무 처리 어려움에 대해 콘서타를 처방받았다. 증상도 전형적인 ADHD처럼 보였고, 적어도 초진 당시에는 감정 기복에 관한 기분 증상이 심하지 않았기 때문이었다. 치료 반응도 좋았다. '안경을 낀 듯' 세상이 또렷해 보였고 책상 앞에 앉는 것도 덜 괴로

워졌다. 일을 미루지 않다 보니 전보다 훨씬 더 많은 일을 처리할 수 있었다. 그런데 몇 달 뒤, 이상 징후가 나타났다.

진료실에서 평소보다 말을 빠르게 많이 하는가 싶더니 어느 날은 아이디어를 쉼 없이 쏟아냈다. 청년 창업 지원 프로그램에 도전하고 자신과 마음이 통하는 사람들을 모아 플랫폼을 만들 계획이라고 포부를 밝혔다. 눈빛은 반짝였고 자신감은 넘쳤다. 밤잠을 줄여가며 새벽까지 일하지만 피곤하지 않고 모든 것이 잘 돌아간다고 했다.

하지만 그 '잘 돌아가는' 느낌은 오래가지 않았다. 동시다발적으로 벌인 일은 마무리가 되지 않았고, 주변 사람들과의 마찰도 잦아졌다. 돌이켜보니 쇼핑 중독과 충동적인 성관계 또한 특정 시기에 집중된 듯 보였다. ADHD에만 초점을 맞췄던 초기 진단에서 경조증 가능성을 놓친 것이다. 결국 콘서타는 중단하고 양극성장애 약물로 치료 전략을 바꾸었다. 약물 변경 후 P 씨는 조금씩 속도가 느려졌다. 초기에는 이전처럼 에너지가 솟구치지 않아 답답함을 토로했지만, 시간이 지나면서 오히려 지금 생활이 더 안정적인 것 같다고 말했다.

K 씨는 오랜 기간 임용 시험 준비와 학원 일을 병행하느라 번아웃 상태였다. 피곤하고 무기력했으나 시험에 대한 불안이 심해 제대로 쉬지 못했다. 여기에 투자 실패로 인한 죄책감이 더해졌다. 자가 보고 척도에서 무가치감과 자살 사고가 높게 측정되었다. 집

　　　　　　　　　　　　　　　　　　

중력 저하는 주요우울장애의 증상으로 보는 것이 타당해 보였다. K 씨는 항우울제를 처방받았고, 집중력은 몇 개월에 걸쳐 서서히 회복되었다. 안타깝게도 병원에 방문한 첫해에는 임용고시에 합격하지 못했다. 그러나 이듬해 K 씨는 훨씬 안정적인 기분으로 강사 일과 수험 생활을 병행했고, 결국 영어 교사가 되었다.

A 씨는 감정 조절이 되지 않는다며 스스로를 탓했다. 첫째가 ADHD를 진단받은 것도 자기 잘못이라고 했다. 하지만 상담을 거치며 A 씨가 아닌 환경의 문제가 드러났다. A 씨의 남편은 단순히 예민하거나 꼼꼼한 수준을 넘어서, 일상의 거의 모든 것을 통제하려 드는 사람이었다. 집 안의 물건 하나하나에 제자리가 정해져 있었고, 인덕션에 얼룩만 있어도 눈살을 찌푸렸다. 남편에게 A 씨는 언제나 '산만하고 정리를 못 하는' 사람이었다.

A 씨는 수시로 공황발작을 경험했다. 유방암 진단 후 항호르몬 치료를 시작하면서 기분 변화가 더 심해졌다. 그러나 힘든 감정을 표현할 때마다 남편은 피해자인 척 그만하라며 냉소적인 반응을 보였다. 해가 갈수록 A 씨는 자신이 이상하다고 확신하게 됐다. 남편의 반복되는 비난과 통제가 A 씨의 자존감을 무너뜨렸고, 아내로서, 엄마로서 역할을 잘 해내야 한다는 생각에 몰두하게 되었다. 진단이 필요한 건 A 씨가 아니라 그녀를 둘러싼 '관계'였다.

P 씨, K 씨, 그리고 A 씨는 각각 양극성장애 II형, 주요우울장

애, 그리고 알코올 의존과 공황장애를 진단받았다. 세 사람 모두 ADHD가 의심된다며 진료실을 찾아왔지만, 최종 진단은 ADHD와 거리가 있었다.

그렇다면 정신과 수업에서 처음 ADHD를 접하고 스스로 ADHD를 의심했던 학생은 어땠을까? 어릴 적 나는 ADHD '성향'이 다분한 학생이었다. 성인이 된 후로도 분명 수업 시간에 딴생각을 자주 했고, 시간 관리도 서툴렀고, 물건도 종종 잃어버렸으니 충분히 의심할 만했다. 그러나 성인 ADHD, 그러니까 주의력결핍과잉행동'장애'를 진단받을 정도는 아니었다. 기능 저하가 뚜렷하지 않았기 때문이다. 집중력 부족은 도서관에 머무르는 시간을 늘리는 것으로 보충했다. 그 과정에서 음주와 PC방을 멀리했으니(완전히 안 가지는 않았다!) 나름 '조절 기능'을 발휘한 셈이다. 학교생활은 대체로 무난했다. 본과 3학년 때는 학년 대표를 맡기도 했는데, 자잘한 실수는 종종 있었지만 복잡한 시험 일정 조율도 무리 없이 해냈다.

사실 정신과 수업에서 자신의 ADHD를 의심한 건 나뿐만이 아니었다. 강의실 곳곳이 술렁였고, 서로를 가리키며 키득거리는 친구들도 있었다. ADHD 진단 기준에 보는 이의 '공감'을 불러일으킬 만한 구석이 많다는 얘기다.

의대생이라면 누구나 겪는 현상으로 '본과 2학년 증후군'이 있다. 본과 2학년이 되면 내과, 외과, 산부인과, 소아청소년과 등 임상 과목을 본격적으로 배우면서 수많은 질병의 증상과 징후를 접하게 된다. 그 과정에서 자신에게 병이 있는 것처럼 느끼거나, 사소한 증상도 질병과 연결 짓고 걱정하게 된다. '아는 것이 병'이 된, 일종의 건강염려증이다. 요즘은 의학 전문 채널부터 상업적 의도를 가지고 소비자들의 불안을 자극하는 광고까지 온갖 정보가 넘쳐난다. 자신이 정보 과잉에 따른 **사이버콘드리아**•를 겪고 있는 것이 아닌지 냉정하게 따져봐야 한다.

그리고 하나 더. 스스로 ADHD 여부를 판단할 때는 자신이 처한 상황과 개인차를 고려해야 한다. 누구나 자신에게 낯설고 흥미가 없는 분야에는 집중하기 어렵다. 내게는 해부학이 그랬다. 의학의 가장 기본이 되는 학문임에도 혈관과 신경, 근육 이름들을 떠올리면 머리가 어지러웠다. 반면 약리학은 꽤 좋아해서 방학 때 시간을 내서 약리학 교실에서 따로 공부하기도 했다. 법학도에게 머신러닝을 가르치고, IT 개발자에게 민법 강의를 듣게 하면 집중이 잘 될까? 아무리 똑똑하고 성실한 사람이라도, 생소한 용어로 가득한 수업을 몇 시간 동안 따라가기는 버겁다. ADHD 진단 기준에 의미 있는 기능 저하와 더불어 증상이 여러 환경에서 나타나야 함이 명시되어 있는 건 이런 이유에서다.

• 사이버콘드리아(Cyberchondria): 정보통신 공간을 뜻하는 사이버^{Cyber}와 건강염려증을 뜻하는 하이포콘드리아^{Hypochondria}의 합성어. 인터넷상의 의학 정보를 통해 부정확한 자가 진단을 하는 일을 뜻한다.

가성 ADHD, 스스로 ADHD라고 주장하는 사람들

ADHD 환자가 늘면서 진료실 풍경도 조금 달라졌다. 보통 정신과 질환을 처음 진단받을 때, 환자들은 의아함을 보이거나 부정하는 경우가 많다. 이를테면 "제가 조울증이라고요? 그 정도까지는 아닌 것 같은데" 같은 말을 하곤 한다. 그러나 ADHD에 한해서는 전혀 다른 상황이 연출된다. 진단을 부정하기는커녕 오히려 ADHD가 아닐 수도 있다는 사실에 실망하고 반발하는 경우가 더 많다. "ADHD가 아니라고요? 유튜브에서 봤던 증상이랑 저랑 똑같은데요?"와 같은 반응이 전형적이다. ADHD 진단을 받지 못하면 여러 병원을 전전하며 ADHD 진단을 요구하는 경우도 흔하다. 나는 이러한 경우를 **가성 ADHD**라고 부른다.

가성 ADHD^{Pseudo ADHD}

객관적인 신경생물학적 결함(예: ADHD) 없이도, 주변 환경이나 기대 수준의 변화로 인해 주의력 저하, 산만함, 실행 기능의 어려움을 경험하거나 또는 그렇게 '느끼는' 상태.

이는 정식 진단명은 아니지만, 의사들에게는 꽤 익숙한 접근법이다. 치매 증상처럼 보이지만 실제로는 우울증이나 스트레스로 인한 인지 저하인 경우를 가성 치매^{Pseudo Dementia}라 부르는 것과 같은 맥락이다. ADHD에 대한 관심이 뜨거울수록 ADHD와 가성

ADHD를 구분하고 판단하는 일은 더 중요해졌다.

ADHD와 가성 ADHD는 증상의 양상은 비슷하지만, 그 뿌리는 완전히 다르다. 우선 ADHD는 어릴 때 증상이 시작되어 오랜 기간 지속되는 신경발달장애Neurodevelopmental Disorders다. DSM-5• 분류에서 지적장애, 자폐스펙트럼과 같은 범주에 속한다. 반면 가성 ADHD는 청소년기나 성인이 된 이후, 스트레스나 번아웃을 겪으면서 집중력 저하가 시작되는 경우가 많다. ADHD는 여러 환경(가정, 학교, 직장, 모임 등)에서 일관된 증상을 보이는 데 반해, 가성 ADHD는 특정 상황에서만 문제가 생기고, 컨디션에 따라 증상이 왔다 갔다 한다. 스트레스가 해소되면 기능을 회복한다는 얘기다. ADHD는 전문가의 면담과 각종 검사를 통해 진단되지만, 가성 ADHD는 환자 스스로 자가 진단한 경우가 많아 오진으로 이어지기 쉽다. 환자가 약 처방에 몰두하는지, 진단에 어떤 태도를 보이는지도 주요 감별 포인트다. 정리하면, ADHD는 신경발달적인 질환이고, 가성 ADHD는 수면 부족, 우울, 불안, 과로, 디지털 기기 과다 사용 같은 외부 요인이 원인일 수 있다. 아래 내용은 진료실에서 경

• 정신질환 진단의 기준이 되는 책 『정신질환 진단 및 통계편람(Diagnostic and Statistical Manual of Mental Disorders)』 5판을 뜻한다. 4판까지는 라틴어 숫자로 표기했다.

험한 ADHD와 가성 ADHD 환자를 비교하여 표로 정리한 것이다.

	ADHD	가성 ADHD
증상 발현 시기	12세 이전부터 증상이 존재	성인기에 새롭게 인지됨
발달사	아동기 발달 지연 흔함 이후 학업 및 대인 관계에서 지속적 어려움을 경험함	아동기 기능 비교적 양호 주로 청소년기 이후에 어려움 발생
기능 손상	다양한 영역(학교, 직장, 가정 등)에서 광범위한 기능 저하	특정 영역에 국한된 어려움이 많음
동반 증상	주의력 저하가 주 증상 우울, 불안 등 증상이 이차적으로 동반	우울, 불안, 만성 피로 등이 주 증상 주의력 저하가 이차적으로 발생
약물 반응	메틸페니데이트 등 치료 약물에 특이적 반응	약물 반응이 기대 이하이거나 비특이적 반응
자기 보고와 타인 보고 일치 여부	가족, 친구, 교사 등의 보고와 비교적 일치	자가 보고에만 국한되고 객관적 관찰자 보고와 불일치
진단에 대한 태도	자신이 문제라고 느끼면서도 진단을 불편해함	진단을 강하게 원하거나, 특정 약물 효과에만 관심

가성 ADHD, 왜 생길까

최근 ADHD와 가성 ADHD 진단 모두가 폭발적으로 증가한 배경에는 몇 가지 요인이 있다. 우선, 진단 기준이 완화되었다. DSM-IV에서는 ADHD 발병 시점을 7세 이전으로 한정했지만, DSM-5부터 12세까지로 확장되었고 성인 ADHD를 진단하는 데 필요한 최소 증상도 6개에서 5개로 줄었다. 이렇게 진단 기준이 완화되면서 더 많은 이들이 질병의 영역으로 들어오게 되었다.

두 번째는 제도적 변화다. 2016년 9월부터 ADHD 약물에 대한 건강보험 적용이 확대되었고, 만 18세 이후 처음 진단받은 ADHD 환자들도 건강보험 혜택을 받게 되었다. 2019년에는 두 가지 약물, 그러니까 메틸페니데이트(각성제 계열)과 아토목세틴(비각성제 계열)을 동시에 처방하는 것도 가능해졌다. 의학적 기준과 보험 제도 모두 ADHD 치료에 좀 더 우호적으로 변한 것이다.

세 번째는 미디어의 힘이다. MBTI를 필두로 한 심리 테스트와 정신건강 정보는 가장 인기 있는 콘텐츠 중 하나가 되었고, 인플루언서들의 ADHD 고백도 몇 년째 이어지고 있다. ADHD는 한 개인이 자신의 힘들었던 삶을 이해하는 데 없어서는 안 될 주요 키워드가 되었다.

당신은 당신의 집중력에 만족하는가 - 고기능 추구 사회

앞서 ADHD가 폭발적으로 증가한 배경을 언급했지만, 어쩌면 이 모든 요인들은 부차적인 것일지도 모른다는 생각이 든다. ADHD 대유행이라는 현상 이면에는 사회 구조적인 문제가 깊게 자리하고 있다. 최근의 기사를 살펴보자.

- 대학생이 ADHD 치료제 불법 거래… 국정원 "'공부 잘하는 약' 둔 갑해 유통"(KBS, 2024. 10. 23.)

- 공부 잘하는 약?… ADHD 치료제 오남용에 품귀 현상까지(「조선 일보」, 2025. 6. 4.)

- 성적 올리려? 10대 ADHD 처방 10만 명 넘어(「매일경제」, 2025. 5. 9.)

- 의료용 마약류 ADHD약 '공부 잘하는 약' 둔갑… 강남구>송파구> 서초구 순(「메디컬월드뉴스」, 2024. 7. 11.)

학구열이 높은 지역일수록 ADHD 치료제 처방량이 많다. 콘서타 공급 부족은 1년 넘게 해결될 기미가 보이지 않는다. 품귀로 모자라 이제는 국가정보원까지 나서서 의료용 마약류 불법 유통을 확인하고 청소년과 학생들에게 주의를 당부하는 실정이다.

우리는 과잉 경쟁과 자기 착취의 시대를 살아가고 있다. 멀티태스킹이 기본이 된 업무 환경, 성과주의와 끊임없는 비교, 주어진 시간 안에 최대한의 효율을 끌어내야만 하는 분위기 속에서 모두가 스스로를 가혹하게 몰아붙인다. 누구라도 '이대로는 안 된다'는 불안감에 사로잡히기 쉽다. **고기능을 추구하는 경향**이 여기서 발생한다. 수험생은 의대 입시에서 떨어지고 '그저 그런 대학'에 가게 된 자신을 실패자라고 여긴다. 직장인은 야근을 마치고 이직을 위해 밤 늦게까지 공부한다. 지금 다니는 회사가 10년 뒤에도 존재할 수 있을지 확신할 수 없기 때문이다. 그들은 난파선에서 탈출하는 심정으로 공부한다.

2024년 한국인의 1인당 커피 소비량은 416잔으로 아시아·태평양 지역 1위를 달성했다.[●] 지난 20년간 물가는 엄청나게 올랐지만, 유일하게 안 오른 게 커피값이다. 안 오른 정도가 아니라 심지어 같은 값에 더 많은 양을 준다. 엄청난 수요, 그리고 그 수요를 아득히 넘어서는 공급 경쟁이 빚어낸 기현상이 아닐까? 카페인 소비 증가와 ADHD 유병률 증가는 그 궤를 같이한다. 바야흐로 각성의 시대, 제대로 정신을 차리지 않으면 생존할 수 없는 시대다.

ADHD 진단에 가장 필요한 것

혹자는 이렇게 말할 수 있다. ADHD 치료제는 전문의약품이니 관리 제도를 정비하고, 의사들이 좀 더 경각심을 가지고 제대로 진단한다면, 아닌 걸 아니라고 확실하게 말하면 되는 것 아니냐고. 사실 그게 말처럼 쉽지가 않다.

진료실에서 매일 ADHD 환자를 진료하는 사람으로서 비겁한 변명을 좀 해보자면 이렇다. 우선, ADHD 진단 과정은 다른 정신과

[●] Euromonitor International, "Coffee in South Korea, November 2024".

질환과 비교했을 때 훨씬 까다로운 편이다. 환자들은 'ADHD 검사'를 받기 위해 정신건강의학과를 방문하지만, 현재까지 ADHD를 확정적으로 진단할 수 있는 생물학적 표지자Biological Marker는 존재하지 않는다. 정량뇌파검사Quantitative Electroencephalography, QEEG나 종합주의력검사Comprehensive Attention Test, CAT 등이 보조 도구로 사용될 수는 있으나 역시나 ADHD를 확진하는 검사는 아니다.

확진 검사가 없고 환경에 따라 다양한 모습으로 나타날 수 있는 ADHD의 특성상 진단에 가장 필요한 자원은 바로 **시간**이다. 일단은 환자 그리고 보호자와 충분히 이야기할 시간, 그리고 약물 반응을 살필 수 있는 시간.

집중력 저하가 기분장애 때문이라면 항우울제나 기분 조절제를 투여하고 증상 개선 여부를 평가하는 데만 2~3주의 기간이 소요된다. 그것도 운이 좋아서 처음 투여한 약물에 반응이 있을 때나 가능한 이야기이고, 몇 차례 약물을 교체해도 반응이 충분하지 않은 치료저항성우울증Treatment Resistant Depression, TRD이라면 최소 몇 개월이 필요하다.

하지만 안타깝게도 시간은 충분하지 않다. 집중력 저하로 진료실을 찾는 환자들은 대체로 절박한 상황에 놓여 있기 때문이다. 성적표로 평가받는 수험생, 불확실한 미래 앞에서 자기소개서를 반복해 수정하는 취업준비생, 실수를 두려워하며 상사의 눈치를 살피는 신입 사원, 성과 경쟁에 떠밀려 자존감을 잃어가는 중간 관리자, 육아와 일을 병행하며 번아웃을 겪는 워킹맘, 불안정한 삶 속에서 스스로를 증명해야 하는 프리랜서….

집중력 저하를 호소하며 병원을 찾는 사람들은 대개 인생의 중요한 경계선 위에 서 있다. 원래부터 집중력이 뛰어난 편이 아니었는데, 오랜 시간 누적된 과로와 함께 우울, 불면, 무기력 같은 증상들이 그나마 남아 있던 집중력을 앗아간다. 집중력이 가장 필요한 시기임에도 불구하고 원하는 만큼 집중할 수 없으니 불안이 깊어질 수밖에 없다.

이런 상황에서 ADHD 진단은 동아줄 같은 역할을 한다. 일단 개인이 느끼는 심리적 부담을 줄여준다. 의지나 노력 부족이 아닌 신경학적 문제가 원인이니 자책과 비난에서 벗어날 수 있다. 또한 약물에 대한 기대도 한 몫 한다. ADHD 약물, 특히 콘서타로 대표되는 메틸페니데이트는 즉각적으로 피로감을 줄이고 집중력을 개선한다. 설령 증상이 기분장애로 인해 나타나는 경우라고 하더라도 각성제를 투여하면 무기력감이나 의욕 저하가 일시적으로나마 개선될 수 있다. 빠른 해결책을 원하는 사람들에게 더 없이 매력적인 선택지다.

이렇게나 'ADHD여야만 하는 이유'가 많으니 환자가 의사에게 제공하는 정보도 한쪽으로 치우치기 십상이다. 일부러 속인다는 뜻이 아니다. 많은 환자들이 확증 편향에 사로잡혀 있다. 자신의 믿음을 강화하는 정보만 찾고, 반대되는 정보는 의식적으로 또는 무의식적으로 무시하는 경향이 있다는 것이다. ADHD 체크리스트는 여러 버전으로 열심히 해보지만, ADHD가 아닐 가능성은 굳이 찾아보지 않는다. 심지어 요즘은 유튜브 알고리즘이 확증 편향을 더 강하게 만드는 것 같다.

갈수록 '정상 집중력'의 기준이 비현실적이 되고 있다. 강의 내용을 놓쳐서는 안 된다. 시간은 효율적으로 써야 하고 공부할 때는 늘 집중을 유지해야 한다. 업무에 빈틈이 있어서는 안 되고, 일은 미루지 않고 즉시 처리해야 한다. 상사에게 인정받고 모두와 잘 지내야 한다. 이렇게나 가혹한 기준이, 자신을 깎아내리는 자동 사고가 우리 안에 내면화되어 있다. 그 기준에 미치지 못하는 순간, 사람들은 스스로를 의심하기 시작한다. '혹시 나도 ADHD 아닐까?'라고.

ADHD가 대중적인 진단이 되면서 자기 문제를 이해하고 도움을 받게 된 사람이 늘어난 것은 분명 환영할 일이다. 그러나 진짜 중요한 것은, 스스로를 채찍질하고 몰아붙이느라 놓치고 있는 질문일지도 모른다.

"지금 이 사회에서, 아무런 어려움 없이 온전히 집중하며 살아간다는 것은 과연 가능한 일일까?"

우리는 변곡점에 서 있다. AI는 버전이 바뀔 때마다 엄청나게 똑똑해지고 새로운 지식은 홍수처럼 쏟아지는데, 인간의 유전자는, 뇌는 업데이트 지원이 끊긴 지 수만 년째다. 지금도, 어쩌면 앞으로도 우리는 자기 집중력에 만족하지 못하고 살아갈 것이다. 어쩌면 현대를 살아가는 우리 전부가 **상대적인 집중력 저하**Relative Attention

Deficit에 시달리고 있는 것인지도 모르겠다.

그렇다면 어떻게 할 것인가 – 삶의 해상도를 높이는 방법

상대적인 집중력 저하가 트렌드라고 해서 그저 수용하고 살 수 만은 없다. 동네 병원 의사답게, '잘 자고, 잘 먹고, 술 담배를 멀리하라'에 이은 뻔하고, 저렴하고, 가장 효과적인 조언 몇 가지를 남기며 이 장을 마무리할까 한다. 집중력이 미친 듯이 상승하는 비결이 아니다. 그저 **조금 덜 흐릿하게 살아가는 방법**들이다.

1. 그 자리에서 벗어나라. 지금 당장.

전투에서 지형-지물을 활용한 유닛 운용은 승패를 좌우한다. 실시간 전략 시뮬레이션 게임을 해본 사람이라면 누구나 알 것이다. 유리한 지형에서 자리를 잡고 싸우면 얼마나 쾌적한지를. 집중도 마찬가지다. 공부하는 사람과 환경의 상호작용이 중요하다. 그런데 만약 지금 당신이 집중하려 애쓰는 그 공간에서 제대로 집중한 적이 별로 없다면? 목표가 수능이든, 공시든, 임용이든, NCS든 간에 그곳은 승률이 매우 떨어지는 전장이다. 당장 그 자리에서 벗어나야 한다. 언덕 아래, 시야도 확보되지 않은 곳에서 총을 쏘는 건 안 된다.

사람마다 집중이 잘되는 환경은 다르다. 도서관, 강의실, 스터

디카페, 약간의 소음이 있는 그냥 카페도 좋다. 이동 중인 버스나 지하철도 괜찮다. 단, 집은 별로다. 환자들과의 면담을 통해 알게 된 사실인데 집에서 공부한 사람들의 합격률이 가장 낮았다. 침대나 소파는 눕기 좋고, 익숙한 책상은 딴짓하기 좋고, 냉장고는 너무 가까이 있어서 그런 게 아닌가 추정한다.

만약 집중이 잘되는 곳을 찾았다면, 집중이 잘되는 곳과 그렇지 않은 곳에서 할 일을 분리하라. 만약 당신이 이직을 준비한다면, 집중이 안 되는 회사에서는 외울 내용을 메모지에 옮겨 적고 자료를 단권화하는 등 준비 작업을 하면 좋다. 그리고 집중이 잘되는 퇴근길 지하철에서는 그걸 모조리 외우는 식이다.

2. 일단 적어라. 머릿속에만 두지 말고.

고등학교 시절, 한 친구가 암산 연습 비법을 공유한 적이 있다. 길을 가다가 자동차 번호판을 보면 그 숫자로 곱셈을 해보는 것이다. 예를 들어 4885를 보면 48×85를 암산으로 푼다. 두 자릿수 곱셈은 초등학교 3학년 과정이다. 종이에만 적으면 누구나 풀 수 있다. 하지만 머릿속에서 하려면? 익숙하지 않다면 오래 걸리고 실수도 잦다.

격정도 마찬가지다. 범불안장애 환자들은 끝도 없이 밀려드는 걱정 때문에 일상이 무너진다. 점심 메뉴로 짜장면과 짬뽕 중 하나를 고르는 것도 어려운데, 정답도 없고 마감도 없는 고민은 계속해서 머릿속을 떠돌며 체력을 소모한다. 그럴 땐, 적어야 한다. 종이를

2장. ADHD 권하는 사회

3단으로 접고 걱정의 주제, 가능한 선택지, 예상 결과를 글로 옮겨 보라. 생각이 명료해지고, 뇌는 반복의 굴레에서 벗어난다. 다시 걱정이 찾아오면 종이를 한 번 보는 것으로 시간을 아낄 수 있다.

ADHD 성향이 있는 사람들도 비슷하다. 일정 조율, 우선순위 정하기, 업무 정리…. 머릿속에만 두면 제멋대로 엉켜서 집중력을 갉아먹는다. 일단 종이에 써서 내보내는 것만으로도 뇌는 부담을 던다. 투두리스트To-Do list(할 일 목록)를 작성해서 계획대로 해보는 것도 좋겠지만, 그게 원활하게 된다면 이미 ADHD가 아니다. 메모지 한 장을 꺼내서 오늘 한 일Done을 몇 개 적어도 좋고, 지금 하는 일Doing을 적는 것도 좋다. 적는다고 하여 일이 완벽한 체계를 갖추기는 어려울 것이다. 그러나 복잡하게 떠도는 생각을 **지금 여기**에 붙잡아두는 데 도움이 될 것이다.

3. "라떼는 말이야." 아날로그 시대의 장점을 벤치마킹하라.

"그냥 폰 보죠. 틱톡이나 유튜브요. 게임도 하고요."

요즘 학생들이 공부하다가 집중력이 떨어질 때 하는 것들이다. 이런 말 하면 옛날 사람 같아서 안 하려고 했는데, 예전에는 안 그랬다. 안 그런 게 아니라 '못' 그랬다. 스마트폰은 존재하지 않았고, 전화와 문자만 되는 휴대폰조차 없는 애들이 태반이었다.

학원에서 수학 문제를 풀다가 집중이 안 되면 그냥 잤다. 아니면 멀쩡하게 공부 잘 하는 친구 붙들고 수다를 떨거나 간식을 사 먹었다. 대여점 소설을 봤다. 학원 앞 공터에서 그네를 탔고 가끔 농구도 했다. 아주 가끔은 오락실에 가거나 아예 시내로 나가서 영화를 보고 왔다. 공부하는 공간과 쉬는 공간이 구분되어 있었고, 쉴 때는 뇌에 정보 부하를 많이 주지 않는 활동을 하며 시간을 보냈다. 공부하다 딴짓으로 새는 건 예나 지금이나 같지만, 그 방식은 상당히 달랐다.

뇌과학자들은 집중력을 회복하는 데 '멍 때리기'를 중요하게 생각한다. 우리가 아무것도 하지 않고 가만히 있을 때, 뇌에서는 기본 모드 네트워크Default Mode Network, DMN라는 회로가 활성화된다. 이 회로는 스스로를 돌아보고, 깊은 통찰을 끌어내는 데 큰 역할을 한다. 즉, 아무것도 하지 않는 시간은 낭비되는 시간이 아니라 뇌를 위한 정비 시간이다. 그런데 ADHD 성향이 다분한 사람들이 가장 못하는 것이 아무것도 안 하고 가만히 있는 것, 그리고 한 번에 하나만 하는 것이다. 끊임없이 움직이고 자극을 추구하는 과정에서 DMN이 제때 활성화되지 못하고, 오히려 집중이 필요할 때 부적절하게 켜지는 등 문제가 발생한다. 물론 멍 때리는 행위만으로 ADHD를 치료할 수는 없다. 그러나 수업 중간중간 쉬는 시간을 두어 다음 수업을 준비하듯, 뇌도 중간중간 디지털 기기에서 벗어나 쉴 시간이 필요하다. 불멍, 물멍, 식물멍 다 좋다. 일과 중에 멍 때리는 시간이 전혀 없다면, 그것은 쉬는 시간 없이 10교시 연속 강의를 듣는 것과 같다.

4. 나만의 속도를 찾아라. 느려도 괜찮다. 정말이다.

ADHD든 가성 ADHD든 집중력 저하를 호소하는 사람은 같은 고민을 한다. 설정한 목표와 가진 능력(또는 상황)에 불일치가 존재하고, 목표 달성을 위해서는 상당한 노력이 필요하다는 것이다. 대기업을 목표로 하는데 손쉽게 합격할 수 있는 상황이라면, 집중력 저하로 고통 받을 이유가 전혀 없지 않겠는가.

이 상황을 극복하는 방법은 두 가지로 귀결된다. 하나, 목표를 포기한다. 둘, 능력을 끌어올린다. 하지만 둘 다 쉽지 않다. 목표를 버리자니 왠지 패배자가 되는 것 같고, 능력을 끌어올리기도 쉽지가 않다. ADHD 치료를 하면 도움이 될 수도 있겠지만, 가성 ADHD에서는 그 효과가 제한적이고 오히려 부작용 호소만 많을 수 있다. 이 어려운 주제에 관해 나의 개인적인 경험을 공유하고 싶다.

나는 작가가 되고 싶었다. 성인이 되기 전부터 오래 간직한 꿈이었다. 하지만 현실적으로 불가능한 꿈이기도 했다. 고등학교와 대학 시절에는 공부하느라, 대학 졸업 후 대학병원에서 인턴-레지던트 과정을 거치는 동안은 일하느라 글을 쓸 여유가 전혀 없었다. 실력은 쥐뿔만큼도 없는 작가 지망생의 변명처럼 들리겠지만, 정말이다. 시간이 없었다. 꿈은 봉인된 채로, 그런 꿈이 있었는지조차 가물가물할 정도로 20여 년이 지났다.

다시 글을 쓰기로 결심한 것은 코로나가 전국을 뒤흔들어놓은 시기였다. 웹소설, 그러니까 장르문학을 즐기며 여가를 보내는 사람이 늘어났다. 나도 그중 한 사람이었고 웹소설을 써보기로 마음 먹었다. 웹소설은 회당 5000자씩, 주 5~7회 연재가 보통이다. 전업 작가도 마감에 쫓기는데 진료가 본업인 나로서는 도저히 쓸 수 없는 분량이었다. 아, 물론『중증외상센터』를 쓴 한산이가 작가처럼 진료와 연재를 병행하다가 아예 진료를 접고 크리에이터와 전업 작가로 활동하시는 분도 있다. 하지만 그만한 재능의 주인공이 내가 될 리는 없으니 일단 논외로 하자.

아무튼, 글쓰기를 본격적으로 시작한 것은 마흔을 바라보는 즈음이었다. 후하게 쳐줘도 능력을 끌어올리기에는 쉽지 않은 나이다. 능력이 고정된 상태로 목표를 포기하지 않는다면, 남은 방법은 하나밖에 없다. 그것은 바로 **내 속도대로 가는 것**이다.

하루에 500자(5000자가 아니다!)에서 1000자 쓰기를 목표로 글쓰기를 시작했다. 식당 창업처럼 인테리어 비용이 드는 것도 아니니 망해도 괜찮다는 심정으로 웹소설 플랫폼에 글을 올렸다. 5000자 규격에도 맞지 않는 글을 주 5회는커녕 주 1~2회 주기로 겨우올렸다. 그렇게 1년쯤 쓰니 60화 정도가 모였다. 두 달 연재 분량이었다. 공모전 시기에 맞춰 그동안 쓴 글을 규격에 맞게 편집해 다시 올렸다. 비축분이 사라지는 동안 쓴 글로 간신히 불규칙한 연재를 이어나갔다. 그렇게 100화가 쌓일 무렵 정식으로 론칭 계약을 했다. 손이 빠른 작가라면 석 달 걸릴 분량을 쓰는 데 2년이 걸렸다. 그 후로도 여전히 느릿느릿, 하지만 열심히 글을 썼고 결국 한 작품을 완결했다. 글을 쓰기로 마음먹은 지 4년 만의 일이었다.

생산성은 보통 작가의 절반. 아니, 3분의 1에도 미치지 못한다. 작품은 그리 흥행하지 못했다. 재밌게 읽었다는 댓글도 있지만, 악플도 만만치 않게 많다. 작가가 의료 현장을 잘 모른다는 내용의 댓글이 특히 기억에 남는다.(아니, 내가 현직 의사인데!) 그렇다면 과연 이 작가는, 남들은 1년 걸릴 작품을 4년 동안 붙들고 있었던 사람은 작가로서 실패한 것일까? 답은 이 글을 읽는 독자의 판단에 맡기고 싶다.

5. 이제 마지막 조언이다. ADHD 치료는 시간이 관건이다.

집중력 저하가, ADHD가 문제라는 생각을 하고 있다면 병원은 미리 가는 게 좋다. 앞서 말했듯 적절한 진단을 위해, 그리고 치료 반응을 평가하기 위해 적게는 수 주에서 몇 달까지 시간이 필요하기 때문이다. 거듭 강조하지만, ADHD 평가와 치료에 필요한 가장 중요한 자원은 '시간'이다. 참고 참다가 지방직 시험 4주 전이나 수능 직전에 병원에 오면 제대로 된 치료를 받기 어렵다는 말씀을 드리고 싶다.

ADHD가 당신을 설명하는 전부가 되어서는 안 된다. 그것은 그저 극복해야 할 무언가에 지나지 않는다. 온전한 집중력으로 살아가기 쉽지 않은 시대지만, 자신만의 속도를 지키며 꾸준히 나아간다면 어떻게든 방법은 있다고 믿는다. 오랫동안 꿈을 놓지 않고 ADHD 또는 가성 ADHD와 함께 살아가는 모든 분들을 진심으로

응원한다. 진정한 성장을 이루시기를, 그리고 몸도 마음도 언제나
건강하시기를 간절히 바란다.

하주원 —
정신건강의학과 전문의.

서울 연세숲정신건강의학과 원장. 글쓰기를 좋아해서 대학병원에서는 불안과 중독을 연구하는 논문을 쓰다가, 개원한 뒤에는 대중 독자를 위해 불안과 중독을 다독이는 책을 냈다. 저서로『불안한 마음을 잠재우는 법』,『어른이 처음이라서 그래』, 공저로『어쩌다 도박』이 있다.「국민일보」,「문화일보」와 같은 매체에도 칼럼을 써왔다. 현재 대한정신건강의학과의사회 홍보이사, 보건복지부 정신건강복지기본계획 수립 추진단으로 활동하고 있다.

3장
우리가 빠진 것은 투자일까, 도박일까

—

성취감 중독, 그리고 도박 중독

도박은 생각보다 가까이에 있다

정신건강의학과 의사 새내기 시절, 영화 「타짜」가 나오고 슬롯머신 게임 '바다이야기'가 문제가 되던 그 해에 도박 중독 집단 치료에 참여할 기회를 얻었다. 대한민국에서 처음 도박 중독 연구를 시작한 강북삼성병원 신영철 교수님 덕분이었다.

요즘은 거의 사라진 사례지만, 당시는 도박 빚을 갚지 못해 손가락이 잘린 사람도 있었다. 어떤 도박 중독 환자의 부모는 "우리 아들이 지금 콩팥을 팔게 생겼는데 제가 대신 빚을 갚아주는 게 맞지 않나요?"라고 물었다. "그렇다고 갚아주시면 자식을 잃게 됩니다"라고 단호하게 답하시는 스승님을 보며 도박 중독이 무섭고, 또한 신비로웠다. 이 연구를 시작으로 나는 도박 관련 SCI 논문을 내고 책을 썼고, 도박 중독 환자들은 치료를 받기 위해 멀리서도 나를 찾아온다.

갖가지 도박을 해봐야 환자들과 대화가 되므로 나도 옛날에는 강원랜드와 마카오 카지노, 장외 경마장, 하우스에 견학을 갔다. 요즘은 온라인 도박만 해보면 되니 편리하다. 그 편의성 덕분에 중독되기도 더 쉬울 것이다. 최소 금액으로 시도해보는데, 내가 돈을 걸 때마다 생각하는 것은 한 가지뿐이다. '따면 망한다.' 크게 따면 그때부터 도파민과의 힘든 싸움이 시작되니까. 환자 치료가 잘되어서, 이번에 담근 오이 피클이 맛있어서, 자전거로 40킬로미터를 달려서 나오던 내 도파민이 아무것도 아닌 것이 되어버릴 테니까.

삶에는 다양한 비극이 있지만, 가장 큰 비극 중 하나는 내가 누구이고 어떻게 살고 있는지 모르는 것이다. 내가 지금 뭘 하는지, 어떤 상태인지 모르는 채로 산다는 것은 두려운 일인데도 꽤 많이들 무언가에 중독되어 산다. 요즘 도박은 도박이 아닌 척한다. 태생 자체가 도박인 카지노, 경마, 토토, 사다리 같은 전통 도박은 적어도 정체를 숨기지는 않았다. 하는 사람과 안 하는 사람의 경계가 분명했다. 그러나 요즘은 '투자'와 '게임'으로 도박의 경계가 허물어졌다. 그래서 하는 사람도 내가 투자/게임이 아닌 도박에 중독된 걸 모르는 채로 점점 더 그 늪에 빠져든다.

도박은 노력과 관련 없는 행운을 바라면서, 불가능에 가까운 일에 돈이나 가치 있는 것을 투자하는 행위이다. 그럼 투자는? 투자 역시 이익을 얻으려고 자본을 대고, 거기에 시간이나 정성을 쏟는 행위이다. 현금이 지닌 가치 또한 사회적 약속에 따라 계속 변화하기에 현금을 가만히 두는 것도 일종의 반反투자 행위이다. 자본주의 사회에서 '투자'를 벗어나기는 어렵다. 그럼 투자, 투기, 도박의 경계는 어디까지일까? 우리가 빠진 것은 도박일까, 투자일까?

중독의 메커니즘

우리는 어떻게 중독되는 걸까? 예측 불가능한 상황에서 많은 보상이 주어질 때 중독이 잘 생긴다. 우리 뇌에는 보상 회로가 있다. 이 회로는 자극을 감지하고, 우리가 원하던 것을 성취할 때 도파민을 방출하는 역할을 맡는다. 도파민은 일상적인 성취에서 얻는 것이 이상적이다. 즉, 배고플 때 무언가를 먹거나, 열심히 일하고 집에 들어가 쉬는 순간에, 혹은 글을 써서 주변 사람에게 인정을 받거나, 호감 있는 사람에게 고백하는 데 성공했을 때 등 사람이 생물학적으로든 사회적으로든 보상을 받을 때 나온다. 요즘 많이 쓰는 '도파민 중독'이라는 단어가 좀 이상한 것이, 도파민 자체가 나쁜 것이 아니기 때문이다.

문제는 이런 도파민이 전혀 일상적이지 않은 인위적 상황에서도 나온다는 점이다. 술, 마약, 담배 같은 물질뿐 아니라 도박, 게임, 소셜 미디어 이용 같은 자극적인 행위를 통해서도 나온다. 인위적인 자극, 즉 강제 집중을 위해 설계된 이런 상황에서만 도파민이 분비되기 시작하면, 일상적인 자극에는 둔해져서 도파민이 나오지 않게 된다.

중독성의 핵심은 **속도**다. 카지노에서도 중독성이 특히 높은 바카라는 1~2분이면 승패가 결정된다. 돈을 걸고 결과를 얻기까지의 시간이 짧다. 담배를 피우면 니코틴이 뇌에 도착할 때까지 7~10초 정도 걸린다. 도파민 분비까지는 겨우 10초 남짓이다. 만약 담배를 입에 물고 세 시간쯤 있다가 도파민이 서서히 분비된다면 담배를 찾는 사람은 지금보다 적고, 담배를 끊기도 쉬울 것이다. 그런데 도파민 분비에 10초 걸리는 니코틴보다도 1분짜리 바카라를 더 끊기 쉬워야 하는데 그렇지 않다. 그 까닭은 무엇일까? 바로 **예측 불가능**하기 때문이다. 담배를 피울 때는 얼마만큼 긴장이 풀릴지 대충 예측되지만, 바카라는 이번 판에서 내가 딸지 잃을지 알 수 없기 때문이다. 인간은 묘한 존재다. 불확실성에 대한 두려움이 있으면서도, 또 그 불확실성 속에서 쾌감을 느낀다. 오랜 시간 공부해서 자격증을 따거나 입시에 성공할 때에도 뇌의 보상 회로는 활성화되고, 그때도 도파민이 많이 나온다. 엄청 기쁘고 뿌듯한 일이니까. 그런데 공부를 통해 보상을 얻는 것은 너무 오래 걸린다. 그래서 중독성이 덜하다.

중독에는 **가속도**가 붙는다. 도파민은 도파민을 낳는다. 예상 밖의 빠른 자극을 얻는 상황이 반복되면, 뇌는 보상을 예측하기 시작한다. 예측하면 재미가 없어질 것 같지만 그렇지 않다. 시작부터 미리 도파민이 분비되니 승리와 관계없이 어느 정도 재미있다, 제대로 얻은 것도 없이! 아직 아무것도 결정되지 않았는데도 모든 것이 결정된 것처럼 뇌가 반응해 도파민이 미리 분비되니 이보다 더 빠를 수 없다. 상황은 변한 게 없는데도 '내가 뭔가를 통제하고 있다'는 착각에 빠진다. 이것이 중독의 메커니즘이다.

중독은 원래 도박만의 특성이었는데, 요즘은 도박 바깥의 현실 세계로도 나온다. 열심히 모은 게임머니를 써서 랜덤으로 아이템을 얻는 가챠^{ガチャ, Gacha}는 그저 게임일 뿐일까? 코인을 하루에도 몇 번씩 샀다 팔았다 하면서 쾌감을 얻는 것은 괜찮을까? 워런 버핏을 들먹이며 미국 주식은 안전하니 고위험 고수익 상품인 레버리지 ETF 2X, 3X를 해서 해당 회사 주가 상승분의 2배 또는 3배의 이득을 얻을 수 있다면, 그건 도박일까 투자일까?

청소년 도박, 어린 뇌에 새겨지는 중독

한 환자와 대화를 나눴다.

"지금 개인회생 중이신 거죠? 남은 빚 빨리 청산하고 또 도박하고 싶다는 생각은 요즘 안 드세요?"

"들긴 하죠. 그런데 안 되는 거 아니까. 따봤자 바로 그만두지 못하는 것을 아니까요. 잃으면 만회하고 싶으니까 또 하고… 저 사실 처음에 도박한 지 2년이라고 말씀드렸는데, 바카라가 2년인 거고요. 지금 생각해보니 도박은 더 오래된 것 같아요."

"많은 분이 처음 도박을 시작한 시기를 정확하게 기억하기를 거부하는데, 먼저 그렇게 기억해내셨다니 대단하네요. 그럼 언제부터일까요?"

"10년은 된 것 같아요. 그러니까 고등학생 때죠. 가챠 뽑기를 하면서부터였어요."

"게임 현질(게임 아이템이나 재화를 현금으로 구매하는 것)을 그때 처음 하신 건가요?"

"아니요. 아이템의 가격이 확정적인 것이 아니라 랜덤인 것, 뽑기에 몰두한 게 시작이었어요."

게임 안에서 가격이 정해진 아이템을 구매하는 경우도 있지만, 가챠는 내가 사는 아이템이 100원 값어치인지 1만 원 값어치인지 불확실한 상태에서 아이템을 구매하는 것이다. 웩슬러 지능검사상 상위 10% 이내에 드는 A 씨도, 고등학교 때 뽑아본 가챠에 도박성이 있었고 그것이 중독의 시작이었다는 것을 처음에 몰랐다. 도박한 지 10년이 다 되어가는 지금, 1억 넘게 잃고서야 깨달았다.

거실의 TV에서 저마다의 스마트폰으로, 쉬운 중독의 시대

20세기에는 거실 한가운데에 있는 TV에서 네다섯 개의 채널을 통해 영상을 접했다. 집에 하나뿐인 TV를 '바보상자'라고 불렀고, 채널 변경은 가족 내 권력 구조에 따라 움직였다. 어떤 프로그램을 볼지 부모가 중앙집권적으로 통제하기가 쉬웠고, 부모님이 늦잠자는 일요일 아침 시간에야 아이들을 위한 만화가 편성되었다. 지금은 채널도 많아지고 각자의 기기로 원하는 것을 보는 영상 봉건제 사회다.

이런 상황에서 요즘 어린이나 청소년들은 어른들의 문화를 빠르게, 경계 없이 접하게 된다. 조기 성인화를 겪은 청소년들은 자신이 어른들과 비슷하다고 생각하지만, 막상 경험이 부족하니 또래의 영향을 많이 받고, 유행 아이템에 훨씬 더 빨리 빠져든다. 도박을 접하는 시기도 빠르다. 확률형 아이템과 스포츠토토 같은 입문형 도박은 생각보다 친숙한 얼굴을 하고 있다. 한 반에 한 명만 중독되어도 전파 효과가 크다. 게임회사나 불법 도박 업체는 청소년을 먹잇감으로 삼아, 게임의 탈을 쓴 도박의 세계로 친절하게 안내한다.

게임 중독은 어떨까. 자녀가 게임하는 것을 좋아하는 부모는 없다. 자녀가 PC나 모바일 게임을 하면 무조건 하지 말라 하고, 몇 시까지 하는지 관리하고, 어떻게 하면 시간을 줄일지부터 고민한다. 도박 중독 예방 차원에서, 게임 중독 문제를 단지 자녀가 게임에 들이는 시간의 양으로만 접근하는 것은 아쉽다. 어떤 게임을 하느냐도 중요하기 때문이다. 부모가 자녀와 함께 헤드셋을 쓰고 대화하며 친구 같은 모습을 연출하며 같이 게임하라는 이야기가 아니다. 문제는 자녀가 게임에 돈을 쓰는가(현질)이다. 자녀가 게임에 조금이라도 현금을 투입하면 부모가 그 내역을 알고 있어야 한다. 물론 부모가 게임 현질을 금지해도, 아이가 친구에게 돈을 주며 게임 계정에 충전을 부탁할 수도 있다. 자녀가 현금을 어떻게 사용하는

지는 그 내역에 따라 다르게 이해해야 한다. 게임 자체를 하기 위한 기본 이용료인지, 게임을 더 잘하기 위한 아이템인지, 승급을 위한 과금인지, 확정적인 아이템 구매인지, **예측 불가능한 부분이 포함되어 있는지,** 아이템을 사고 팔 수 있는지 다양하기 때문이다. 각 단계마다 중독성도 다르다.

게임에 돈 쓰는 자녀를 다그치다 보면, 아이는 게임 아이템을 사두고 그것을 일정 기간 보유했다가 비싸게 팔 수 있다고 변명하기도 한다. 그렇지만 이는 명품 가방을 사두면 나중에 더 비싸게 팔 수 있다고 합리화하는 것과 마찬가지이다. 게임이라는 '닫힌계'에서 아이템 판매는 어려운 일이며, 그걸로 먹고사는 사람은 따로 있다. 이렇게 사서 되팔기에 몰입하는 경우는 쇼핑 중독과도 닮아 있다.

아이들이 쉽게 빠져드는 가챠는 대부분 자주 나오는 일반 보상과 극히 드물게 나오는 희귀 보상을 무작위로 제공한다. 희귀 아이템을 얻을 때 느끼는 강한 쾌감은 뇌에 각인되어 가챠를 계속 시도하게 만든다. 아이템 획득에 실패해도 '다음엔 나올지도 모른다'라는 심리가 생겨 계속 몰입하게 되고, 잦은 소소한 보상과 가끔씩 터지는 큰 보상이 반복적으로 도파민 시스템을 자극해 심각한 중독을 일으킨다.

지금의 뇌로 20년, 30년 후를 살아간다면

뇌는 같은 속도로 자라지 않는다. 기본적인 감각 운동 피질은 10세 이전에 성숙하고, 시각 정보 처리를 담당하는 후두엽도 10대

초반까지 자란다. 상황 판단과 충동성을 지휘하는 전두엽은 뇌에서 가장 발달이 느린 부위이다. 스물다섯 살까지 자란다. 반대로 말하면 스물다섯 이전에는 덜 자란 상태다.

감각이 뛰어나고 기억력도 좋은 청소년들은 자신이 마치 어른인 것 같은 착각을 한다. 이런 착각은 요즘 청소년이나 옛날 청소년이나 똑같다. 다만 전두엽이 덜 자란 취약한 상태에서 접하는 정보의 양이 전보다 많아졌다. 상황이 달라진 것이다. 대한민국 남성의 경우 20대 초반에 군대를 가며 중독 문제가 해결되는 경우도 많았으나 지금은 군대에서도 스마트폰을 쓸 수 있고 서로 월급을 빌릴 수 있으니 오히려 도박 문제가 더 빨리, 심각하게 퍼지는 곳이 되고만 것처럼.

성장 중인 전두엽은 쉽게 다친다. 청소년이나 초기 성인기에 예상치 못한 도파민의 축복을 경험하면, 그게 실제로는 저주인 줄 모르고 인공 도파민에 제대로 젖는다. 짝사랑하던 사람에게 고백해서 사실은 나도 좋아한다는 답변을 듣거나, 농구 시합에서 다른 반을 이겨 쾌감을 느끼거나, 발명전에 출품해서 상을 받아 경험하는 즐거움을 통해 전두엽이 잘 자라나야 한다. 이 시대 청소년은 그 기회를 빼앗긴다. 대한민국의 입장에서도 노벨상 수상자를 배출할 기회나 산업이 더 발전할 기회를 잃는 중일 수도 있다. 질 좋은 도파민이 공급되지 못하는 전두엽의 영양 결핍은 20~30년 후, 이 사회에서 더 큰 문제다.

불법은 언제나 규제보다 빠르다

TV에서 스마트폰의 시대로 갔듯이 플랫폼도 탈중앙화가 이루어지고 있다. 복권이나 합법 토토를 허용하지 않는다고 충분한 게 아니라, 청소년들은 이미 다크웹Dark Web을 통해서 불법 도박 사이트로 가고 있다.

꽃뱀이나 사기꾼이 처음부터 정체를 드러내지 않는 것처럼 도박도 처음부터 도박이라고 정체를 드러내고 꾀지 않는다. '웹툰 무료'나 '넷플릭스 무료' 같은 광고 문구로 유혹한다. 코인도 마찬가지이다. 미인가 거래소, 다크웹, 믹서(코인 실소유자를 파악하기 어렵게 만드는 도구)를 이용한 코인 거래의 절대량은 꾸준히 증가하고 있다. 불법 자금 은닉을 위해 거래소가 느슨하게 만든 고객 확인 시스템 덕에 청소년도 거래가 가능하다. 현실에서는 코인으로 돈을 많이 딴 중학생이 자랑하면서 친구들에게 '쏘고', 다른 아이들은 이를 부러워한다. 나는 집에서 용돈 만 원 받기도 그렇게 힘든데 말이다.

어느 나라든 규제가 트렌드를 바로 따라잡기는 힘들다. 악은 훨씬 빨리 진화한다. 이용 시간을 규제하는 '셧다운'보다 중요한 것은 게임 자체의 사행성 관리, 그리고 불법 사이트 차단으로 아이들을 보호하는 것이지만 현실은 어렵다. 도박을 에둘러 '도X'이라고 표현해봐야 '눈 가리고 아웅'이 아닐까? 중독 교육은 성교육과 마찬가지로 성인이 되면 이미 늦는다. 현실을 제대로 알려주고 당하지 않게 하는 것이 보호하는 것이다.

중독은 또 다른 문제를 불러온다. 도박 자금을 마련하기 위해 학교폭력을 저지르거나, 도박 빚을 갚아야 하는데 청소년에게는 대출이 안 나오니 중고나라나 당근에서 허위 매물로 사기를 친다. 처벌을 강화해서 도박한 아이들의 앞날을 가로막자는 이야기가 아니다. 소년원에 간 아이들은 10만 원을 맡기면 2주가 지나 만 원을 얹어주는 폰지 사기나 고리대금업을 배워 학교로 돌아가서 전파한다. 도박이라는 도파민에 푹 담긴 상태에서, 더 따고 싶고, 나중에는 잃어도 더 하고 싶은 욕구 탓에 처음에 피해자였던 사람도 다른 누군가에게 가해자가 된다. 도박 중독은 질병이다. 게다가 이렇게 전염성이 있다.

도박 중독이 병이라면 치료를 잘 받을 수 있도록 도와야 한다. 도박의 범주를 예전처럼 좁게 보지 말고 넓게 보아 다양한 층위의 중독자들이 치료를 잘 받을 수 있게 해야 하는데 아직 전문가도 기관도 부족하다. 일정 기간 격리하는 방식보다는 도박에 빠진 뇌가 원래의 자리로 돌아갈 수 있도록, **재활**의 관점에서 치료받을 수 있게 하는 것이 중요하다. 중독이 타인에게 전염되는 상황을 막기 위해서라도 중독 치료는 의무가 되어야 한다.

중독에 빠진 상태에서는 자신이 중독임을 인정하기가 어렵다. 도박 중독이나, 중독의 원인이 되었던 우울증, ADHD 등에 대해서 제대로 치료하지 않는다면 중독이 재발하기는 너무 쉽다. 도박 빚이 생겨 중고나라에서 자전거 사기를 쳤을 때, 사기 자체만 다시 벌이지 않으면 그만일까? 마약이나 성매매 알선에 가담한 청소년은? 그 돈을 왜 마련하려고 했을까? 물론 치료를 받는다고 다시는 도박을 안 한다는 보장을 할 수는 없다. 분명한 것은 문제가 발생할 확률을 낮출 수 있다는 것이다. 내 자녀와는 먼 이야기라고? 그렇다면 아이가 지금 무슨 게임을 하는지, 그 게임이 어떤 것인지부터 확인해보자.

레버리지의 세계, 새로운 '금융 도박'

L 씨는 지방 광역시에서 자라 그 지역 대학을 나왔다. 학점과 영어 점수, 자격증을 잘 준비했고, 졸업과 함께 대기업에 입사하며 서울에서 근무를 시작해 동네 친구들의 부러움을 샀다.

"막상 대기업에 가니 훨씬 부자인 동기들도 많고 다들 재테크를 하고 있더라고요. 생활비와 월세는 왜 이렇게 비싼지, 월급만으로는 도저히 서울 아파트 마련이 어렵겠더라고요."

L 씨는 여러 책을 읽으며 주식 공부를 시작했지만, 워런 버핏이 말하듯 "좋은 기업을 쌀 때 사서 비쌀 때 팔라"고 하는 가치투자나, "잘난 놈이 더 잘 간다"라며 상승할 때 사는 돌파매매나 모두 어려웠다. L 씨는 미국 나스닥 100개 기업의 지수를 추종하는 ETF 상품인 QQQ를 알게 되어 100만 원으로 투자를 해봤다. L씨는 운 좋게 한 달 만에 5%를 벌었지만, 회사 동료는 TQQQ로 이번에 새 차를 뽑았다는 소식을 듣게 되었다. QQQ와 비슷한 듯하지만 나스닥 100 지수를 3배로 추종하는 파생상품이었다. 실제

주가 상승보다 3배 넘는 이익 또는 손해를 볼 수 있었던 것이다. "그때 저도 TQQQ 했으면 훨씬 더 벌었을 텐데 싶으니, 더 돈을 모아서 TQQQ에 넣기 시작했죠. 매일 출렁이니 호가 창을 보는 재미도 있었고요."

그 누구도 투자의 영역에서 도박의 영역으로 넘어가는 순간을 정확히 기억하지 못한다. L 씨는 그냥 평범한 주식 투자가 아닌, 2배나 3배 이상의 파생상품에만 투자하게 되었다. 이런 파생상품에 미수금까지 써서, 좋은 말로는 레버리지 투자, 나쁜 말로는 빚을 져서 투자를 했다. 주식이나 지수의 가격 변동에 따라 차액만을 현금으로 결제하는 파생상품 거래 방식CFD도 알게 되었다.

TQQQ는 '서학개미'가 가장 많이 투자하는 미국 상장 파생상품이다. 그러나 기업의 가치를 상회하는 이득을 얻는다는 측면에서 도박성 투자의 관문이 되기도 한다. 이런 고위험 상품이 인기가 있는 것은 타인과 자신을 비교하기 쉬운 현대 사회에서의 불안 탓도 있다.(불안이라는 동기는 4장에 실린 이두형의 글과도 연결된다.) 우리는 소셜 미디어를 통해 누군가가 이런 투자로 부자가 되었다는 소문을 너무 빨리, 자주 듣는다. 그러나 같은 방식으로 전 재산을 잃은 사람의 소식은 듣기 어렵다.

가상화폐도 마찬가지다. 가상화폐 거래소는 주식장과 달리 문닫는 법이 없이 24시간 운영된다. 잠도 미뤄가며 확인하다 보니 불안이 심해지고 판단력은 더 흐려진다. 예전에는 코인 투자를 하다가 빚을 졌다고 하면 대부분 자체 블록체인도 없고 확 올랐다가 자취를 감추기도 하는 알트코인, 토큰 때문이었다. 그러나 "저는 비트코인만 했는데요"라고 말하는 C 씨와 같은 사람도 있다. 코인으로 수천만 원을 잃기 시작했고, 만회하려는 욕구에 점점 늪처럼 말려들어가 결국 부모님의 집까지 팔게 되었다. 비트코인만으로 5억이라는 심각한 손실을 입은 것은 정확히 말하자면 비트코인이 아니라 비트코인 등락에 따라서 돈을 더 벌거나 더 잃는 코인 ETF에 투자했기 때문이다. 코인 선물은 2배부터 100배까지 다양하다. 50배 선물의 경우, 비트코인 시세가 1%만 올라도 100만 원이던 원금이 50% 올라 150만 원 가까이 된다. 2% 떨어지면, 100% 떨어진다. 즉, 원금이 사라지고 선물이 청산된다. 비트코인의 미래를 이해하지도 못한 채 큰 수익을 얻기 위해 도박처럼 '올인'한 것이다.

전통 도박보다 투자의 탈을 쓴 도박이 더 무섭다. 도박으로 재산을 잃고 진료를 받으러 오는 환자 중 토토를 도박이라고 인정하지 않는 사람은 없지만, 코인이나 주식은 도박이라고 인정하지 않는 사람들이 대부분이다. 이들에게는 도박 중독임을 인지시키는 데 단계가 하나 더 필요하다. 이들은 단지 투자를 했을 뿐인데 그걸 성공하지 못해서 자신이 억울하게 치료에 끌려온 것으로 여긴다. 그러나 도박 중독을 가늠하는 데 투자 성공이나 실패 여부가 중요한 것이 아니다. 돈을 벌기 위해서 했다지만, 그 이면에는 극단적 쾌감을 추구하는 마음이 있기 때문이다.

시세나 차트에 대한 예측, 대응보다 우리 뇌에 더 강하게 각인된 것은 '비트코인으로 강남 집 샀다더라'는 소문을 듣고, 나도 그 누군가처럼 인생을 역전하고 싶다는 욕구가 아닌지 돌아볼 일이다. **투자라는 이름 뒤에 숨어 있는, 자신의 욕망과 욕구**를 살펴볼 수 있어야 한다.

새로운 플랫폼, 그리고 더 깊은 중독

불법을 일삼는 오늘날의 폭력 조직은 도박업을 온라인으로 옮기고 서버를 다른 나라에 두면서 국가의 규제를 피해 열심히 불법 도박 사이트를 개설한다. 옛날처럼 서로 피 흘리며 싸우는 조폭이 줄어든 까닭은 인류가 폭력성이 덜해지는 쪽으로 진화한 것이 아니라 그들이 관여하는 성, 도박, 유흥의 점유 우위가 온라인으로 옮겨 갔기 때문이다. 도박이나 성매매 등에서 중요한 것은 **알선**인데, 이를 세련된 말로 바꾸면 **플랫폼**이다.

정신건강의학과 의사로서 운 좋게도 갖가지 직업의 환자를 만나곤 한다. 그중에는 조직에 몸담았던 도박업 종사자가 불면증이나 공황장애로 내원하는 경우가 있다. 이들은 주로 전통 도박을 운영하는데, 한 환자에게 도박을 하냐고 물었더니 그는 이렇게 답했다.

"이길 수 있는 것을 해야지 **질 게 뻔한** 게임을 왜 해요?"

미국 라스베이거스나 마카오가 화려한 경관을 자랑하는 까닭은 카지노 운영자가 돈을 벌기 때문이다. 라스베이거스가 속한 네바다주는 2024년 카지노 관련 세금과 수수료를 12억 3000만 달러

징수했다. 카지노 관련 세금은 순이익도 아니고 매출 기준 6.75%이다. 연방정부에 그리 세금을 내도 카지노는 화려하게 잘 운영된다. 이 돈은 행운의 도파민을 좇는 사람들의 주머니에서 나온 것이다. 승자와 패자 양쪽에게서 모두. 그나마 로또나 카지노와 같은 합법 전통 도박은 참여자가 세금을 부담하면 그 돈이 교육, 사회복지, 도시 인프라 등 다양한 공공 서비스에 활용된다. 불법 도박은 이런 비의도적인 선행조차 없다. 나와 당신이 고스톱을 쳐서 내가 만 원을 잃으면, 당신이 만 원을 딴다. 하지만 나와 당신이 함께 온라인 불법 도박에, 가챠에, 코인 선물에 빠져들면 우리 둘 다 만 원씩을 잃는다. 전혀 다른 생태계다.

주식 투자에서도 개인이 이기기 힘든 까닭은 주가를 움직이는 보이지 않는 시스템 때문이다. '세력'은 개인 투자자에 비해 막대한 자금력과 정보를 가지고 시장을 주도할 수 있다. 개인 투자자들이 차트를 공부하는 까닭도 결국 세력의 움직임을 파악하기 위해서다. 그 패턴을 통해 미래를 예측하고 트레이딩을 한다. 이를 파악하는 기술을 잘 연마해도 시장에 쥐어 터지기 일쑤다.

집요한 투자와 도박 중독을 완전히 구별하기는 어렵지만, 한 가지 기준은 주식 공부를 얼마나 괴롭게, 꾸준히 하느냐이다. 내가 본 주식 전업 투자자들은 규칙적이고 건전한 삶을 산다. 장이 열리는 날은 일찍 일어나 시황과 수급을 파악한다. 돈을 버는 것은 지겹고 어려운 일이다. 우리는 말도 안 되는 상사의 요구, 진상 손님, 거래처의 수금 미루기, 위험 부담, 출퇴근 시간의 지옥철 등 많은 어려움을 견디고 돈을 번다. 그런데, 주식 시장에서 좀 따봤다고 주식 투자에 재능이 있다고 믿는다면, 준비에 비해 많은 돈을 투자해서 시스템을 이기려고 한다면, 그것은 투자인가 도박인가? '오징어 게임'에 참가한 사람들은 게임에 자발적으로 참여한 것이니 전부 그들만의 잘못일까? 우리가 사는 동안 다 쓰기도 어려운 돈에 집착하는 까닭은 무엇일까? 그 돈이 있으면 지금 나를 괴롭히는 불안과 번뇌가 사라질 것이라는 기대 때문이다. 실제로는 돈을 소유해서가 아니라 따는 순간의 순간적인 쾌감으로 인생의 괴로움이 잠시 가려지는 것인데도 말이다.

중독과 투자를 가르는 세 가지 기준

돈이 걸린 약육강식의 투자판에서 결과는 중요하다. 돈을 벌었을 때 계속 거기에 몰입하지 않고 냉정하게 그 종목/게임을 '익절'(이익을 얻은 시점에 주식을 매도하는 일)하고 끝낼 수 있다면, 게임이건 도박이건 투자건 쾌감을 얻는 유래는 같았다 한들 당신은 중독이 아닐 수 있다. 간단한 문제를 너무 복잡하게 이야기한 것인지 모르겠다. 중독 여부를 판별하는 데 필요한 질문은 간단하다.

첫째, 도박에 투입되는 돈과 시간을 **조절**할 수 있는가? 많은 도박 중독 환자가 자신은 충분히 욕구를 조절하고 있고, 언제든지 도박을 안 할 수 있다고 주장한다. 그렇지만 '언제든 안 할 수 있다'는 말은 부질없다. 지금 바로 중단하거나, 계획된 금액만 투자할 수 있어야 한다. 특정 종목에 분할 매수를 1000만 원 계획해놓고 100만 원씩 들어간 것과 1000만 원을 들어가놓고 가격이 떨어지자 '물타기'로 예산을 초과한 100만 원씩을 계속 넣는 것은 전혀 다르다.

둘째, 금융 도박이든 게임이든 그것 때문에 **거짓말**을 하는가? 사실 중독의 처음과 끝은 거짓말이다. 도박 때문에 거짓말을 시작하지만 점점 일상에서도 거짓말이 늘어난다. 그러니 남들에게 당당하게 말할 수 있는 투자인지 스스로 질문해보자. 자기와 타인에게 내가 딴 것을 과장하거나 잃은 것을 축소하지 않는지, 돈을 마련하기 위한 거짓말을 하지 않았는지. 정말 좋은 기업이나 좋은 코인에 투자하는 것이라면 왜 거짓말이 섞여야 하는지. 자신이 무엇을 하고 있는지를 남에게 설명할 수 있느냐 없느냐는 큰 차이이다.

셋째, **빚을 내지 않고** 내가 가진 돈 안에서 하는가? 당장 도박 때문에 빚을 내지 않았어도 돈을 다 써버리거나 카드론을 당겨서 생활비나 공과금 등에 지장이 생기는 경우는 도박으로 친다.

이 세 가지만 봐도 내가 하는 게임, 주식, 코인이 중독인지 아닌지 답이 나온다. 도박은 돈이 아니라 쾌감의 문제지만, 할 때 얼마나 기분이 좋은지 이런 것은 기준이 아니다. 중독이라는 것은 **할 때 좋은 것보다도, 안 할 때 얼마나 힘드냐의 문제가 크다**. 하지 못하는 상황에서 힘들지 않은가?

'잘하면 딸 수 있다'는 말에 대한 반론

도박으로 돈을 딸 수 없다는 말로는 중독자를 설득하기 어렵다. 그들은 믿는다. '잘하면 딸 수 있다'고. 그리고 그들은 단지 믿음뿐 아니라 실제로도 딴 경험이 있다. 99%의 중독자들은 크게 따본 경험 때문에 중독의 길로 들어선다. 혹시 한 번도 이익을 본 적 없는데도 도박을 계속한다면, 도박 치료에 앞서 조울증, 지능 문제, 발달 문제 등을 감별해야 한다.

승부의 세계에는 얼굴이 없다. 승부는 몸이 기억한다. 중독자들의 뇌에는 큰 승리Big Win, 즉 한 번에, 또는 하루에 가장 많이 딴 기억이 뇌에 각인된다. 그들은 이런 큰 승리 때와 같은 도파민 분비를 좇는다. 그렇지만 승리에는 내성이 있다. 뇌에 새긴 금액이 클수록 도박을 끊기는 더 힘들다. 처음 1000만 원 땄을 때 그렇게 즐겁고 짜릿했어도, 다음번에 똑같은 금액을 딴다 해도 그만큼 기분이 좋지는 않다. 그래서 설령 또 따더라도 중독에서 빠져나오기 힘들다. 자극이 없을 때, 그러니까 도파민 결핍 상태에서는 슬픈 기분이라기보다는 텅 빈, **아무것도 없는** 기분에 빠진다. 이 아무것도 없는 기분을 견디기 위해 중독자는 다시 도박에 손을 댄다. 도박 중독자의 상태를 정확하게 표현하면 이렇다. "운이 좋으면 딸 수도 있지만,

딴 상태에서 그만두기 어려워서 결국 다 잃고 나온다." 쾌감은 크고 실망은 묻힌다. 도파민이 확 나온 상태에서 그 쾌감을 끊고 나오지 못하는 거다. 그들은 돈이 바닥날 때까지 계속하고 나서야 그만둔다.

투자도 마찬가지다. 우리 뇌는 다음 상황을 자꾸 예측한다. 실제 수익으로 현금화하지 않았는데도, 내가 투자한 종목의 주식 가격이 올랐다는 것을 확인할 때부터 일단 도파민이 나온다. 주식을 팔면 도파민이 떨어지고 무기력이 찾아온다. 이 무기력을 채우기 위해 투자/도박장에 다시 들어가야 한다. 그래서 중독 상태가 이어진다. 사람들마다 시차는 있지만 결국 딴 상태에서 탈출하기 힘든 것은 똑같다. 계속 머무르면 곧 잃게 된다.

우리를 이런 도박 중독에 빠지게 하는 또 다른 원인은 무엇이 있을까. '남의 성공담'이 너무 흔하다는 것이 문제다. 엄마 친구 아들/딸이 잘되었다는 소식은 아무것도 아니다. 요즘은 소셜 미디어 때문에 건너 듣는 이야기가 더 많아졌다. 직장인 커뮤니티 '블라인드'에는 내가 몰라도 되는 남의 이야기가 눈앞에 와 있다. 블라인드는 실제 자신의 직장을 인증해야 가입할 수 있는 곳인데, 삼성전자 출신이 주식 투자에 성공해서 퇴사했다거나, 공기업 직원이 자기 계좌 잔액을 인증하는 글이 수두룩하다. 그들의 성공담을 접하면 내가 투자를 안 했을 뿐, 마치 일확천금이 꽤 가까이 있는 것처럼 느껴진다. **남의 이야기는 우리의 한탕 심리를 자극한다.**

중독을 벗어나기 위해서는 이런 이야기들과 나의 '거리감'을 인식하는 것도 중요하다. 코인으로 수십 억 벌어 강남 집 산 사람의 이야기는 잘 기억하지만, 잃은 사람 이야기는 이상하게 다들 잊는다. 남의 성공담은 아주 특수한 사례일 뿐인데도, 우리 사회에서는 100명 중 잃은 99명의 사례를 접하기도 어려울뿐더러 뇌가 나의 편향에 따라 '선택적 기억'을 하기 때문이다. 전해 오는 이야기도 문제지만, 남의 삶의 결말까지 우리가 다 알 수도 없다.

어쩌면 도박은 '돈 문제'가 아니다

인간은 이득을 좋아하는 마음보다 손실을 싫어하는 마음이 크다. 잃으면 당연히 손실을 복구하고 싶으니 마음이 급하다. 쫓기는 상태에서 빨리 만회하고 싶으니 더 크게 딸 수 있는 방법에만 몰두한다. 돈을 잃은 상태에서 도박이나 게임을 '하고 싶다'는 사람은 없다. 단지 잃은 것만 만회하면, 이번에는 정말 그만두겠다고 다짐한다.

나는 도박 중독 환자들에게 이렇게 말해준다.

"쫄린 상태에서는 더 털려요."

세상의 돈 버는 일 중 90% 이상은 재미없다. 하지만 도박은 재미있으니 그게 문제다. 도박의 핵심은 충동성인데, 충동성은 폭력적이거나 공격적인 것이 아니라 당시에 왜 그런 행동을 했는지 설명할 수 없다는 게 핵심이다. 누구나 판단이 틀릴 수는 있다. 하지만 도박 중독이냐 아니냐를 가르는 데 있어 **선택의 이유를 설명할 수 있냐 없냐**는 하나의 기준은 될 수 있다. 혹시 단지 그 순간이 즐겁기 때문은 아니었을까?

도박뿐 아니라 모든 중독을 끊으려면 **나 스스로는 조절할 수 없음**을 **인정**해야 한다. 도박을 끊을 수 있을까? 있다. 힘들게 끊고 10년 넘게 잘 살아가는 사람들도 있다. 그렇지만 끊은 사람은 있어도 도박을 '조절하며 지내는' 사람은 없다. 그러니 당신이 중독자라면, 굳이 세상 누구도 하지 못했던 어려운 일, '조절'을 시도하지는 말자. 환자 사례로 말하자면, 도박 끊으려고 병원에 입원했던 사람이 입원실에 있던 윷놀이를 도박성 높은 3분짜리 윷놀이로 개조해서 간식을 걸고 다른 환자들과 게임을 하기도 했다. 투자 중독에 빠진 이들도 몇 개월쯤 지나 우량주만 투자해보면 안 되냐며 의사와 타협을 하기 시작하는데, 중독에 빠졌던 사람은 어떤 투자도 도박화할 수 있는 능력이 있으므로 모바일 트레이딩 시스템MTS을 아예 열지 않는 것이 답이다.

말하자면 도박은 돈 문제가 아니기 때문에, 빚을 청산한다고 도박을 끊을 수 있는 게 아니다. 특히 도박 빚을 가족이 갚아주는 것은 해결책이 못 된다. 이번 한 번만 도와달라는 자식에게 "도박 그만해라, 주식 절대 하지 말라"고 말하면서 쌈짓돈을 내어주면 소용없다. 빚을 청산하면 중독자는 더 홀가분한 마음으로 도파민을 좇아 다시 도박/투자에 빠져든다. 평생 모은 재산을 도박하는 자식 때문에 전부 잃는 것보다 더 안타까운 것은, 해주면 해줄수록 자녀와도 멀어진다는 점이다. 주변 사람들에게 중독을 끊지 못하는 자녀의 도박 문제를 숨기게 되며 관계가 단절되고, 노후에 경제적 어려움과 외로움으로 피눈물 나는 일이 생길 뿐이다. 도박자가 중독에서 회복하려면 추심에 쫓기든, 개인회생 신청을 하든, 돈 빌려준 친구에게 무릎을 꿇든 도박 뒤처리하는 과정을 본인이 직접 겪어야 한다. 나쁜 친구와 헤어지는 과정을 스스로 오롯이 견뎌야 한다. 결자해지! 더럽고 치사해서라도 도박을 안 하고 말아야 한다.

중독을 어떻게 끊을 수 있을까

도박을 끊고 지내면 중독자는 한동안 무기력으로 힘들다. 그동안 도파민 시스템이 달라져 일상의 기쁨으로는 도파민이 나오지 않기 때문이다. 도박을 끊었을 때의 무기력과 불안을 해결한다고 도박을 다시 하면 일단 무기력이 사라지는 듯한 착각에 빠진다. 그 순간에는 삶이 반짝거린다. 하지만 곧 더욱 어두워진다. 그렇게 반복이다. 도파민이 나오지 않는, 그 무기력의 터널을 건너야 도박 중독에서 벗어날 수 있다. 단도박모임Gamblers Anonymous, GA에서는 도박을 끊은 지 100일이 되면 백일잔치를 해주는데 이것이 참으로 과학적이다. **도파민이 석 달이면 고갈되기 때문에** 백일 무렵이 고비이고 제일 힘든데, 이 시기를 넘어선 것을 축하해주는 것이다.

도박을 끊으려는 사람이 그 어두운 터널을 건널 때 길을 잃지 않도록 랜턴을 쥐여주는 것이 치료이다. 단도박모임, 정신건강의학과, 도박문제예방치유센터, 심리상담 이 중 하나를 택하는 것이 아니다. 이 모두를 합쳐도 중독을 이기기 쉽지 않으니 시간이나 비용상 가능한 한 할 수 있는 것을 다 해봐야 한다. 이런 식으로 다각도로 도움을 받아도 그 어두운 터널을 건너 원래 있던 세계로 걸어가는 것은 회복자 자신의 몫이다. 누구도 그 길을 대신 걸어줄 수는 없다.

정신건강의학과에 도박 중독 자체를 치료하는 약은 없지만 도박 중독 회복에 도움이 되는 약은 많다. 도박이 남긴 현실적인 문제로 생긴 불안, 도박을 끊은 후 남은 무기력, 밤낮이 바뀐 생활이 계속되어 심해진 불면 등 중독 이전과 이후의 관련 문제를 약물 치료로 도울 수 있다. 또한 주식, 코인, 전통 도박 모두에서 환자의 60% 이상이 ADHD일 정도로 정신건강상의 문제가 도박을 하게 되는 취약성과 관련되어 있으므로 이 점에 기반해 치료하기도 한다.

극단적으로는, 만약 정신건강의학과에 가서 도박 중독이라는 이야기를 전혀 하지 않고 본인이 겪는 증상에 대해서만 항우울제, 항불안제 등을 처방받더라도 아무것도 안 하는 것보다 낫다. 물론 제대로 이야기하는 것이 훨씬 낫겠지만.

도박 중독을 치유하는 데 회복자의 의지 다음으로 중요한 것은 치료자의 믿음이다. 상담사든 의사든 각 지역의 도박센터든, 도박 중독은 치료가 안 된다고 믿는 사람만 아니면 된다. 열심히 치료하면 반드시 치료될 수 있다는 믿음이 있는 사람과 함께해야 중독이라는 길고 어두운 터널을 걸어 나갈 수 있다.

나만의 도파민 체계를 만들자

소금과 같은 도파민

도박은 바다 한가운데에서 소금물을 들이키는 것과 같다. 갈증이 해소될 것 같겠지만, 실제로는 마실수록 목마르다. 만족이란 영원히 없다. 하지만 도파민은 소금처럼 우리 삶에 필수적이다. 바다에서 찾지 않고 일상의 음식으로 섭취한다면 말이다.

뇌에서 도파민은 마치 피아노의 양손이 각각 반주와 멜로디를 연주하듯이 두 가지 방식으로 방출된다. 주로 오른손의 '멜로디 도파민'(유발 도파민Phasic Dopamine)은 평소 조용하다가 뇌가 보상을 받을 때 파도처럼 몰아친다. 불규칙하고 예측하기 어려울수록 멜로디 도파민 분비는 빠르고 거세진다. 반복되면 중독성이 강화된다. 중독되면 작은 승리에도 민감해진 멜로디 도파민의 순간적 방출이 전두엽-변연계 연결을 통해 충동 조절을 방해한다. 주로 왼손의 '반주 도파민'(지속 도파민Tonic Dopamine)은 배경음과 같이 규칙적이고, 멜로디가 없는 순간에도 계속된다. 전반적인 삶의 동기 수준에 영향을 미친다.

멜로디가 강할 때 반주는 묻힌다. 중독에 빠진 사람의 삶에는 일단 빠르고 강한 멜로디가 울려 퍼진다. 반주 없이도 괜찮을 것만 같다. 멜로디가 강할 때는 반주가 점점 약해지는 것도 모른다. 멜로디만으로 삶이 채워질 수 있으니 말이다. 보통 사람들이 멜로디를 연주하지 않으면 반주라도 계속되겠지만, 도박에서 빠져나오면 반주도 없는 그 정적을 견뎌야만 한다. 질 좋은 도파민 분비는 이 두 가지가 '다시' 조화를 이룬 상태다. 왼손과 오른손이 제자리를 찾는 과정이다.

질 좋은 도파민은 무엇일까? 그 도파민은 6장에 실린 지민아의 글 「완벽한 엄마는 없다」에서 언급되는 '양육의 목표'와도 일치한다. 좋은 도파민은 내가 직접 선택하고 있다는 감각인 **자율성**, 뭔가 해낼 수 있다는 **유능성**, 누군가와 연결되어 있다는 느낌인 **관계성**을 지니고 있다. 남들의 운동 경기 결과, 게임 프로그램에 내장된 확률, 세력이 만든 차트의 등락처럼 얼굴 없는 시스템에 의해 결정되는 것이 아니어야 한다.

우리는 누구나 삶의 자기 결정권을 갖고 싶어 한다. 바쁘게 살다가 중독에 빠져서 그 자율성이라는 삶의 본질을 잊을 뿐. **내 뜻대로 살고 싶다는 근본적인 소망을 다시 대면하자. 직접 만들어낼 수 있는 도파민으로 돌아가자.** 똑같이 땀이 나더라도 힘들게 운동해서 땀을 흘리는 것이 낫다. 그것은 사우나와 같은 외부 환경의 변화로 흘리는 땀과는 다르다. 정교하게 멜로디와 반주 도파민을 교대로 건드리는 시스템을 이기는 것은 엄청난 싸움이다. 그 어려움을 인정하자. 전통 도박, 금융 도박, 게임 모두 이용자의 도파민을 치솟게 하기 위해 많은 천재들을 동원해 설계한 시스템에 따라 강제 집중을 유도한다. 이런 강력한 도파민에 대한 기억을 갖고 일상에서 도파민을 얻는 일은 엄청 어렵다.

우리는 왜 '이런 것'을 시작하게 되었을까? 남들보다 앞서 나가고 싶었던 욕망, 아니 그렇게까지는 아니어도 남들보다 뒤처질까 봐 두려운 불안 때문에 모든 것은 시작되었다. 여기서 '남들'은 누구일까? 존재하지 않는 허상은 아닐까? 인간은 누구나 배고프면 화가 나고, 습한 날씨에는 짜증 나고, 시간이 가면 늙는다. 이러한 과정은 모두에게 똑같을 텐데, 필연적인 삶의 굴레에서 벗어나는 듯한 '착각'을 위해서 우리는 그동안 실제의 경험과는 동떨어진 가상의 도파민에 몰두했던 것이 아닐까?

중독에 빠진 삶이 갑자기 180도 바뀔 수는 없다. **세로토닌**은 평화와 안정의 호르몬이지만 질 나쁜 도파민을 혼자 상대하기에는 무리가 있다. 어제까지 도박을 해놓고는 종교, 명상, 육아, 독서, 공부와 같은 세로토닌 행동으로만 이를 대체하기는 어렵다. 어느 정도는 즐거움을 느끼고 몰입할 수 있는 활동이 필요하다. 물론 운동을 하고, 좋은 관계를 맺고, 새로운 것을 배울 수도 있겠지만, 나에게 무엇이 좋은지 알아가는 과정에서 시행착오가 있을 수도 있다. 나역시『도파민네이션』등 미국 심리학 책에서 언급된 냉수 샤워를 따라 해봤지만 한여름에 땀 흘린 직후라도 도저히 할 수가 없었다. 그렇지만 누가 좋다는 것을 한두 가지 도전해서 별로였다고 바로 포기하지는 말자. 남들이 좋다고 해서 나에게 맞는 건 아닐 수 있다.

요즘 러닝 열풍이 계속되지만, 러닝보다는 악기 연주가 더 즐거운 사람도 많다. 몰입할 수 있는 대상은 사람마다 다르다.

중독을 이기는 방법은 하는 시간을 줄이는 게 아니라 **안 하는 시간을 늘리는 것이다. 아무도 뺏어갈 수 없는 나만의 도파민을 찾는 것**이 중요하다. 도박을 안 하면 무엇을 하겠는가? 일을 하지 않던 사람이라면 기존 경력과는 다른 일이라도 어서 시작하자. 힘들게 번 돈의 맛을 다시 느껴야 한다.

많은 이들이 자신이 직접 만든 요리, 꾸준히 쓴 일기, 몰래 배우는 악기, 매일 하는 외국어, 혼자 하는 운동, 한 달에 한 번 보는 영화, 적금 들어 1년에 한 번 여행 등 자율성이 동반된 도파민을 되찾으면 좋겠다. 나도 강제 도파민에서 벗어나기 위해 열심히 싸우는 중이다. 어렵겠지만 우리 모두 해볼 만한 일이다.

2부

너와 내가 함께 행복할 수 있도록

이두형 —

정신건강의학과 전문의. 인제대학교 의과대학 졸업, 인제대학교 의과대학 석사.

이두형정신건강의학과 원장, 두마음연구소 대표, 그리고 대한신경정신의학회, 국제맥락행동과학회(ACBS), 맥락행동과학연구회(KCBS) 정회원이다. 네이버,「정신의학신문」, 브런치 등에 칼럼을 연재했고, EBS 클래스e「괜찮지 않은 우리의 괜찮은 삶」을 통해 정신의학 지식을 청중과도 나눠왔다. 지은 책으로『그냥 좀 괜찮아지고 싶을 때』『내가 나인 게 싫을 때 읽는 책』『불완전한 삶에 관한, 조금은 다른 이야기』가 있다.

지극히 문과적인 성향임에도 의대를 가서 방황하다 정신의학을 만나 비로소 머물 자리를 찾았다고 생각하는 사람이다. 정신의학과 수용전념치료를 공부하며 느꼈던 것들, '참 좋은데, 어떻게 표현하기 어려운' 것들을 글로 풀어내는 일에 관심이 많다. 아이들이 살아갈 곳이 좀 더 좋아지면 좋겠다는 마음으로 읽고 쓴다.

다른 이의 빛나는 삶을 좇는 우리들에게

—

'사적인 가치'가 사라진 상대적 불안의 사회

행복을 위해 투쟁할수록 미궁에 빠지는 삶

살면서 단 1분 1초라도 불행하기 위해 노력한 사람이 있을까. 입시 전쟁을 버티는 어린 학생, 합격 소식만 기다리는 취준생, '함께 잘 살기 위해서'를 이유로 야근과 회식을 이어가다 피로감에 부부 싸움을 반복하는 직장인, 당신의 노후와 자식의 미래 걱정이라는 이중고에 시달리는 노부모까지, 지금도 우리 모두는 행복하려 최선을 다해 애쓰고 있다.

사랑과 긍정으로 미래를 그려보려 해도, TV 프로그램, 유튜브 영상이며 인터넷 커뮤니티 글은 부부가 어떻게 서로에게 지옥이 되고 자식이 '금쪽이'가 되면 삶이 얼마나 버거워지는지만을 보여준다. 행복한 노년을 그려보고 싶어 윗세대에 조언을 구하면 어떤 부를 어떻게 쌓았는지 혹은 자식이 얼마나 성취했는지를 과시하거나, 혹은 자신이 경험한 결핍에 따라 돈을 모아라, 상대를 잘 골라서 결혼해라, 자식은 낳지 말라 같은 훈수를 둔다.

어떻게 살면 행복한가라는 질문에 대해 혹자는 부동산 투자법이며 대출 설계에 대해 장광설을 늘어놓는다. 소소한 행복의 형태를 '인생 패배자의 증거'라 폄하하며, 어떻게든 집을 사거나 더 좋은 집으로 옮겨가라는 재테크 방법만을 좋은 삶을 꾸리는 답으로 내놓는다.

행복이라는 것이 뾰족하지 않다. 불안만이 뾰족하다. 어떻게 사는 것이 행복인지, 만족스럽게 잘 살아간다는 것이 어떤 의미인지는 모호하고, 어떻게 되면 문제인지, 어떤 것을 피해야 하는지, 어떻게 하면 삶이 나락으로 떨어지는지는 피부로 와닿는다. 롤 모델보다는 반면교사의 사례만을 마주하고, 열심히 나아가는 듯 맴돌고 표류하기만 한다.

실체 없는 불안의 사회

통계의 함정이 있을 수 있으나, 대한민국 통계청에 따르면 한국의 절대적 빈곤율은 IMF 국가 통화 위기가 있었던 1996년 ~2000년대를 제외하고는 지속적으로 감소해왔다. 그러나 2011년 이후 지속적으로 하락해왔던 상대적 빈곤율은 2021년 이후 더 이

4장. 다른 이의 빛나는 삶을 좇는 우리들에게

상 낮아지지 않고 정체되어 있다.

우울, 불안, 자살률과 같은 심리적 건강 지표는 악화일로 추세에 있다. 한국행정연구원이 조사한 불안 수준●은 2023년 평균 3.4에서 2024년 4.1로, 우울감 수준은 2.8에서 3.5점으로 증가했다. 진료 접근성이 용이해지고 정신건강의학과적 진료에 대한 인식이 개선된 상황을 고려해야겠으나, 건강보험심사평가원 통계●●에 따르면 우울증 진료 인구는 2017년 1000명당 13.3명에서 점진적(연 평균 8%, 총 36.1%)으로 증가하여 2021년까지 5년간 18.1명까지 늘었으며, 현재는 훨씬 더 증가하였을 것으로 추정된다. 불안장애 환자 역시 12.6명에서 연 평균 7.5%, 총 33.3% 증가하여 2021년에는 16.8명을 기록하였다. 특히 20대의 경우, 해당 기간 우울증은 127.1%, 불안장애는 86.8%로 폭발적인 증가세를 보였다.

그렇다면 한국인의 행복에는 어떤 요소가 중요할까. 여론조사 기관인 갤럽, 영국 옥스퍼드 대학 웰빙리서치센터 등 다수 기관이 참여하여 매년 발간하는 세계행복보고서●●●에 따르면 한국인의 행복에

● 한국행정연구원, 「2024년 사회통합실태조사」, 2025.

●● Cheong, Chanyoung et al., "National trends in counseling for stress and depression and COVID-19 pandemic-related factors among adults, 2009-2022: A nationwide study in South Korea: Stress, depression, and pandemic", *Psychiatry research* vol. 337 (2024): 115919.

경제력이 가장 크게 영향을 끼치는 요소이며, 그 중요도 역시 매년 증가하는 추세다. **사회적 관계**Social Connectedness와 **지지**Social Support(한국에서는 이 요소를 **눈치**와 **타인으로부터의 인정**으로 번역해야 하지 않을까 생각한다)의 중요도 역시 증가 추세에 있다.

그에 반해 객관적 만족도, 행복도는 52위로 대한민국의 경제력, 사회 발전도에 비해 한참 뒤떨어진 상태로 정체 중이며, 잘 알려진 대로, 또 안타까운 대로 자살률은 OECD 국가 중 부동의 1위이자, OECD 평균의 2배 이상을 상회한다.

말하자면 절대적 빈곤, 즉 생존에 위협을 줄 정도의 가난은 지속적으로 감소 추세에 있으나 상대적 빈곤은 지속되는 상태에서 우울, 불안은 폭발적으로 증가하고 있다. 경제력은 지속적으로 발전하고 있으나 경제력을 행복의 1순위로 삼는 국민들의 행복도는 이를 전혀 따라가지 못한다. 이 추세를 어떻게 해석해야 할까. 또한 갈수록 개인화, 파편화되는 사회의 변화와는 달리 사회적 관계와 지지는 여전히 한국인의 삶의 만족도에 주요한 영향을 끼치고 있다. 왜 그럴까.

●●● Helliwell, John F. et al., *World Happiness Report 2024*, Wellbeing Research Centre, University of Oxford, 2024.

마음에 대한 오해

당신의 마음이 행복을 추구하도록 만들어졌다고 믿는지. 안타깝게도 마음은 당신이 얼마나 행복하고 불행한지에는 그다지 관심이 없다. 우리의 마음은 행복이 아닌 생존, 좀 더 정확히 표현하자면 생존에 위협이 되는 요소를 **회피**하기 위해서 이루어져 있다. 1%, 단 0.01%라도 좀 더 위험을 회피할 수 있다면, 생존에 유리하다고 생각이 든다면 그 주인인 우리가 나중에 치를 대가가 아무리 크다 하더라도 당장의 회피를 강요한다.

예컨대 사회적인 동물인 인간은 생존을 위해 연대의 힘을 발전시켜왔다. 유전자와 문화의 공진화를 통해, 집단에서 배척되거나 주변 동료와 우호적인 관계를 유지하지 못할 시 극심한 생존의 위협을 느끼도록 진화적인 압력이 주어졌던 것이다.

그렇기에 학교나 직장과 같은 사회적 시스템에서 따돌림이나 괴롭힘을 당하면 인간은 집단으로부터 배척당하여 생존이 어려워질 것이라는, 본능적으로 각인된 극심한 공포와 좌절, 고통을 느낀다. 그러한 경험은 뇌와 신체에 기록되어 트라우마를 제공하는데, 그 트라우마가 너무도 강한 나머지 낯선 사람과의 관계 자체를 생존에 위협을 주는 위험한 일로 인식하게 한다.

여기서부터 함정이 발생한다. **위험을 회피하려는 본능이 개인의 행복 추구 방향과 맞지 않는 함정**이다. 과거의 아픔이 있더라도, 우리가 행복을 추구하기 위해서는 새로운 대인 관계를 형성하고 이어가는 편이 유리할 것이다. 그러나 본능은 이전의 상처로 말미암아 낯선 사람이 존재하는 모든 공간, 예컨대 검정고시 공부를 위한 학원, 취업을 위한 면접 장소, 새 직장, 버스 같은 대중교통 혹은 심하게는 외출 자체를 생존을 위협하는 위험으로 인식한다.

생존을 위한 본능은 늘 이성을 이긴다. 타인과의 관계를 회피한다면 안전이 확보되었다는 일시적인 안도감과 함께 불안이 완화된다. 그러나 장기적으로는 어떨까. 상처가 아닌 위로와 사랑, 영감과 기회를 제공해줄 수 있는 사람들과의 관계 형성이 원천 차단된다. 그렇게 낯선 이에 대한 두려움, 삶이 잘못되어간다는 불안이 심화된다. 내재된 생존 불안은 더욱 악화되어, 이러한 결과를 만들어낸 회피를 더욱 강화한다. 악순환이다.

우리의 본능은 잘못이 없다. 유전자에 각인된 대로, 경험을 통해 뇌에 기록된 대로 최선을 다하여 우리를 보호할 뿐이다. 문제는 '맥락'이다. 따돌림을 받을 때 형성된 대인 관계 회피 반응은 그 상황에서는 유효할 수 있으나, 인생의 다른 대인 관계 양상에서는 유효하지 않다. 도움이 되지 않는 정도를 넘어 심지어는 불행의 씨앗이 되기도 한다. 그러나 우리의 심리는 아쉽게도 이러한 상황, **맥락의 변화**에 둔감하다. 사람이라는 공통점만으로도 급격한 회피 반응을 발동시키는, 맥락에 맞지 않는 불안 반응으로 인해 우리는 최선을 다해 불행에 다가가게 된다.

이러한 생존을 위한 불안 회피 반응 속에 한국사회의 불안을 이해할 단서가 있다. 원시시대처럼 생존을 위해 필요한 자원이 희소했을 때, 예컨대 먹을 것, 입을 것 따위가 부족했을 때 나의 생존 가능성을 가늠할 수 있는 중요한 지표는 '주변과 잘 맞추어 가고 있느냐'다. 수확한 작물을 옆집만큼 잘 모아두었는지, 자녀의 건강함과 사냥 실력이 공동체의 평균 이상이 되는지가 향후의 생존에 매우 중요한 지표이자 요소가 된다. 공동체 대다수의 평균, 혹은 그 이상의 자원을 확보하는 것은 곧 생존에 대한 확신, 안도로 이어진다. 비교는 훌륭한 생존 전략이었다.

또한 군집이 곧 힘이었던 인간에게 공통된 목표를 설정하고 그 가치 체계를 공유하는 것 역시 매우 중요한 일이 된다. 한 공동체가 꾸준히 함께 나아기기 위해서는 공통으로 추구하는 지향점이 존재해야 한다. 비교는 훌륭한 공동체 결속 전략이기도 했다.

그래서 인간은 타인이 원하는 것을 함께 원하도록 진화적 압력을 받아왔으며, 속한 공동체가 만들어낸 가치 체계 속에서 스스로의 안전을 확인하는 데 익숙해졌다. 타인이 원하는 것을 내가 가지고 있다면 나는 안전한 것이다, 또한 내가 원하는 것을 타인이 원한다면 내 삶의 방향성은 괜찮은 것이다, 그렇게 서로가 서로를 묵시적으로 엿보고 또 강제한다. 일찍이 라캉은 이러한 우리의 경향을 "인간은 타인의 욕망을 욕망한다"라 통찰했다.

상대적 불안에 기인하더라도, 고통은 절대적이다

정신건강의학과를 찾는 이들은 모두 진심으로 자신의 심적 고통을 호소한다. 형태는 저마다 다양하지만 고통의 정도는 비슷하다. 이를 마주하는 정신건강의학과 의사는 인간 고통의 상대성을 늘 고찰한다.

한 환자는 유복한 집에서 자랐으나 늘 자신보다 '조금 더' 성적이 좋고, 부모에 기대에 조금 더 부응하는 형제와 평생 비교를 당해왔다. 명문대를 나와 좋은 직장에 근무하며 마음 맞는 배우자와 가정을 이루었고 부업으로 투자에도 성공하여 단신으로 더 이상 일할 필요가 없을 정도의 부를 일구었다. 통상적으로 행복의 요소라 할 만한 조건을 두루 갖추었음에도 그는 '삶이 잘못되었거나 부족한 느낌'을 벗어나기 힘들어한다. 그의 형제는 더 많은 것을 부모에게 상속받았고, 더욱 큰 성취를 이뤄가고 있다는 이유에서였다. 유년기 부모의 관심과 지지는 단순히 사랑받고 싶은 욕구만을 충족시켜주는 수준이 아니라, 홀로 살아갈 수 없는 아이들에게 자신의 생존이 지속될 것임을 확신하는 증거다. 어릴 적 그에게 형과의 경쟁에서 지는 것은 '생존에 필수적인 자원'인 부모의 사랑을 잃고 극도의 비난과 압박에 노출되는 결과로 이어졌다. 이러한 압박을 본능은 부모로부터의 버림, 도태, '생존의 위협'으로 인식했다. 더 이상 부모와의 관계가 생존에 필요하지 않은 성인으로 훌륭히 자립한 이후에도 이러한 반응은 지속되어, 스스로의 삶에 만족스러울 수 있는 결과물이 주어지더라도 그것이 형제, 혹은 주변의 다른 사람에 비해 '상대적으로 열위'에 있다면 여전히 부족하고 무언가 잘못되어간다는 불안을 지속적으로 유발했다. 그는 말했다.

"선생님, 저도 알아요. 이 정도면 먹고사는 걱정도 없고, 아내는 제게 과분한 사람이에요. 모르는 건 아닌데… 어떻게 해도 제가 괜찮다는 느낌이 들지 않아요."

그런가 하면 다른 어린 친구는 어릴 때 부모를 모두 여의었다. 한국의 의료보험은 보호가 필요한 환자에게 1500원의 자부담금으로 진료를 볼 수 있도록 보호해준다. 그럼에도 불구하고 그 진료비가 부담되어 그는 약을 최대한 장기로 처방한다. 미성년자의 나이로 일을 하며 동생들을 먹여 살리고 살림을 해나가는 것이 쉬울 리 없다. 또래 친구들이 학업에 대한 과한 부담으로 부모와 악다구니를 쓰는 동안 그는 학원비는 무리가 되니 교사들에게 홍보용으로 배부되는, 답이 모두 표기되어 있는 문제지를 얻어 애써 손으로 답을 가려가며 공부를 한다. 약과 면담의 도움을 받아가며 남은 가족의 일상과 생존을 너무도 어린 어깨 위에 짊어지고 버티는 그가 안쓰럽기도, 또 대단하기도 하다. 그는 이렇게 말한다.

"하루하루 최선을 다해서 사는데도 미래가 불안한 건 어쩔 수가 없어요."

아마도 많은 이들이 후자의 불안에 더욱 공감할 것이다. 그러나 고통에 객관성은 존재할 수 없다. 실제로 두 케이스에서 우울과 불안의 검사 지표상 수치는 유사했다.

두 사람 모두 살아온 맥락에서 형성된 생존의 불안을 느끼고 있다. 절대적, 객관적 생존 위기와 상대적, 주관적 생존 위기 모두에서 생존 불안은 공평하게 작동한다. 사회적으로 고통을 인정받는 정도는 다를 수 있으나 그들은 그들 각자만의 이유로, 그들에게 주어진 맥락에 따른 생존의 두려움에 노출된 것이다.

남보다는 '덜' 불행해야 한다는 생각

앞서의 통계적 수치로도 드러나지만, 불안과 우울의 최일선에서 투쟁하는 정신과 의사로서 필자는 어떤 국가 공동체보다도 한국이 이러한 상대적 생존 불안이 팽배한 사회라는 생각을 한다.

환자들과 대화를 나누다 보면, 그리고 주위 친구나 후배의 고민을 듣다 보면 그들이 그들 고유의 행복을 추구하고 있다기보다는 '불행하더라도 내가 알고 있는 사람들 보다는 **덜** 불행해야 한다'는 압박에 빠져 있음을 느낀다. 성별과 경제 상태, 지위고하를 막론하고 그들의 커뮤니티를 이루는 주변 사람들과의 비교를 통해 '적어도 이 정도는 해내야, 갖추어야 하는데 그러지 못하고 있다는' 불안에 시달리는 것이다.

유년 시절 슬레이트 지붕 단칸방에 살았던 기억, 청소년 시절 빚을 걱정하며 가계부를 반복해서 살피는 모친을 바라보던 기억. 그러한 장면들이 불편했지만 그 때문에 두렵지는 않았다. 옆집, 같은 학교 친구들도 형편이 고만고만하여, 그러한 어려움이 있다는 것에 슬플지언정 '생존 불안'이 작동하지는 않았기 때문이다. 가끔 부자 친구가 미니카를 기분 내키는 대로 사는 것을 볼 때의 위화감 정도를 제외하고는 상대적인 불안이 자극될 기회가 크진 않았다. 엇비슷한 동네 친구들이, 동질감이 주는 안도였다. 외식을 하는 것이 일상인 사람들이 존재한다는 상상을 하지 못했고, 같은 동네 가장 큰 평수 아파트에 사는 친구, 집에 가정용 게임기와 에어컨이 있는 친구가 세상에서 가장 큰 부자라고만 생각했다. 그 정도로 유발되는 위화감은, 나 나름대로 알맞은 삶을 떠올리고 이어가는 데 전혀 무리를 주지 않았다.

그에 비해 지금 우리는 정보를 너무도 많이 얻고 있다. 소셜 미디어는 그 대표적인 예다. 소소한 일상과 정을 나누는 장을 넘어서, 어떤 이들은 소셜 미디어를 과시욕의 해소, 부와 권력을 창출하는 수단으로 활용한다. 삶의 가장 반짝이는 순간을 모은 진열대로서.

희로애락이 뒤엉킨 삶 중 아름답고 그럴싸한 모습만을 골라 진열한 다른 이들의 모델하우스를 지나며 우리는, 나의 집의 후줄근함을 이와 비교한다. 아무리 인테리어가 번듯한 새 집도 아이들을 위한 소음 방지 매트와 장난감, 알파벳이나 구구단 표 따위를 벽에 붙이면 평범한 우리 집으로 돌아온다. **그 평범함이 일상이요 삶이지만** 우리는 그 일상을 아주 희소한 반짝임과 비교하며 빛나지 않음에 불안해한다. 평생 살아보지 못할 공간, 맛보기 힘든 음식, 생존 불안의 굴레에서 벗어난 이들의 여가 생활 같은 결코 당연하지 않은 것들이 당연한 것처럼 사진과 영상으로 쏟아진다. 유명인의 일상은 본디 특별한 것이라 애써 눈감고 지나칠 수 있지만, 비슷한 삶의 궤적을 그리던 지인들의 특별해 보이는 일상은 무시하기가 어렵다.

급격한 경제 성장과 사회 발전을 경험한 한국은 그 부작용으로 이러한 불안에 과도하게 노출되었다. 괜찮은 삶을 판단하는 지표, 심층적으로는 생존의 불안에서 자유로운가라는 지표로 속한 공동체에서 자신의 비교우위를 삼는 경향이 심화되는 것이다.

학생, 직장인, 전문직, 사업가, 취업 준비생, 주부… 여러 공동체 내에서 강조하는 성공과 성취의 조건은 같은 듯 조금씩 다르다. 그러나 그 조건들을 얼마나 충족했는지에 따라 우월감을 느끼고 때로 그것을 충족하지 못했다는 이유로 상대적인 불안에 빠져드는 현상 자체는 동일하다.

비단 경제적인 요소뿐 아니다. 나이에 비해 젊어 보이는 외모, 건강, 자녀들의 학업과 직업적 성취도, 심지어는 행복감을 느끼는 정도 자체까지… 삶의 행복을 표현하는 모든 요소에서 의식적, 무의식적 비교가 일어나며 불안이 유발된다.

결핍이 클수록 그 결핍이 채워지면 행복해진다는 판타지도 강해진다. 결혼 생활이 불만족스러웠던 부모일수록 자녀의 배우자를 선택할 때 간섭이 심해진다. 가난이 불행의 원인이라는 생각에 빠

4장. 다른 이의 빛나는 삶을 좇는 우리들에게

질수록 자녀에게 돈의 중요성을 강조하게 된다. 가족, 친구, 선후배, 동료 사이에 그러한 조언을 건네기도 쉽다. 불안은 입과 입을 오고 가며 증폭된다.

그러한 상호작용을 통해 우리 심리에는 사회에서 인정받는 삶을 이어나가야 안전하다는 본능이 형성된다. 그 본능에 따라 우리는 불행하지 않기 위해, 불행하더라도 '아는 사람들보다는 덜 불행하기 위해' 사회적으로 형성된 외적인 가치 체계와 좀 더 부합하기 위해 투쟁한다. 그리고 그 투쟁을 행복의 추구라 오해한다. 그 과정이 한 번뿐인 삶을, 내가 기대하는 삶과는 전혀 다른 형태로 변질시켜버릴지라도.

지금 우리를 움직이는 것은 욕심이 아니다. **불안**이다. 그러한 특별하고 부러우며 손에 넣기 어려운 것들이 내게 없다는 배고픔. 실제 평균과는 한참 동떨어진 집이나 사치품이 내 삶이 괜찮고 안전함을 증명하는 필수재라는 오해. 내게 있다면 좋을 것들이 그래야 '하는' 것들로 오인되는 데서 오는 초조함. 지금까지의 삶이 잘못되었거나, 앞으로 잘못될 것이라는 두려움이다.

불안은 '인간적인 삶'의 증거다

환자들에게 행복에 관해 질문하면 "선생님, 저는 그런 거창하고 쓸데없는 건 바라지도 않고 그냥 발 쭉 뻗고 편하게 잠만 잘 수 있으면 좋겠어요"라는 대답이 돌아온다. 그러면 나는, 물론 부드럽게 돌려 표현하지만 "누구나 그걸 원할 겁니다. 불안하지 않으면 너무 좋겠죠. 그런데 적당히 행복한 것보다 불안해하지 않는 것이야말로 불가능할 정도로 어려운 상태긴 해요."라는 대답을 한다.

한 점 걱정도 없는 상태, 뇌과학적으로 표현하면 '어떠한 생존의 위협을 상상할 수 없는 상태'는 너무도 어렵다. 인간은 불완전하고 삶은 통제할 수 없다. 우리는 100년에 가까운 시간을 산다. 그 긴 시간 동안 가족이 아프거나, 경제적인 곤란에 처하거나, 원하던 시험이 잘되지 않거나, 중요한 사람과의 관계가 틀어지는 일을 경험하는 것이 보통일까, 단 한 번도 경험하지 않는 것이 보통일까. 태어나 삶을 마무리할 때까지 우리가 예측할 수 없는 고통에 노출되는 것이 얼마나 '자연스럽고 일반적인 일인지'를 생각하다 보면, 가끔은 신이 원망스러울 정도다.

우리는 직관적이고 자연스러운 안정과 평온에 지나치게 큰 가치를 부여한다. 그것이 본능이 가장 강력하게 추구하는 '안전을 확신할 수 있는 상태'이기 때문이다. 그러나 본능은 생존이 어렵던 시절을 기준으로 한 생존 전략은 잘 알지만, 현대를 살아가는 우리의 행복에 대해서는 잘 알지 못한다. '고통이 존재하는 평범한 일상'을 절대 지속되면 안 되는 문제, 두려운 현실로 둔갑시킨다.

행복 같은 건 바라지도 않으니 불안하지만 않으면 좋겠는데 그것도 안 되어 너무도 고통스러웠다면, 그 전제를 한 번만 다시 돌아보면 좋겠다. '불안해하지 않는 것은 너무도 어려운 일이니, **다소 불**

안하고 고되더라도 나름의 행복을 만들어갈 수 있으면 좋겠다'라고 다르게 표현해보기를 권하고 싶다.

온전한 평온을 원하는 당신의 본능은 결코 잘못되지 않았다. 그것은 우리 모두의 화두이다. 다만 이는 어떠한 고고한 철학자도, 학문적 업적이 뛰어난 심리학자도, 상상하지도 못할 부를 쌓은 부자도 감히 그 상태에 도달했다고 단언하지 못하는 어려운 경지이기도 하다. 불안은 당신이 잘못되었다는 증거가 아니다. 오히려 당신이 얼마나 지극히 평범하고 또 인간적인지를 알려주는 증거이다.

불안을 안아줄 때 달라지는 것들

환자가 면담을 하며 "그래요 선생님. 내려놓을게요. 좀 포기하면 편하겠죠"라고 이야기를 하면 나는 쓴웃음을 짓는다. 그것이 내가 이야기하고자 하는 방향과는 정반대이기 때문이다.

새벽 시간에 글을 쓴다. 주말 진료를 늦게 마감했고 오후에도 아이들과 시간을 보내느라 몸은 꽤 피곤하다. 주말 두 시간의 수면이 얼마나 달콤한지 어느 누구보다 잘 안다. 그렇지만 지금 상태를 흔한 도식대로 '미래가 불안하니 억지로 버티며 중요한 일을 처리하는 상태'로 인식하지는 않는다. 글을 쓰는 지금 이 시간은 내게 생존을 위한 투쟁 그 이상의 의미가 있기 때문이다.

내 삶의 의미는 다른 누가 아닌 스스로 규정하는 것이다. 마음 공부 내용이나 사회 현안을 정리하고 이를 적절한 단어로 표현해 글로 지어내는 과정은 늘 나 자신의 삶에 깊은 영감을 주었다. 직업적 유능함을 유지하는 데 도움이 될 것이라는 하잘것없는 기대도 있다. 내 아이들이 살아갈 사회를 조금이라도 좋게 만드는 데 기여할 수 있다는 거창한 기대감도 함께이다. 불안과의 투쟁, 불안으로부터의 도피가 아닌, 내게 소중한 것을 추구하고 있다는 충만함도 따른다. 그에 따라 나는 지금의 행위를 선택하고, 실행하고 있다.

불안에 시달려본 사람은 안다. 그것이 얼마나 나의 소중한 시간과 심적, 신체적 에너지를 소진시키는지를. 통제할 수 없는 상대적 불안, 미래에 대한 두려움을 두고 우리는 '생각을 통해' 그럴듯한 결론에 도달하려 한다. 그러나 미래는 예측할 수 없고 통제할 수 없는 변수의 연속이며, **생각만으로는 삶은 변화하지 않는다.**

수용전념치료

3동향 인지행동치료 중 하나인 수용전념치료●가 그리는 삶 역

● 3동향 인지행동치료는 생각의 내용에 몰두하지 않고 생각이 있음을 알아차리고 심리적 경직 상태에서 유연한 쪽으로 변화를 꾀하는 치료법으로, 수용전념치료(Acceptance and Commitment Therapy, ACT)를 중심으로 한다. 1동향 치료는 파블로프, 스키너의 연구에 따라 주로 동물실험에서 나온 결과를 인간에게 적용하는 기초실험 중심이고, 2동향 치료는 아론 벡의 연구를 중심으로 특정 상황에서 발생하는 생각의 '해석'을 중시하여, 환자로 하여금 인지 왜곡을 수정하기를 권한다.

시 마찬가지다. 우울, 초조, 불안, 불면, 공황, 좌절, 외로움, 공허함…
이전의 수많은 심리치료는 개인이 지닌 '문제적인 부분'을 찾아내
이를 소멸시킴으로써 행복을 추구하려 했다. 그러나 그러한 시도는
이내 한계에 부딪힌다. 인간은 창의적으로 우울하고 불안하다. 우리
의 두뇌는 기능이 너무도 뛰어나, 아무리 안락한 공간에서 먹고 자
면서도 어떻게 삶이 문제가 될 수 있는지를 쉴 새 없이 떠올리고 대
비하려 한다. 반면 행복, 안정과 같은 정서와 감정, 스스로가 좋은
삶을 살고 있다는 생각은 생존에 유리한 조건이 형성되었을 때의
일시적인 보상으로는 기능하나, 우리 뇌는 이에 마냥 녹아들거나
안주하지는 않도록 진화되었다. 그 시스템의 목적이 생존이지 행복
이 아니기 때문이다. 우리 마음의 본질은 행복과 만족이 아니라, 오
히려 불안과 우울이다.

(자살에 대한) 평생 발병률에 대한 연구는, 모든 사람의 약 10%는 어
느 때인가는 자살 시도를 할 것이며 다른 20%는 자살 생각과 싸우다
결국은 자살을 성공시킬 수 있는 계획과 방법을 생각해낼 것이라는
것을 보여준다. 그래서 전체 인구의 약 절반은 살아가는 동안 중간
정도에서 심각한 정도에 이르는 수준의 자살 위험성을 겪게 될 것이
다. 자살 위험성을 '비정상'으로 본다면 이 수치는 설명이 잘 안 될
만큼 충격적으로 높은 수준이다.[**]

인간의 심리적 고통은 너무도 만연하여 고통 없는 사람을 찾기

가 오히려 힘들다. 목이 마르다 하여 바닷물을 들이킬수록 갈증이 심해지는 것처럼, 불편하고 고통스러운 것들을 본능이 요구하는 대로 대비하고, 충족하고, 안심시키는 방향으로는 행복을 구할 수 없을지도 모른다. 삶에는 어찌할 수 없는 것, 예측할 수 없는 것, 대비할 수 없는 것들이 분명 존재한다. 이를 인정하고 수용한다면 **그럼에도 불구하고 우리가 어찌할 수 있는 것들**이 보인다. 이런 것들에 전념하는 과정, 그리고 그 결과물이 아니라 **오늘 하루도 내가 할 수 있는 것들에 전념하고 있다는 자각**이 행복일지도 모른다.

나는 당신에게 그러니 포기하고 불안을 받아들이라고 말하고 있는 것이 아니다. 불안을 이해하고 안아줌으로써 생기는 여력을 당신을 위해 사용할 수 있게 돌려주고 싶은 것이다. 당신이 불안과 투쟁하는 대신, 지향하는 무언가를 행하게 되기를 바라는 것이다.

지금부터는, 지극히 사적인 가치 추구의 삶으로

지금까지 나는 우리의 행복을 좀먹는 상대적 불안을 진단했다. 그 압력에 대해 나는 '**지극히 사적인 순간으로의 몰입**'이라는 처방을

●● 커크 D. 스트로살, 『수용과 참여의 심리 치료』(제2판), 시그마프레스, 2011, 14쪽.

 4장. 다른 이의 빛나는 삶을 좇는 우리들에게

내리고 싶다.

사회에는 행복에 대한 여러 가치 체계가 존재한다. 어떤 이는 돈이 전부라 말하고, 어떤 이는 화목한 가정을 행복의 핵심이라 말하며, 또 누군가는 다른 사람들이 우러러보는 업적을 남겨야 한다고도 한다. 나는 그것이 부질없다 부정하려는 것이 아니며, 그중 무언가를 정답이라고 고르려는 것도 아니다. 단지 그러한 표면적인 요소, 가치들에 **'우리만의 이야기'**가 추가되면 좋지 않을까 질문해 본다.

같은 직장에서 같은 일의 고됨을 견디는 동료라 하더라도 그들이 지향하는 바는 모두 제각각이다. 어떤 이는 가족과 함께 꾸려가는 행복을 지키기 위해, 어떤 이는 꼭 해내고 싶은 일이 있어서, 다른 이는 다음 인생에서 시도할 사업의 발판으로, 누군가는 인생 전부를 바쳐 즐기고 있는 취미 생활을 이어갈 경제적 동력을 위해 야근도 마다하지 않는다.

행복의 본질은 그 '무엇을 위해'일지도 모른다. 무엇을 하고 있느냐, 얼마나 그럴듯하게 갖추었느냐가 아닐지도 모른다. 재벌가 회장도 기업의 존속을 걱정하고 송사에 휘말리기도 한다. 어느 누구도 삶을 완벽히 통제할 수 없고 온전히 걱정이 해결되는 지점은 존재하지 않는다는 면에서 불행은 상투적이며 공평하다. 그에 반해 행복은 특이적이고 이질적이며 생소한 것이다.

나는 '구도球都의 도시'에서 자랐다. 야구장에서 어린이날 행사

141

가 있던 날, 구장 안으로 사다리차가 들어오는 장면, 하늘을 수놓은 풍선, 광대를 손가락으로 가리키며 웃는 어린 날 나의 모습 같은 장면을 드문드문 기억한다. 이런 기억을 품고 있는 내가 지금 아이를 키우고, 아이의 바람에 따라 어떻게든 표를 구해 야구를 보러 간다. 신나서 선수의 이름이며 팀 이야기를 하는 아이의 손을 잡고 있을 때의 감각을 온전히 언어로 형용하기는 어렵다. 이 감각은 말로 전달하기 어려운 나만의 것이며, 이 순간 나는 확실히 행복하다.

상대적 불안에 매몰되면 잘 보이지 않는 순간과 의미가 있다. 그렇지만 익숙한 불행과 함께 구르며 특별한 행복을 만들어가는 것이 삶이다. 소중한 순간과 그것이 주는 의미에 몰두하는 것이다.

끝을 가늠하기 힘든 채무를 다 갚고 원하는 부에 도달하기 위한, 도구적인 의미로 하루를 보냈다고 정의하는 대신, 오늘 하고 있는 일의 의미와 만나는 사람들과의 시간에 방점을 두는 것이, 같은 하루를 보내더라도 조금 더 행복의 원리와 본질에 가깝지 않을까 생각해본다.

그리고 직업, 돈, 권위와 같은 몇 가지 표면적인 요소들로 서로를 함부로 재단하거나 폄하하는 것이 이상해지는 사회 분위기가 형성되면 어떨지 생각해본다. 그리고 그것이 단지 생존 본능에 입각한 상대적 불안의 함정이었음을 모두가 인식할 수 있기를 바란다.

그리하여 부족하고 불완전한 각자가 자신만의 가치에 온전히 몰입하며 행복을 추구하는 것이 당연한 날이 오기를 바라본다. 그 추구의 형태가 모두 다르며 지극히 사적일 수밖에 없다는 인식이 당연해지고, 그에 대한 몰입과 그에 따르는 충만함이 가득한 사회로 나아갈 수 있기를 고대한다.

괜찮지 않은 우리의 괜찮은 삶을 위해

불안이라는 것은 어떤 괜찮은 삶도 문제처럼 느껴지게 하는 힘이 있다. 그 때문에 우리는 그 불안에 대응하는 것, 불안의 크기를 최대한 줄이는 것이 행복해지는 길이라 오해하기 쉽다.

발전한 과학은 불안을 억누르는 계제를 많이 준비해두었다. 1분 만에 끝나버리는 영상을 무한히 돌려 보거나, 알콜, 마약 같은 물질, 도박과 같은 중독성 행위에 몰두하면 쾌락과 함께 그러한 불안이 잠재워진다. 그러나 우리 모두 절감하듯이 그 효과는 일시적일 뿐이다. 중독에 빠질수록 불안이 주는 두려움과, 이를 억누르고 싶다는 갈구 및 행위 역시 강화된다. 불안 역시 마찬가지다. 상대적인 위기감과 결핍의 투쟁에서 승리하여 행복을 추구하겠다는 본능적 도식은 역설적으로 행복을 유예시킨다. 우리의 삶을 평생 많이 불안하거나, 혹은 덜 불안한 상태만을 오고 가게 한다.

가계에 제법 큰 문제가 생긴 날. 정말로 절박한 상황에 놓인 환자들에게는 부끄러운 일이지만 나 스스로에게는 꽤 절박한 고민이 생긴 날. 나는 '상대적으로' 불안해졌다. 그래서 휴일을 맞아 두 시간

남짓 모처럼 아내와 등산을 했다. 햇살은 여전하다. 딱따구리가 나무 쪼는 소리, 연둣빛 나뭇잎 사이로 비치는 영롱함의 위로가 좋다.

등산을 마치고 한산한 줄 알았던 냉면집에 자리를 잡았는데, 30분이 지나자 북새통을 이룬다. 그냥 들른 음식점이 맛집이었던, 조금 일찍 온 덕분에 주차난에 빠지지 않았던 즐거움으로 한 시간을 더 보냈다.

나의 모든 것만 같은 아이들도 언젠가는 우리의 품을 떠날 테다. 더 넓었으면 싶은 집도, 늙으면 작은 것이 오히려 더 편하다고 부모와 장인 장모는 이야기한다.

단지 나는 아내와 손을 잡고 죽을 때까지 나뭇잎 사이로 해를 보고 싶다. 여름에는 물냉면과 비빔냉면을 시켜 나눠 먹고, 겨울에는 소머리곰탕과 경상도식 소고기뭇국을 서로 나눠 먹고. 돌아오는 휴일에는 어디를 함께 가볼까, 그 근처에는 어떤 가성비 좋은 맛집이 있을까 이야기 나누며 살고 싶다.

그러고 보면 행복이란 특별한 반짝임이 아닌 것 같다. 아이 유치원 버스를 태워주러 가는 길에는 능소화가 핀다. 일 년에 일주일도 채 보기가 어렵다. 아이의 손을 잡고, 그 촉감이 주는 포근함을 놓치지 않으며 아이에게 그것이 능소화라 말해줄 수 있는 것이 내가 아는 **행복의 원리**다. 이 일상을 지켜내기 위해 나는 기꺼이 본능이 매일 전하는 불안을 짊어질 수 있다.

그 순간만으로, 삶의 모든 무게가 억울하지 않은 장면들이 있다. 두려움이 없어지기만을 고대하며 하루의 모든 순간을 그 고통에 짓눌리는 대신, 그것들을 짊어질 만한 **지극히 사적인 가치와 순간들에 늘 깨어 있고 또 몰입하는 것**. 모두에게 제안하고 싶은 행복의 원리다.

박종석 —

정신건강의학과 전문의.

서울 구로 연세봄정신건강의학과 원장이자 연세대학교 세브란스병원 정신과 외래 부교수이다. 연세대학교 의과대학을 졸업하고 서울대학교 병원에서 전문의로 일했다. 2022년 여성 정신건강과 가정폭력 문제에 대한 기여로 보건복지부장관 표창을 받았다.

TV 프로그램「유 퀴즈 온 더 블록」(tvN)에 주식 중독을 치료하는 전문가로 출연했고, 드라마「슬기로운 의사생활」(tvN),「닥터슬럼프」(JTBC) 자문에 참여했으며, 이혼과 부부 상담에 관심이 많아「이혼숙려캠프」(JTBC)에도 출연하였다.

지은 책으로는『살려주식시오』,『우린, 조금 지쳤다』가 있고, 공저로『어른이 되면 괜찮을 줄 알았다』가 있다.

부부의 위기가 구경거리가 된 시대

우연히 「이혼숙려캠프」라는 TV 프로그램에 부부상담을 위한 전문가로 출연한 적이 있다. 출연한 부부들이 자신의 배우자를 향해 거침없이 표출하는 욕설과 폭력, 분노를 보고 놀랐지만 사실 더 놀라운 것은 시청자의 반응이었다. 다른 부부의 불륜, 바람, 폭력과 같은 갈등을 보면서 공감하거나 안쓰러움을 느끼는 게 아니라 '막장 드라마'를 보듯이 쾌감을 느끼고, 타인의 불행에 열광하고 있었다. 그때 느꼈다. 모두가 '도파민'에 심각하게 중독되고 말았음을. 인내심을 가지고 서로 양보하고 이해하는 사랑의 형태는 사라져버렸음을.

실제로도 매일 너무나 많은 사람들이 이혼 고민으로 정신건강의학과를 찾아온다. 사실 정신과에 찾아오는 부부들이 100% 이혼을 결심했다면 이미 이혼 전문 변호사를 '각자' 찾아갔을 것이다. 정신과 의사인 나에게 '함께' 왔다는 것은 배우자에게 마지막으로 한 번 더 기회를 주고 싶다는 의미이다. 혹시나, 그리고 어쩌면 상담을 통해 이 사람이 바뀔 수도 있지 않을까? 하는 실낱같은 기대.

15년 동안 면담한 수천 쌍의 부부 중 관계를 회복한 사례도 많지만, 서로의 다름을 끝내 이해하지 못하고 이혼으로 종결된 이들도 있었다. 상대에 대한 분노와 오해를 해결했어도 다른 문제, 예를 들어 자녀를 가지는 등의 문제를 두고 의견이 끝내 일치되지 않아 헤어짐을 택한 부부도 있었다.

나는 그들에게 희망을 주고 싶었다. 이혼 위기에 놓인 부부들에게 마지막 기회를 주고 싶었다. 부부상담은 만능이 아니다. 치료자와 부부, 세 사람이 최선을 다한다 할지라도 어쩔 수 없이 이혼하는 경우도 있다. 하지만 그런 경우라도 그들이 상대방을 너무 많이 원망하지 않고, 가능한 한 이성적이고 어른스런 마무리를 할 수 있도록 의사로서 그들을 도와주고 싶었다. 부부가 함께 행복하기 위해, 혹은 어쩔 수 없이 헤어져야 한다면 서로에게 건강한 이혼을 위해 나는 현재 우리 사회에서 일어나는 이혼의 원인과 과정에 관해 고민해보기로 했다.

우리는 왜 남의 이혼에 그렇게 관심이 많을까

몇몇 이혼 관련 프로그램의 시청률은 유재석 씨가 진행하는 토크쇼 「유 퀴즈 온 더 블록」('유퀴즈')을 능가하기도 한다. 이혼 프로그램은 시청률뿐 아니라 화제성 측면에서도 가히 신드롬이라 할 만큼 인기가 있는데, 「유퀴즈」에 블랙핑크나 BTS 같은 '월드스타'가 주로 나오는 반면, 이혼 프로그램의 출연자들은 전부 일반인이라는 점이 더 놀랍다. 말하자면 평범한 부부가 반말, 욕설로 서로를 헐뜯고 비난하는 걸 보는 것이 월드스타의 토크쇼 이상으로 '도파민이 터진다'는 것이다. 방송 후에 전 국민한테 부끄러워서 어떻게 살까, 이민 가야 하지 않나 싶을 정도로 이혼 프로그램 출연자들은 자신의 밑바닥을 여과 없이 드러낸다.

우리는 왜 남 얘기가 그렇게 재밌을까? 간단하다. 때로는 타인의 불행이 나를 행복하게 해주기 때문이다. 그리고 이혼 프로그램의 기상천외한 '빌런'들을 보면 알게 된다.

"와, 그래도 내 남편이 쟤보단 훨씬 낫네."

이게 이혼 프로그램의 강력한 순기능이다. 주식으로 1억 날린 남편을 죽이고 싶다가도, 10억을 날린 사람을 TV에서 보면 우리 남편은 양반으로 보이는 법이다. "자, 요새 이혼 고민 많이 하시죠? 이런 배우자 믿고 계속 살아도 될지 막막하시죠? 이런 인간이랑도 사는 사람이 있어요. 여러분 정도면 행복하신 겁니다." 출연자들은 이렇게 말하는 듯하다.

부부상담을 받으러 오는 이들은 첫 상담에서 자신의 배우자를 끝없이 욕하고 깎아내린다. 그러면서 내가 더 억울하다고, 내가 피해자니까 내 편을 들어달라고 한다. 그렇지만 상담의 핵심은 잘잘못을 가리는 게 아니다. 정신과 의사는 판사나 변호사가 아니며, 누구 편을 들 필요도 없고 그래서도 안 된다. 설령 두 사람 중에 한 명의 유책이 훨씬 크다고 해도 의사는 철저히 중립을 지켜야 한다. 부부는 이혼하기 전까지는 하나이며 한쪽의 일방적인 잘못이란 존재하지 않기 때문이다. 이걸 인정할 수 없다면 정신과에서 부부상담을 받을 게 아니라 이혼 변호사를 찾아가야 한다. 상대방의 단점이 내가 수용할 수 있는 범위인가? 그렇다면 참고 관계를 이어나갈 수 있는지를 결정하면 되는 것이지 일방적으로 배우자를 비난하거나 고치라고 강요할 수 없다.

'이 사람이 과연 바뀔까?'라는 질문을 타인에게(정신과 의사, 무속인, 오지랖 넓은 친구 등…) 물어서도 안 된다. 인간은 사태를 인지하고 차분하게 스스로 내린 결정이 아니면 시간이 지난 뒤 100% 후회하고 되새김질한다. 미래는 하느님밖에 모른다.

부부상담에서 내가 항상 하는 말이 있다.

"이혼은 산수예요. 누가 봐도 답이 너무나 확실할 때 하는 겁니다. 애매할 때는 결정을 미루세요."

이혼은 헤어져서 얻는 이득이 결혼을 유지했을 때 장점보다 훨씬 클 때 하는 것이다. 배우자에게 바람, 폭력, 도박, 알코올 중독 같은 결격 사유가 있다면 결혼 유지와 이혼 사이에 명백한 부등호가 형성되겠으나, 헷갈릴 때는 조금 더 고민해보길 권한다. 온전히 자기 스스로 내린 결정이 아니라면 반드시 후회한다.

'결혼의 조건'을 고민하기

"선생님, 혹시 제가 이 남자랑 결혼해도 괜찮을까요? 3개월 후에 결혼인데, 한번 봐주세요."

정신과에 '신랑 후보'를 데리고 오는 예비 신부가 정말 많다. 이들은 심지어 이런 질문도 한다. 결혼 준비 중인데 옛날 애인이 자꾸 눈에 밟혀요, 다시 연락해서 제 마음이 어떤지 확인해봐도 될까요, A는 경제적 조건이 좋은데 외모가 너무 별로고, B는 너무 매력적이고 대화도 잘 통하는데 가난해요, 둘 중 누구랑 결혼하는 게 행복할까요…. 자신이 바라는 '배우자의 조건'이 무엇인지, 내가 그리는 결혼의 모습이 어떤지 답을 내리지 못한 이들이 던지는 질문이다. 그렇기에 병원에는 결혼 전 예비부부 상담뿐 아니라 파혼 상담도 줄줄이다.

아직 결혼을 하지 않은 사람들, 연애 중인 20대 모두 '이혼'에 관심을 가져야 한다. 이유는 무엇일까. 당연하다. 나중에 이혼하지 않기 위해서다. 그러려면 애초에 결혼을 잘해야 하겠지만, 잘못된 결혼이 예상되면 빨리 판단하는 게 좋다. 이혼보다 파혼이 훨씬 쉽다. 청첩장을 이미 돌렸대도, 결혼식장 계약금을 날릴지언정 아니다 싶으면 멈춰야 한다.

그렇다면 좋은 배우자의 조건은 무엇일까. 어떤 사람과 결혼해야 행복할까.

첫 번째, **갈등을 해결하는 방식**이 잘 맞아야 한다. 함께 살 사람이 상대의 다름을 받아들이고, '잘 싸우고 잘 화해하는 법'을 아는 사람인지를 가려내는 것이 중요하다. 행복하고 기분이 좋을 때는 누구나 호인이다. 하지만 물러설 수 없는 갈등이 생기거나, 사업이 실패하거나 주식, 코인이 폭락했을 때 우리는 배우자의 밑바닥을 보게 된다. 이 사람이 어떤 식으로 화를 내는지, 소리를 지르거나 물건을 던지지는 않는지, 감정이 격해졌을 때 상대방을 어떻게 대하는지가 결혼의 지속 가능성과 행복을 좌우한다. 인생의 희로애락에서 기쁨은 극히 일부분이다. 자녀 문제, 돈 문제, 건강 문제 등 괴로운 고민이 끝이지 않는 터널 속에서 나의 괴로움과 불만을 잘 받아주고 공감해줄 배우자를 만나야 행복할 수 있다.

두 번째로 중요한 것은 **가치관**이다. 정치 성향, 도덕이나 윤리관, 출산에 대한 생각이나 자녀 교육관이 비슷해야 한다. 한 부부는 6개월 동안 상담을 받으면서 서로에 대한 분노와 오해는 대부분 해결했지만, 자녀를 가지는 것에서 의견이 끝내 일치되지 않아 안타깝게도 헤어지기를 택했다. 누구도 틀리지 않았고, 상대에게 일방적으로 희생을 강요할 수도 없다. 사랑하지만, 각자가 추구하는 행복의 도달점이 명백히 다를 수도 있다.

　세 번째는, 조심스러운 말이지만 두 부부의 **경제적 지향**이라고 생각한다. 2024년 영국의 결혼 적령기 성인 2000명을 대상으로 한 '좋은 배우자의 조건' 조사에서 2위가 경제적 안정성이었으며,● 2014년 미국의 한 조사●●에서도 '안정적인 직업'이 2위를 차지했다. 한국 남녀 500명을 대상으로 한 2023년의 한 설문●●●에서, 배우자 선택 시 남녀 모두 성격과 가치관을 우선으로 고려했지만 그 다음 조건으로 남성은 외모, 여성은 경제력을 중요시했다. 너무 낭만이 없고, 지나치게 현실적인 통계일까? 가장 중요한 것이 사랑인데, 돈 문제가 그리 중요할까? 그렇지만 연애와 달리 결혼은 '생활 공동체'를 꾸리는 일이다. 설렘으로 가득한 연애와 달리 결혼은 실전이고 생활이다. 온갖 희로애락을 공유해야 하고, 미래, 노후, 가족계획 등을 준비하며 걱정과 불안에 시달리는 것이 결혼이다. 특히 어려운 게 돈 문제다. 가정을 꾸리고 출산을 하고 육아를 하는 데는 엄청난 돈이 든다. 돈은 단순한 화폐, 숫자가 아니다. 가족의 삶을 더 안전하게 지킬 수 있는 보험이자 울타리이며, 하기 싫은 일을 피할 수 있

● 　Day, Holly, "Love Across the Political Divide? Not So Easy, Say Britons", Ipsos, 2025. 2. 14.

●● 　Wang, Wendy, and Kim Parker, "Record Share of Americans Have Never Married: As Values, Economics and Gender Patterns Change", Pew Research Center, 2014. 9. 24.

●●● 　결혼정보회사 듀오, 「2023년 이상적 배우자상」, 2023.

는 자유인 것이다. 상대와 내가 어떤 생활 환경을 만들고 싶어 하는지, 그 환경을 만들기 위해 각자가 지닌 생활력과 경제관념은 어떤지 고민하지 않는다면 낭만은 금세 끝나고 자신의 관점을 납득시키기 위한 싸움이 지난하게 이어질 것이다.

우리는 결혼을 앞두고 '내가 이 사람을 평생 사랑할 수 있을까? 누가 나와 맞는 조건의 사람일까?'를 끊임없이 고민한다. 이럴 땐 두 가지를 질문해보면 좋겠다.

첫 번째, **자신의 마음을 돌아볼 것.** 지금 결혼하려는 타이밍, 상대방은 온전히 나의 자유 의지로 고른 것인가? 나는 결혼을 원하는 걸까, 아니면 안정을 원하는 걸까? 복잡한 문제를 회피하거나 타협하기 위해 결혼이라는 선택지를 고른 것은 아닐까? 온전한 나의 선택일 수 있도록, 결혼의 조건에 관해 이와 같은 질문이 필요하다.

두 번째, **'상대방에게 어떤 배우자가 되어줄 수 있을까?'**를 질문해보기를 권한다. 내가 상대방에게 원하는 조건만큼, 나는 얼마나 성숙되어 있는가? 행복을 위한 신체적, 정신적인 건강, 그리고 앞으로 꾸려갈 환경에 대한 준비를 하고 있는가?

내가 원하는 삶을 만들어갈 주인은 결국 나 자신이다. 상대방이 책임져주고 결정지어주는 것이 아니다. 이 중요한 질문을 결혼하고 나서야, 혹은 아이가 생긴 후에야 뒤늦게 하는 사람들이 너무 많다. 청첩장을 찍기 전, 그보다도 상견례 전에 반드시 스스로에게 물어볼 일이다. 이혼하지 않는 가장 좋은 방법은 **제대로 결혼하는 것**이다.

이혼 고민이라는 이면에 담긴 사연들, 포모 증후군

앞에서 말했듯 결혼에서 경제력에 관한 이야기를 피할 수 없다. 여기, 결혼을 준비하는 30대 초반 커플이 있다. 둘은 같은 회사 직장 동료이다. 남자가 준비한 돈은 5000만 원, 여자가 준비한 돈은 1억 원이다. 두 사람은 신혼집 마련을 두고 이런 대화를 나눈다.

여: 우리 돈 합치면 1억 5000이고, 전세 자금 대출받으면 경기도 아파트 전세로 신혼 시작할 수 있을 거야. 스몰웨딩 하고, 혼수는 너무 비싼 건 하지 말자. 신혼여행비는 축의금 받는 걸로 충당할 수 있을 거 같아.

남: 음, 그것도 좋지만… 지금 집을 사면 이득일 것 같아. 장인어른께 좀 지원을 받을 수 없을까?

여: 우리가 젊고, 능력이 없는 것도 아닌데 왜 부모님 신세를 져?

남: 아니, 남도 아니고 딸이 결혼하는데 도와주실 수 있지.

여: 우리 능력으로 신혼살림을 시작할 수 있는데 왜 굳이 아버지 도움을 받아야 해?

남: …민수 알지? 고등학교 동창. 걔 결혼할 때 산 집이 이번에 2억이나 올랐대.

여: 친구가 좋은 아파트 사는 게 자기랑 무슨 상관이야?

남: 대학도 직장도 내가 훨씬 좋은 데 나왔는데, 걔보다 못한 아파트에 사는 게 말이 안 되잖아.

여: 각자 여건에 맞게 시작하는 거지 그게 왜 말이 안 돼. 그리고 그
거 다 나중에 갚아야 할 빚이고 부담이야. 그리고 자기 부모님은
지원해줄 형편이 안 되시잖아.

남: 그게 왜 빚이야, 이제 가족인데. 네 돈 내 돈이 어딨어. 그리고 민
수도 우리 집보다 훨씬 가난해, 처갓집에서 다 해주신 거야.

여: 친구가 결혼할 때 아파트를 받고 결혼했으니까 오빠도 당연히
아파트를 받아야 한다는 거야?

남: 어차피 장인어른이 돌아가시면 유산으로 물려주실 돈이잖아. 지
금 집값이 한창 오를 때니까, 미리 증여받아서 집을 사두는 게 모
두한테 이득이잖아.

여: 뭐? 그게 무슨 헛소리야?!

거짓말 같겠지만 결혼을 앞둔 커플 사이에서 이런 갈등은 꽤
빈번하게 벌어진다. 두 사람은 갈등을 잘 해결하고 결혼에 골인할
수 있을까? 그러지 못할 가능성이 높다. 왜일까? 1. 남자가 모은 돈
도 여자보다 적으면서 처갓집 재산을 노려서. 2. 친구에 대한 열등
감이 무척 심해서. 3. 자기 과시와 허세를 떠는 성향 때문에. 모두
정답이다. 심지어 버젓이 살아계신 장인을 이르게 천국으로 보내려
는 '패드립'까지 선보이며, 처갓집 재산을 본인 시드머니처럼 운용
하려는 못된 야망이 느껴진다. 의사는 커플의 '개인 사정'에 끼어들
어 이렇다 저렇다 말할 수 없지만, 상대의 경계를 인정하지 않는 태
도, 나르시시즘적인 성향, 선을 넘는 언행은 이 남자가 받은 가정교

육과 자라온 환경 전체를 의심하게끔 하는 큰 결점이다.

그러나 이런 갈등도 시대가 바뀐 탓이다. 과거에는 학벌 위주의 사회였지만, 지금은 서울대 나온 판검사, 의사, 대학교수 다 필요 없다. 직업, 지위, 성실도와 무관하게 '나 압구정 현대아파트 살아요, 성수 트리마제 살아요'가 성공의 척도이자 명함이 되어버렸다. 20대 시절 명문대, 대기업, 전문직 자격증으로 고양되었던 자존감이 30대 결혼 적령기를 맞아 집이 자가냐 전세냐, 사는 동네가 어디냐, 어떤 브랜드 아파트에 사느냐 같은 잣대에 따라 좌절감에 빠지는 경우를 흔히 본다.

사실 이러한 부의 열등감은 아예 '넘사벽'의 재벌이나 외국 부자에게는 향하지 않는다. 평소 나랑 비슷하다고, 혹은 나보다 조금 아래라고 여겼던 친구가 나보다 잘사는 것을 알게 되었을 때 그 질투심의 고통은 너무나 쓰리다. 특히 내가 평소에 은근히 우월감을 느꼈던 상대라면 잠도 못 자고 밥맛이 없을 만큼 괴롭다. **'남들이 보기에 내가 얼마나 행복해 보이는가'**가 훨씬 중요하다고 느끼는 풍조가 우리 사회에 만연해 있는 것이다.

내가 현재 행복한가를 타인이 판단해주어야 하고, 다수가 인정해줘야만 안심할 수 있는 분위기에서, 불안은 우리를 우울하고 소진되게 만든다. 현재 우리가 목격하는 이혼 위기의 한 축이기도 하다.

행복 배틀 – '쟤'보다는 행복하고 싶어

사실 우리나라는 꽤 부유하고, 편리하고, 안전한 국가이다. 한 달 이상 해외여행을 가보거나 외국에서 잠시라도 살아본 이들이라면 한국의 압도적으로 우월한 인터넷 사용 환경, 공무원들의 일 처리 속도, 의료 접근성, 밤 10시 이후에도 혼자서 걱정 없이 거리를 돌아다닐 수 있는 치안 같은 것들이 얼마나 뛰어난지 깨닫게 된다. 그럼에도 불구하고 왜 우리는 '탈조선' '헬지옥' '불반도' 같은 단어를 외치며 한국에서 사는 게 너무 힘들고 불행하다고 말할까. 아마 그것은 어쩌면 한국의 스마트폰 보급률이 너무 높기 때문일 것이다.

이 정도면 나도 꽤 잘 살고 있는 것 같은데 인스타그램, 카카오톡 프로필 사진을 보면 '영 앤 리치'가 넘쳐난다. 처음에는 해외여행을 하는 것만으로도 너무 설레고 행복했는데, 명품 가방과 비즈니스 클래스 인증샷을 남기는 친구들의 소셜 미디어를 보면 내 휴가가 초라하게 느껴진다. 결혼 후 5년 동안 자금을 모아 신혼부부 특별공급과 대출로 경기도 모 도시의 신축 아파트에 입주하게 되어 행복했는데, 초등학교 동창이 올려놓은 사진 속 서울 반포 아파트 한강 뷰를 보니 내가 그동안 뭘 하고 살았나 싶다.

포모 증후군 Fear of Missing Out, FOMO이 우리의 안온한 일상을 망치고 있다. 포모 증후군은 다른 이들과 달리 자신만 어떤 흐름을 놓치고 있는 것 같다는 생각에 심각한 두려움을 느끼는 상태를 뜻한다. 열등감과 불안감은 단순히 타인을 부러워하는 걸 넘어서 나의 인지와 의사 결정에도 영향을 미치는데, 내가 도달하고 싶은 상태와 현재의 차이가 너무 큰 경우 열심히 살려는 노력과 시도 자체를 포기해버리는 것이다. ‘나만 벼락거지(내 소득에는 변화가 없지만 외부의 경제적 요인으로 인해 갑작스럽게 상대적으로 빈곤해진 상태를 가리키는 신조어)이고 남들은 다 부자고 행복해’라는 인지 왜곡. 남들보다 잘살지 못할 거면 연애와 결혼, 출산을 포기하는 사회. 나는 의사로서, 가히 포모 증후군이 대한민국을 망치고 있다고 말하고 싶다.

세계에서 인터넷이 가장 빠른 나라. 그리고 타인의 욕망을 좇느라 숨이 차 나를 잃어버리는 도시. 대한민국, 특히 서울 거주자들은 **비교**와 **불안 중독**에 빠져 살고 있는 것은 아닐까.

성격 차이라는 말의 진실

‘성격이 정말 안 맞는다’는 말로 서로를 물고 뜯으며, 부부들은 내게 묻는다.

“선생님 저희 남편/아내가 진짜 변할 수 있을까요?”

위대한 심리학자이자 정신과 의사였던 카를 구스타프 융의 성격이론에 따르면

성격 = 기질 + 환경 + 경험

이라고 한다. 여기서 기질Temperament은 부모에게서 물려받는

유전적인 것이라 변할 수 없지만, 나머지 구성 요소인 환경과 경험은 개인이 삶에서 체득하는 것으로, 무척 가변적이다. 군대를 다녀오거나, 해외 유학, 이민 같은 변화를 겪거나, 연애, 결혼, 이혼, 출산, 육아 같은 경험을 통해서 사람은 큰 '변화의 기회'를 얻는다. 즉, 성격은 변할 수 있다.

단, 엄청나게 노력해야 한다. 기본적으로 사람은 관성이 있기 때문에 생존에 직결된 문제이거나 아주 특별한 보상적 동기가 주어지지 않는다면 대부분 자기 하던 대로, 똑같이 살려고 한다. 그것은 배우자뿐 아니라 나 역시 마찬가지라서, 상대방을 대하는 나의 태도, 언행도 잘 변하지 않는다. 문제가 있어도 그 원인과 책임이 온전히 상대방에게 있다고 여긴다.

"저 사람이 말을 저따위로 하니까 맨날 싸우게 돼요."

"저는 아무 문제 없어요, 항상 남편이 싸움을 걸어요."

그래서 나는 부부상담을 시작할 때 몇 가지 약속을 받는다.

1. 진료실 내에서 싸우지 말 것.

2. 상대방에게 욕설과 반말을 하지 말 것.

3. 상대방의 얘기를 절대 끊지 말 것. 하고 싶은 말이 있어도 자신의 순서를 기다릴 것.

4. 상대방의 얘기를 지적하거나, 비난하거나, 비꼬지 말 것.

5. 상대방이 현재 바꿀 수 없는 것, 예를 들면 가족 문제, 학벌, 과거 실수에 대해 비난하고 공격하지 말 것.

이 약속을 어길 경우 나는 곧바로 상담을 종료한다. 부부상담이란 두 사람 모두에게 갈등의 책임이 있음을 인정하고 두 사람 모두가 변화하기 위한 시간이다. 부부 사이에 100대 0이란 없다. 항상 일방이 아닌 상호작용이다. 누가 더 과실이 많은가, 누가 먼저 분노를 유발했는가는 결국 닭이 먼저냐 달걀이 먼저냐 하는 무용한 에너지 낭비일 뿐이다. 남 탓만 하면서 누가 더 잘못했는지 호소하는 것은 이혼 법정에서 판사 앞에서 하면 된다.

남편들은 유독 "아내는 항상 저를 무시하고 다른 집 남편들과 비교해요"라는 말을 많이 한다. 아내들은 대부분 황당하고 억울해한다.

"남편은 문제를 자꾸 미루고, 피하려는 습관이 있어요. 대화로 해결하고 싶은데 조금만 기분이 나빠도 방에 들어가서 나오지 않거든요. 그렇게 쌓아두다가 갑자기 버럭 화를 내고 소리를 지르는 게 너무 싫어요."

두 사람을 따로 불러서 몇 시간씩 개인상담을 해본 결과 이 부부는 성격도, MBTI도, 갈등을 해결하는 방식도 판이하게 달랐다. 나는 이들의 문제점이 성격 차이가 아니라 **의사소통의 문제** 때문임을 깨달았다.

"당신은 왜 맨날 그 모양이야, 생각이라는 걸 하는 거야?"

"이렇게 힘들게 살 바엔 우리 가족 다 같이 죽는 게 낫겠어."

"옆 집 남편은 돈도 잘 벌고 애들하고도 잘 놀아주는데 넌 왜 그래?"

이런 종류의 대화는 의사소통이 아닌 자신의 분노 표출, 감정 공격에 지나지 않는다. 그보다는

"우리 남편은 다 잘하는데, 청소만 좀 꼼꼼하게 했으면 좋겠어."
"당신이 술을 절반으로 줄인다면, 나도 당신에게 욕 안 할게."

같은 소통이 훨씬 효과적이다.

좋은 의사소통을 위해서는 상대방에 대한 정보와 관심이 필요하다. 또한 좋은 대화에 참여하는 나머지 한 사람, 자신에 대한 이해와 관심도 중요하다. 즉, 배우자와 나의 성격 구조를 충분히 알려는 시도와 인내심, 그 사람의 성격이 어떻게, 어떤 환경 속에서 만들어졌는지를 '진단'할 수 있다면 그 사람이 나와 다르다는 사실을 수용할 수 있고, 차차 변하면서 서로가 합의할 수 있는 지점까지 도달하기를 기다릴 수 있는 원료가 되는 것이다.

결혼, 세계와 세계가 만나는 일

부부간의 의사소통이 아주 어려운 이유는 사실 누군가를 좋아하는 감정이 **나르시시즘적인 본능**을 거스르는 일이기 때문이다. 인간은 본능적으로 자신의 욕망을 이루는 데 에너지와 시간을 들이도록 되어 있다. 딱히 이기적이라서가 아니라, 생존 본능을 위해 '세상에서 가장 중요한 것은 당연히 나'라고 프로그래밍되어 있는 것이다.

그런데 우리는 처음으로 자신 이외에 좋아하는 사람을 발견하

고, 그 사람을 위해 나의 욕망을 억제한다. 그것이 연애이다. 나라는 세계를 넘어 상대방과 소통하며 외연을 확장하게 되면서 혼란과 불안, 생소함 등을 느낀다. 이런 낯선 자극은 신선함과 즐거움을 주지만, 그와 동시에 괴로움과 고통, 부정적인 감정도 공유하게 된다. 이 연애라는 어려운 과업, 시행착오를 겪고 인내하며 비로소 도달한 곳이 결혼이기에, 필연적으로 우리는 배우자에게 정말 많은 기대를 하고, 책임을 요구하게 된다. 그렇게 오래 고민하고 선택한 사람이니까, 이 정도는 요구할 자격이 있다고 생각하는 것이다.

그런데 그 기대에 균열이 간 순간 우리는 예전만큼 오래 인내하며 차이를 조율하려고 애쓰지 않는다. 조급히 기대하고 빨리 식으며, 포기한다.

"안 될 거 같으면 빨리 이혼하고, 다시 좋은 사람 만나야지."

"애도 없는데 무슨 상관이야, 빨리 정리해. 요새 돌싱이 무슨 흠이라고…."

참지 않는 시대. 각자 도생의 시대. 힘들고 괴로워도 결혼 서약의 맹세를 지키며 생이 다할 때까지 함께하는 시대는 갔는지도 모른다. 내 마음이 지치면, 인내심이 바닥나면 언제든지 배우자를 교체할 수 있는 이른바 '가성비 사랑'의 시대가 온 것일까. 어쩌면 이런 마음이 결혼율과 출산율을 낮추는 주범인 건 아닐까.

의사소통을 위한 조언

그렇다 해도 이혼이 쉬운 것은 아니다. 기본적으로 이혼 소송은 변호사들도 혀를 내두를 만큼 서로 심연의 밑바닥까지 보게 되는 진흙탕 싸움이다. 반말, 욕설과 저주는 기본이고 위치 추적 어플, 복제폰, 심지어 심부름센터를 통해 미행까지 의뢰한다. 여기서 생기는 스트레스와 허무감만도 상당한데, 이러한 과정이 보통 1~2년은 기본으로 소요된다. 개인에게는 물론 사회적으로도 큰 손실이다. 또한 이혼이 비교적 원만히 마무리된다고 해도 결혼 기간에 들인 노력과 시간에 대한 기회비용, 그리고 이혼 후 다시 사랑을 할 수 있을까, 혼자 남겨진다면 과연 잘 살 수 있을까 같은 불안과 두려움이 숙제로 남는다.

그래서 나는 가능하면 이혼을 말리고 싶다. 최소한 이혼을 결정하기 전에, 감정을 배제하고 제대로 된 의사소통을 해볼 것을 부부에게 부탁한다. 건강한 부부싸움에는 다음과 같은 전제가 있고, 이를 이해한 다음에야 좋은 대화를 할 수 있다.

— 실수로 이 사람의 역린이나 트라우마를 건드린 건 아닐까.
— 나한테는 별것 아닌 말이 이 사람에겐 폭력이 될 수도 있다.
— 나뿐만 아니라 이 사람도 똑같이 상처 받았을 것이다.

부부의 의사소통은 단순한 대화, 말의 전달이 아니다. 두 사람의 자존감과 가치관, 방어 기전이 섞이고 부딪히는 **화학 작용**이다. 끝없는 인내심이 요구되는 이 갈등 속에서 감정의 역동과 상호작용이 일어나 부부는 서로를 쉴 새 없이 가스라이팅한다. 그 과정에서 억눌러왔던 각자의 충동과 무의식, 공격성이 여실히 드러난다. 성격 차이라는 말의 수면 아래에는 숨기고 싶은 결핍과 수치심, 유기 불안 같은 과거의 상처가 복잡하게 얽혀 있는 것이다.

부부싸움이 격해지면 자신도 모르게 날이 서고 예민해지면서 폭언도 한다. 그러다 보면 마치 칼로 찔린 것처럼 훅 하고 아플 때가 있다. 부부싸움은 사실 상대방이 아닌 나를 찌르는 것이다. 오랜 시간 함께한 배우자란 부모 형제 이상으로 나를 잘 아는 유일한 타인인데, 이러한 사람을 비난한다는 건 결국 자기 자신을 공격하는 것과 다름없기 때문이다.

부부싸움은 사실 나와의 싸움이다

상대의 다름을 존중하고 수용하기 어렵고 쉽게 화가 나는 이유는 나 자신이 서툰 탓이다. 타인과의 의사소통에만 서툰 것이 아니라 자기 자신과의 의사소통에도 둔하고 서툴기 때문이다. 배우자에게, 더 근본적으로는 나 자신에게 더 이상 상처를 주지 않기 위해서 다음의 것을 생각해볼 필요가 있다.

1. 내가 왜 이런 방어 기전을 가지게 되었을까.
2. 왜 이런 식의 말투, 행동을 보이는 것일까.
3. 나는 화가 났을 때 어떤 식으로 감정 표현을 하는가.

저 인간을 도저히 이해하기가 힘들다면, 남은 한 사람인 자신에 대해 먼저 이해해보려고 노력하는 것이 좋은 의사소통을 위한 첫걸음이다.

바람과 나르시시즘

앞에서 부부간의 성격 차이나 경제적 갈등에 대해 자세히 다룬 것은, 2023~2024년 대한민국 이혼 사유 1위가 성격 차이, 2위가 경제적 문제이기 때문이다. 3위는 무엇일까? '바람', 불륜이다.[*]

바람을 피우는 원인은 기본적으로 나르시시즘과 이기적 욕구에 기인한다. 배우자가 어떤 상처를 받을지에 대해 공감 능력이 없거나 반사회적 성향 때문이기도 하다. 윤리의 선을 넘는 것에 배덕감과 쾌감을 느끼는 경우도 있다.

2010년 연구[**]에서 도파민 수용체 D4 유전자의 특정 변이로 인해 바람을 피우거나 일회성 성관계를 가질 가능성이 높아진다는 주장이 있었다. 또한 기능적 자기공명영상 연구의 일부 사례에서,

---

[*] 성평등가족부, "이혼·별거 사유", 「전국다문화가족실태조사」, 2024.

[**] Garcia, Justin R. et al., "Associations between dopamine D4 receptor gene variation with both infidelity and sexual promiscuity", *PloS one* vol. 5,11 (2010).

바람을 많이 피우는 사람은 전전두엽 피질, 그중에서도 배외측 전전두엽 부위의 억제 기능 저하가 발견된다는 보고가 있었다.

이로 인해 한때 "바람을 피우는 유전자가 따로 있다, 뇌의 문제다"라는 주장이 주목을 받았으나, 추가 연구를 통해 반론이 펼쳐지며 바람을 피우는 데는 타고난 유전자보다 그 사람의 환경, 가치관, 성격 등이 훨씬 더 중요한 역할을 한다는 것이 중론이 되었다.

그 이후로 바람피우는 원인에 대한 뇌의 기질적 연구는 줄어들었다. 다만 내가 15년간 부부상담을 해오면서 느낀 점은, 바람은 자신의 **결핍**과 깊은 연관이 있다는 것이다. 바람피우는 이들은 때로 낮은 자존감을 외도를 통해 채우려고 한다. 배우자에게 학벌이나, 가정환경, 연봉 등의 이유로 열등감을 느낄 경우 다수의 파트너에게 관심과 칭찬을 받음으로써 인정욕구를 충족하려 하기도 한다.

하지만 그런 피상적인 관계에서 획득할 수 있는 애정은 무척 얕고 유통기한이 짧아서 오히려 공허감과 불안을 유발한다. 관계에 집중하지 못하는 그들은 정착하지 못한 채 또 새로운 대상을 찾으려 시도한다. 그 허무함을 알면서도 말이다.

성인 ADHD 성향도 바람과 관련해 종종 언급되곤 한다. 성인 ADHD가 보통 사람들에 비해 관계를 맺는 데 불안정한 성향을 보인다는 연구[●●●]가 있고, 이들의 연애 기간도 더 짧은 편이라고 한다. 또한 성인 ADHD 그룹이 정상군보다 바람을 피우는 비율이 유의미하게 더 높다는 설문 결과[●●●●]도 있었다. 그렇다고 "아, 그럼 바람 피운 게 내 탓이 아니네, 성인 ADHD 탓이네"라고 책임을 회피하거나 변명에 이용하라는 얘기가 아니다. 바람피우는 행동을 고치려는 의지가 있다면 '내게 과연 어떤 **결핍**이 있어서 사랑하는 사람에게 계속 상처를 주는 걸까?'라고 질문하며 자신에 대해 깊이 반성하고, 문제를 마주 볼 용기를 내야 한다. 문제 중에는 고칠 수 있는 것, 지금 당장은 바꾸기 어려운 것도 있을 것이다. 하지만 꾸준히 상담을 받고 성격검사나 심리검사를 받아보는 것, 때로는 약물 치료를 시도해보는 것도 자신을 더 알려는 노력의 일환이다. 그러한 작은 노력이 켜켜이 쌓일 때 부부관계 회복에 도움이 될 수 있다는 이야기를 하고 싶다.

바람이 지나간 뒤, 부부는 회복할 수 있을까

"그래, 내가 죽을죄를 지었어. 됐지?"

"선생님, 제가 다시 바람피우면 개입니다. 이렇게까지 하면 좀 믿어줘야 하는 거 아닙니까?"

이렇게 얘기하는 사람은 보통 다시 바람을 피운다. 말로는 아

••• Ginapp, Callie M. et al., "The experiences of adults with ADHD in interpersonal relationships and online communities: A qualitative study", *SSM – Qualitative Research in Health*, Volume 3 (2023).

•••• Young, Susan et al., "Let's Talk about Sex… and ADHD: Findings from an Anonymous Online Survey", *International journal of environmental research and public health* vol. 20,3 2037 (2023).

무것도 증명하지 못한다. 말뿐인 다짐이 아니라, 진심으로 자신의 문제를 숙고하고 교정하려는 태도가 필요하다.

우선 상대에게 최선을 다해, 진심으로 사과해야 한다. 가장 먼저, 내가 한 행동이 절대 실수가 아님을 깨닫고 인정해야 한다. 바람을 피운다는 망상이 현실의 행동으로 실현될 때까지 우리의 전두엽 피질은 최소한 수백 번 법과 윤리, 양심, 초자아 등의 이성으로 그 욕망을 억제하려 애쓴다. 감정을 담당하는 측두엽과 편도체는 바람으로 인해 생길 수 있는 위험, 가족의 상처, 들키면 이혼을 당할 수도 있다는 두려움, 자녀들을 못 볼 수도 있다는 부정적인 결과에 대해 충분히 고민할 기회를 준다. 이 모든 브레이크와 억제력을 무시하고 바람을 피우기로 결정했다면, 그것은 절대 실수가 아니다. 돌이킬 기회가 수백 번 있었음에도 욕망의 불구덩이에 다이빙을 한 것이다. 실수란 운전할 때 깜빡 한눈을 팔아 접촉사고를 냈다거나, 이번 달 회계 영수증에서 한두 건을 빼먹었다, 이런 것을 말한다. 인지적 과부하나 스트레스, 감정적 영향으로 전두엽과 해마체, 변연계 사이의 소통이 원활하지 못해 아주 잠깐 기억력이나 판단력이 흐트러지는 것, 이런 게 실수다.

"내가 잠시 미쳤었나 봐, 술 먹고 실수한 거야."

"당신이 나를 너무 외롭게 만들었잖아, 나도 힘들었어."

변명, 투사, 합리화는 어른의 사과가 아니다. 부부관계 회복의 출발점은 '제대로 된 사과'에서 시작된다. 만약 상대가 간절하게 사과해도 받아줄 수 없다면 어떨까?

"아무리 사과를 한들 전 이 사람을 용서할 수 없을 것 같아요. 무릎을 꿇고, 뭘 어떻게 보상해도 그 일이 없었던 일이 되는 게 아니잖아요. 이미 되돌릴 수 없잖아요…."

맞는 말이다. 바람 당사자가 진심으로 배우자의 용서를 구하고 잘해주려고 한들, 피해를 입은 배우자가 보내는 일상과 대화의 분위기는 이전과 다를 것이다. 이젠 다 잊었다 싶다가도 불륜을 저지른 연예인의 얼굴을 유튜브에서 보면 집 안 분위기가 싸해질 것이다. 피해를 입은 이는 다시 눈물이 날 것이고, 바람 당사자 남편/아내와 마주 앉아 밥을 먹을 수 없을 것이다. 웃으며 휴가 계획을 세우다가도 혹시 남편이, 아내가 바람피운 상대랑도 이렇게 여행을 간 건 아닐까 하는 불안과 분노에 모든 걸 때려치우고 싶어질 것이다. 그런데 어차피 되돌릴 수 없다고 생각했다면 왜 이들은 변호사가 아니라 정신과를 찾아온 걸까. 부부의 눈에는 추억이, 인생에서 빛나던 시절이 스쳐간다. 분명 좋았던 기억도 있었는데, 혹시나 어쩌면 이 사람이 변할 수 있지 않을까, 진심으로 반성하고 좋은 사람으로 돌아올 수 있는 건 아닐까, 라는 기대와 미련.

많은 사람들이 얘기한다. "바람 안 피운 놈은 있어도, 한 번만 피우는 놈은 없다." "사람 고쳐 쓰는 거 아니다." 나는 이런 부정적인, 결정론 같은 말을 그리 좋아하지 않는다. 그 대신 환자에게 이렇게 말한다.

"남편에게 딱 6개월만 마지막 기회를 줘보세요."

"그러다 또 바람피우면요?"

"그때는 아무 고민 없이, 확신을 갖고 이혼하실 수 있는 거지요."

그렇다, 행복에 대한 확신이 없는 상태로 이혼할 경우 반드시 후회한다. 내가 너무 조급하게 결정한 건 아닐까? 그때 참고 넘어갔으면 지금쯤 괜찮아지지 않았을까? 이런 상상과 되새김질이 끊임없이 당신을 괴롭힐 것이다. 6개월이라는 시간은 사실 상대방이 아닌 **자신에게 주는 기회**다. 내가 내린 결정이 맞았는지 지켜보면서 확인해볼 수 있는 기회. 물론 그 사이 남편이 달라진다면 더욱 좋은 일이다. 지금 당장 이혼하고 새로운 애인을 만날 예정인데 그 사람이 전남편보다 훨씬 나은 인간일 확률이 100%가 아니라면, 한때는 평생을 함께하고자 다짐했던 이에게 남은 인생에서 딱 6개월을 더 투자한다고 해서 그렇게 아까울 것은 없다.

사실 6개월까지 걸리지도 않는다. 바람피울 놈은 대부분 3개월 안에 다시 피운다.

인내심, 의리, 안정감

바람을 피우지 않고 몇 년쯤 시간이 지나면 부부는 화해할 수 있을까. 다시 또 작은 일에 의심하고, 과거의 상처를 떠올리며 상대를 공격하진 않을까. 사랑의 정의에 대해서는 확답할 수 없지만, 인간관계라는 것은 결국 인내심과 의리, 안정감이다. 20대의 사랑이 첫눈에 반하는 도파민의 작용이라면, 결혼 생활은 **세로토닌의 안정감, 오래 지속되는 신뢰**로 형성되어 있다.

제아무리 도파민 자극에 민감하고, 항상 새로운 자극을 갈망하던 사람에게도 변화의 순간은 온다. 남성의 경우 34~36세, 여성의 경우 38~41세 정도를 지나면 인간의 성욕은 피크를 찍고 떨어진다. 자연의 법칙이 그렇다. 20대, 30대가 도파민과 자극의 시기라면 40대 후반부터는 세로토닌과 익숙함, 안정감의 시기라는 것이다. 어느덧 인생의 가장 즐겁고 생동감 넘치는 시기가 지나버렸음을 수용한다면 인생의 후반전에 오는 재미없는 것들, 노화, 질병, 고통 등을 묵묵히 함께 짊어질 관계, 그것이 부부이다,

'이 사람이 바람을 또 피울까?'라는 누구도 대답해줄 수 없는 질문을 던지지 말고, '남은 인생을 이 사람과 조금 더 살고 싶은가?'라는 질문을 자기 자신에게 하기 바란다. 조금 더 살고 싶다는 생각이 51%가 넘는다면 지금은 이혼할 필요가 없는 것이다. 그리고 6개월 후 다시 자문해보는 것이다. 그때도 51%가 넘는다면 역시 이혼할 필요가 없다. 그리고 또 6개월 후, 그걸 반복하면 된다.

"아니 그래도 70%는 넘어야 하는 거 아닌가요?"

아니다. 대통령 당선도 51%면 충분하다. 나라의 운명도 그러할진대 내 운명도 확실한 미래와 행복이 보장되는 경우는 어차피 드물지 않은가. 조금씩 노력하며 사는 것이다. 성장하면서, 시행착오도 겪으면서. 부부관계도 그렇다. 용서했다 다시 속기도 하고, 이혼을 안 한 걸 후회하기도 하고. 하고 나서 재결합하기도 하고.

물론 필요하다면 이혼도 해야 한다. 결혼처럼 이혼도 나의 행복을 위한 선택일 뿐이다. 비록 상대가 무책임한 선택으로 내 삶을

오염시켰다고 해도, 백신을 맞으면 된다. 건강한 면역력과 회복력으로 극복하면 되는 것이다. 즉, 이 사람과 이혼을 하냐 안 하냐보다 훨씬 중요한 것은 내가 어떤 마음가짐으로 그 결정을 내리느냐, 그 이후에 행복할 준비가 되어 있느냐일 것이다. 그 준비란 경제적 홀로서기일 수도 있고, 나의 이혼으로 상처 받았을 어린 자녀들을 다독이기, 이혼 후 관계가 정리된 다음에 새로운 연애나 재혼 상대를 찾는 것일 수도 있다. 그리고 그 무엇보다 가장 중요한 준비는 내 선택의 결과를 스스로 책임지는 '어른'이 되는 것이다. 그러지 못한다면 이혼 후에도 미성숙한 관계가 되풀이될 수 있다.

바람피운 배우자를 용서하건, 그러지 못한 채로 함께 살건, 이혼을 하건, 당신은 행복해질 수 있다. 자책하지 말고, 두려워하지 말기를. 혼자서도 행복해질 수 있는 방법과 기회가 여전히 존재한다는 걸 꼭 기억하길 바란다.

마지막으로 바람을 피웠던 사람들에게 꼭 해주고 싶은 말이 있다. 당신이 가장 원하는 것, 당신 삶에 반드시 필요한 것은 이미 당신이 선택해서, 당신 곁에 있는 것이라고. 대박, 로또, 불륜, 마라탕, 불닭들이 매력적으로 느껴지지만 진짜 소중한 것은 공기, 햇빛, 건강, 오늘의 한 끼 같은 것이다. 이미 가지고 있는 것이기에 고마움을 몰랐고, 잃어버리고 나서야 간절히 깨닫는 것들. 그렇지만 한 번은 잃어버렸다 해도 두 번은 실수하지 말기를. 그게 어떤 선택이더라도 후회 없이 하기 바란다.

지민아 —
정신건강의학과 전문의.
가톨릭중앙의료원에서 수련하고 정신건강의학과 전문의가 되었으며, 현재 개인 의원
에서 일하고 있다. 임상 현장에서 10년째 환자를 만나오고 있다.
　　보건복지부 수련환경평가위원과 대한의사협회 의료인폭력피해센터 위원으로 활동하
며 의료인 정신건강과 근무 환경 개선에 참여했으며, 다양한 매체에서 정신건강 이야기를
대중과 나누어왔다. 엄마가 되어 육아의 기쁨과 슬픔을 몸소 겪고, 진료실에서는 또 다른
부모들의 고단함을 듣는 일상 속에서 자연스럽게 육아에 관한 글을 쓰게 되었다. 저서로는
『엄마는 괜찮을 줄 알았어』가 있으며, 가족 내 소통이라는 주제를 특히 관심 있게 살피고
있다.

6장
완벽한 엄마는 없다

—

어른도 아이도 함께 크는 사회에 대하여

어떤 벅찬 날의 육아

승아 씨는 아이가 태어난 후부터 늘 마음이 바빴다. 시기마다 꼭 해줘야 하는 것들이 너무 많아 보였기 때문이다. 초기 애착, 수면 습관, 이유식 방식까지 무엇 하나 정답이 분명히 보이지 않았다. 아이가 울 때마다 바로 안아야 하는 건지, 조금은 기다려도 되는 건지 고민하게 됐다. 수유 간격을 맞춰야 한다기에 수유 때마다 어플에 기록하며 간격을 맞춰보려 애썼다. 자기 주도 이유식이 좋다기에 시도해봤지만, 바닥을 온통 어지럽히며 먹는 아이를 보며 이게 정말 맞는 방식인지 자꾸 헷갈렸다. 소셜 미디어에서 본 육아 정보는 저장해두었지만, 그대로 따라 하지 못한 날이 더 많았다.

하루하루가 버거웠다. 새벽까지 이유식을 만들고, 아침엔 먹이고 치우느라 씨름하다 보니 정작 자신의 밥은 건너뛴 날이 허다했다. 그렇게 애썼는데도 아이는 잘 안 먹었고, 자꾸 떼를 썼다. 참다 참다 소리를 지르고 나서는 또 자괴감이 밀려왔다. 그러다 밤이 되면, 잠든 아이의 얼굴을 한참 들여다보았다. 작은 손, 고른 숨결 하나하나가 믿기지 않을 만큼 사랑스러웠다. 이 아이가 자신에게 와준 게 기적 같은 일일지도 모른다는 생각. 그 사랑이 있었기에 하루를 버틸 수 있었다.

그러던 어느 날 소셜 미디어에서 승진 소식을 올린 친구의 사진을 보게 됐다. 다이어트에 성공하고 미모에도 물이 오른 친구를 보다, 거울 속 화장기 없는 자신의 얼굴을 마주하니 눈물이 났다. 쉴 틈 없이 사는데도 자꾸만 뒤처지는 기분이었다. 자신이 점점 작아지는 듯한 느낌. 아이는 사랑스러웠지만, 그날만큼은 그 사랑도 승아 씨의 마음을 가볍게 해주지는 못했다.

승아 씨의 이야기는 특별한 예외가 아니다. 아이 수가 줄어든 지금도, 부모들이 체감하는 육아의 무게는 여전히 크다.

덜 낳고 더 힘든 육아, 어쩌다 이렇게까지 힘들어진 걸까

문제는 아이가 아니라, 우리가 살아가는 이 사회의 분위기에 있다. 지금은 어떤 일도 성취가 쉽게 보장되지 않는 시대다. 열심히만 하면 된다는 믿음은 옛말이 됐다. 입시나 취업은 물론이고, 결혼,

주거, 노후까지 삶의 문턱마다 불확실성이 깔려 있다. 이런 변화 속에서 부모의 양육 방식도 달라질 수밖에 없다. 실제로 OECD 보고서에서도, 육아의 과잉이 단지 개인의 욕심 때문이 아니라 사회 구조 속 불안에서 비롯된다고 분석한다.[•] 이런 구조적 불안은 부모의 책임 인식에도 영향을 미친다.

　　최근 연구에 따르면, 우리나라 부모 세 명 중 두 명은 자녀의 성공과 실패를 부모의 책임으로 인식한다.[••] 이러한 생각은 부모로 하여금 내 아이만큼은 잘 살아남길 바라는 마음으로 이어지고, 부모의 선택을 더욱 신중하게 만든다. 학벌과 자격증, 공채와 같은 관문을 통과하며 인생의 방향을 바꿔 본 부모는 '나도 이렇게 했으니 좋은 환경이라면 너는 더 잘할 수 있어'라고 믿는다. 반대로, 기회의 문 앞에서 좌절했던 부모는 '나는 못 누렸지만 너는 누렸으면 좋겠다'라는 마음을 품는다. 결국 좋은 환경을 제공하는 부모가 좋은 부모라는 기준이 굳어진다. 특히 지금의 부모 세대는 성취가 곧 정체성이 되는 문화 속에서 살아왔다. 그렇기에 육아에서도 그 성취감

[•]　Ulferts, Helge, "Why Parenting Matters for Children in the 21st Century: An Evidence-Based Framework for Understanding Parenting and Its Impact on Child Development", *OECD Education Working Papers*, No. 222 (2020).

[••]　최선영 외, 「초기 성인기의 부모-자녀 관계와 사회계층적 차이」, 한국보건사회연구원, 2024.

을 찾으려 한다. 그러다 보면 아이의 성장은 어느새 부모의 '성적표'
가 된다.

정보와 비교, 끝없는 압박

여기에 정보 과잉이 더해진다. 육아 정보는 언제든 검색할 수
있고, 다양한 육아법과 발달 기준, 전문가의 의견을 집에서도 쉽게
찾아볼 수 있다. 처음 부모가 된 이들에게는 분명 도움이 된다. 하지
만 너무 많은 정보는 동시에 끝없는 압박으로 돌아오기도 한다. 나
만 해도 그랬다. 아이가 두 돌쯤 됐을 때 밤잠을 아홉 시간쯤 자곤
했는데, 인터넷에서 "두 돌 아이는 밤에 열 시간 반은 자야 한다"는
글을 본 순간부터 뭔가 아이를 일찍 재워야 할 것 같은 압박감이 들
었다. 지금 생각하면 사실 별문제는 아니었는데, 그땐 정말 큰일처
럼 느껴졌다. 그런 식의 기준은 한두 개가 아니다. 수면 교육은 몇
개월에 시작해야 한다, 감정 코칭은 이렇게 해야 한다, 훈육은 어떻
게 해야 한다⋯. 찾다 보면 끝이 없다. 근거 있는 양육을 하려 할수
록, 오히려 자신감은 줄고 의문만 커졌다.

게다가 요즘 양육법은 극단적인 프레임으로 소비된다. '아이
중심 육아'는 부모가 질질 끌려 다니는 것처럼, '부모 중심 육아'는
아이의 정서를 무시하는 것처럼 묘사된다. 불확실한 시대에는 목소
리가 분명할수록 더 주목받기에, 육아법도 점점 더 자극적으로 소
개될 수밖에 없다. 정작 대부분의 부모는 그 사이에서 균형을 찾으
려 애쓰는데, 무언가를 분명하게 '선택'하지 않으면 무책임한 부모

처럼 느껴지는 분위기 속에서 "우리 집에는 안 맞는 방식이에요"라는 말조차 조심스러워진다.

비교의 범위도 달라졌다. 과거엔 동네와 친척 사이에서만 비교됐다면, 이제는 소셜 미디어를 통해 전국 단위, 실시간 비교가 이루어진다. 놀이 방식, 발달 속도, 부모의 말투까지 공개된다. "언어 발달에 자극이 됩니다" "지금 시기를 놓치면 따라잡기 어렵습니다" 같은 문구는 부모의 시선을 아이의 성취로만 끌어당긴다. 그 결과, 아이의 성장은 자연스러운 흐름이 아니라 관리의 대상이 된다.

단 하나뿐인 아이를 위한 최고의 선택

출산율이 낮아지고, 부모의 경제력은 높아지면서 아이는 하나뿐인 '골드 키즈'가 된다. 아이 수는 줄었지만 그만큼 한 아이에게 쏟아지는 자원은 커졌다. 실용성보다 프리미엄, 양보다 질, 가성비보다 심리적 만족이 중요해지며, 고가의 장난감과 체험, 콘텐츠까지도 아이를 위한 투자로 받아들여진다. 게다가 요즘은 사교육이 영유아기부터 시작된다. 2024년 교육부와 통계청의 조사[•]에 따르면, 6세 미만 아이의 사교육 참여율은 47.6%, 1인당 월평균 사교육비는 33만 2000원에 달했다. 경제적인 부담은 점점 커지지만 무엇을 해

[•] 교육부·통계청, 「2024년 유아 사교육비 시험조사 주요 결과」, 2025.

도 '충분하다'는 감각이 사라진 사회에서 부모는 끝없이 더 해야 할 것만 같다.

이런 분위기를 집약해 보여준 사례가 있다. 한때 화제가 됐던 캐릭터 '제이미맘'이다. 표면적으로는 대치동 엄마를 풍자한 과장된 코미디 같지만, 보다 보면 낯설지 않다. 아이의 스케줄에 하루가 맞춰지고, 끼니는 차 안에서 해결되며, 모든 시간과 소비가 아이의 성공을 위해 쓰인다.

사랑이라 믿고 쏟아부은 마음이 사실은 불안에서 비롯된 건 아니었을까. 아이의 행동 하나하나에 의미를 부여하고, 그 안에서 가능성을 끌어내려 애쓰던 순간들. 많은 부모가 한 번쯤은 겪어봤을 마음이다. 그래서일까. 이 영상은 웃음을 주면서도 왠지 모르게 마음 한구석이 불편하다.

"진짜 저런 엄마 있어요. 자기 아이만 챙기고 잘난 척하던데."

"저렇게까지 하는 건 상상도 못했는데, 우리 애한테 내가 너무 관심이 없었나? 미안해지더라고요."

"나름 아이를 위해 열심히 헌신한다고 생각하고 있었는데, 이게 조롱의 대상이 된 거면 난 뭐지…?"

열심히 하면 오버한다는 말을 듣고, 덜 하면 부족한 엄마처럼 느껴지는 세상. 그 사이에서 부모들은 자신이 어디쯤 있는지 가늠하지 못한 채 흔들리고 있다.

"저는 제이미맘, 이소담입니다. Best of Best Mom(최고의 엄마죠)."

그 마지막 대사는, 스스로를 위로하려는 외침이자 끝없이 평가받는 육아 현실에 대한 쓸쓸한 고백처럼 들렸다.

정말 함께 키우는 사회가 맞을까

예전처럼 한 사람이 모든 육아 부담을 짊어지던 분위기는 확실히 달라졌다. 맞벌이가 늘고, 아빠들의 참여도 커졌다. 조부모와 (베이비)시터, 어린이집처럼 보조 양육자와 함께하는 육아도 더 익숙해졌다. 2024년에는 남성 육아휴직 사용률이 처음으로 30%를 넘기도 했다. 젊은 세대일수록 가사·육아 분담에 대한 인식도 더 긍정적이다.●

세상은 분명 변했다. 그런데 이상하게도 부모들의 마음은 더 복잡해졌다. 보조 양육자가 많아지고 역할은 나누어졌지만, 정작 관계에서 느끼는 피로는 오히려 깊어졌다. 그래서인지 "아이 키우는 게 힘들다"는 말로 시작된 이야기의 끝은 자연스럽게 "남편이…" "엄마가…" "아내가…"로 흘러가곤 한다. 진료실에서 이런 이야기들을 듣다 보면, 그 밑바닥에는 결국 한 사람의 감정이 자리한다. 그리고

● 　보건복지부, 「2023년 가족실태조사」, 2024.

그 감정은 아이와의 관계에서 가장 먼저 드러난다.

아이에게서 마주한 나

엄마들이 진료실을 찾는 가장 흔한 이유는 '아이에게 자꾸 화를 낸다'는 것이다.

"아이가 밥을 조금 흘렸다고 내가 왜 그렇게 소리를 질렀는지 모르겠어요."

고개를 떨구며 이야기하는 엄마들은, 사실 그게 밥알 때문이 아니라는 걸 누구보다 잘 안다. 그 순간 솟구친 감정이 무엇인지 스스로 설명할 수 없어서 더 당황스러운 것이다. 화는 대개 아이에게서 비롯된 것처럼 보이지만, 조금만 들여다보면 남편에게 쌓인 섭섭함, 혼자 버티며 쌓여온 피로, 어린 시절 작은 실수에도 꾸중을 들으며 "실수하면 안 된다"고 혼이 났던 기억까지. 그 모든 것이 뒤섞여 별것 아닌 장면에서도 터져 나온다. 아이의 행동이 나의 오래된 내면의 상처와 맞닿을 때, 반응은 과해질 수밖에 없다. 그러니 '나는 왜 이럴까'라는 자책이 든다면, 단순히 내가 부족해서 생긴 문제로만 보기는 어렵다. 내 안의 과거, 지금의 고단함, 말하지 못한 감정들이 가장 가까운 자리인 아이 앞에서 드러난 것이다.

아이를 보고 있는 시간은 아이만 바라보는 시간이 아니다. 거울을 들여다보듯, 나 자신을 다시 마주하게 되는 시간이다. 그래서 감정이 격해졌던 그 순간은 유난히 불편하고 오래 남는다.

하루 종일 아이와 지내면서도 정작 대화다운 대화를 한마디도 하지 못한 채 하루가 끝날 때가 있다. 머릿속은 장보기며 반찬 메뉴, 병원 일정으로 가득한데 하루 종일 한 말이라고는 아이에게 건넨 장난뿐이었다. 그래서 남편의 퇴근을 기다렸다. 단지 아이를 넘겨주려는 게 아니라, 같은 어른으로서 마음을 나누고 싶어서였다.

그런데 어떤 말은 유난히 마음을 세게 건드린다. 현관문을 열고 들어온 남편의 첫마디가 "집이 왜 이렇게 엉망이야?"였던 날, 한 엄마는 이렇게 말했다.

"그 순간, 하루 내내 힘들었던 마음보다 서러움에 울컥하더라고요. 나는 이 집에서 도대체 어떤 존재일까, 그저 집안일을 도맡는 존재에 불과한 건가 싶었어요. 남편에게 나는 이야기를 나눌 사람도, 함께 웃을 사람도 아닌가 싶었죠."

남편 얘기를 꺼낸 또 다른 엄마는 아이를 낳고 남편과 점점 대화가 없어지는 것 같아 속상하다고 했다.

"남편은 퇴근하면 씻고 설거지까지만 해요. 딱 거기까지 하고는 방으로 들어가 바로 잠들어버리죠. 물론 피곤할 텐데 그걸 해주는 게 고맙기는 해요. 그런데 문제는 늘 정해진 루틴만 하고, 제 쪽은 쳐다보지도 않는다는 거예요. 저는 그때도 이유식 준비, 청소, 남은 집안일로 머리가 복잡한데… 남편은 그냥 '끝났다'는 듯 문 닫고 들어가니 서운해요. 사실 제가 원하는 건 '오늘도 고생했지?' '더 해줄 일 없어?' 그런 한마디예요. 아마 남편이 그렇게 물어봤다면 '여보 피곤하지, 그냥 쉬어'라고 제가 먼저 말했을 텐데, 남편이 쌩 들어가버리니 저는 괜히 트집을 잡게 되고, 그러면 남편은 억울하다고 하고… 저희 사이가 점점 더 꼬여만 가는 것 같아요."

엄마들이 느끼는 건 단순히 '일이 많다'는 불만이 아니었다. 물론 짐을 조금이라도 대신 덜어주길 바라는 마음도 있지만, 더 본질적으로는 자신이 여전히 벅찬 상태라는 사실을 남편이 인정해주길 바라는 마음이었다. 그래서 남편의 쉬는 모습이 서운함으로 다가왔고, 남편이 억울하다고 항변하는 순간엔 그 말이 또 하나의 벽처럼 느껴졌다.

고마움과 원망 사이에서

육아를 하며 친정 엄마와의 갈등 또한 떼려야 뗄 수 없는 이야기로 자주 등장한다.

"엄마가 손주한테는 정말 잘해주세요. 그런데 그 모습이 오히려 저를 더 힘들게 해요. 저는 엄마한테 그렇게 못 받았는데, 아이한테는 다 주는 걸 보니까 서럽더라고요. 그런데 이런 제가 또 너무 애 같고 이해가 안 돼요."

또 다른 엄마는 이렇게 말했다.

"저도 고맙죠. 근데 늘 '애한테 그렇게 하면 안 된다'고 지적받다 보면, 그냥 제가 다 잘못한 사람 같아요. 도움 받으면서도 자꾸 위축되고, 그러니 또 짜증이 나요."

육아를 하면 막연히 부모의 노고를 더 잘 이해하고, 그래서 엄마와의 관계도 더 좋아질 거라 기대하기 쉽다. 하지만 현실은 정반대일 때가 많다. ‘내가 자식을 낳아보니 이렇게 예쁜데, 엄마는 어떻게 나한테 그렇게 대했지?’라는 원망이 불쑥 커지기도 한다. 도움을 받는 경우에도 갈등은 생기지만, 도움을 받지 못하는 경우에도 서운함은 폭발한다. ‘역시 엄마는 나에게 관심이 없었지. 늘 자기 삶이 더 중요했어.’ 이런 마음이 올라오며 엄마와의 거리가 더 멀어지기도 한다. 아이를 키우며 엄마에게 의지하면서도 동시에 미워하는 마음, 고맙다가도 서운한 마음이 교차한다. 그래서 ‘나는 나쁜 딸인가?’라는 자책이 겹치고, 친정 엄마와의 관계는 더 복잡하게 흔들린다.

그렇지만 다른 가족들 역시 제각각의 자리에서 지쳐 있다. 남편은 “나도 최선을 다하는데 왜 늘 핀잔만 듣지?”라는 억울함을 느끼고, 친정 엄마는 “내 삶을 희생해서 돕는 건데 안 좋은 소리만 듣고… 그러다 보면 내가 뭐 하고 있는 건가 싶어요”라고 털어놓는다. 이렇게 각자의 마음이 조금씩 어긋나는 순간들이 쌓이면, 우리는 어느새 지치고 외로워진다. 이건 어느 한 집만의 이야기가 아니다. 놀랍도록 많은 부모가 비슷한 서운함과 고립감을 이야기한다. 지금의 부모들은 역할은 나누어도 마음을 나눌 여유는 부족한 일상 속에서 하루하루 버티듯 양육을 이어가고 있다. 너무 많은 기준과 역할이 한꺼번에 요구되는 시대이기에 누구라도 흔들릴 수밖에 없다.

흔들리는 육아, 나를 지탱하는 힘

그렇다고 "시대가 문제야" 하고만 있을 순 없다. 제도가 달라지길 기다리고 사회 분위기가 변하길 바라지만 그 변화는 늘 더디게 오고, 부모는 오늘도 당장 아이를 돌봐야 한다. 그래서 생각하게 됐다. 이 흔들림 속에서 부모는 어떻게 다시 중심을 세울 수 있을까?

심리학자 에드워드 데시와 리처드 라이언은 **자기결정성 이론**Self-Determination Theory, SDT에서 사람은 외부의 압박보다 스스로 원해서 움직일 때 더 건강하고 행복해진다고 말한다. 이 이론은 육아하는 부모에게도 꼭 필요한 원칙처럼 느껴진다. 부모도 결국 한 사람이기에, 버티는 힘이 아니라 스스로 움직이게 하는 힘이 있어야 지치지 않고 자신의 삶과 육아를 함께 지탱해낼 수 있기 때문이다. 그 내적 동기가 생겨나기 위해서는 다음의 세 가지 심리적 욕구가 충족되어야 한다고 이론은 이야기한다.

- 내가 선택하고 있다는 감각인 **자율성**
- 뭔가를 해낼 수 있다는 자신감인 **유능성**
- 누군가와 연결되어 있다는 느낌인 **관계성**

이 세 가지가 채워질 때, 사람은 억지로가 아니라 진심에서 비롯된 힘으로 움직이게 된다. 그런데 지금의 육아는 이 세 가지를 너무 쉽게 흔들어놓는다. 다들 이렇게 한다더라, 이건 꼭 해야 한다더라… 넘쳐나는 정보와 기준 속에서, '내가 원해서 하는 건가?' 하는 감각은 점점 희미해지고, 열심히 해도 늘 어딘가 부족하다는 느낌이 따라붙는다. 그렇다면 이런 세상에서 아이를 키우는 우리는 어떻게 다시 나다운 방향을 찾을 수 있을까.

첫 번째, 자율성의 회복
하고 싶은 건 줄 알았는데, 해야만 할 것 같은 거였어

요즘은 비교를 안 하기가 쉽지 않다. "누구 애는 벌써 뭘 한대" "요즘은 이런 걸 해야 한대" 같은 말들에 마음이 자꾸 출렁인다. 처음엔 '우리 아이만의 속도가 있겠지' 하고 스스로를 안심시키지만, 곧 '정말 괜찮은 걸까? 내가 너무 안일한 건 아닐까?' 하는 생각이 밀려온다.

그럴 때 마음을 가장 세게 흔드는 건 '지금 당장 하지 않으면 안 될 것 같은' 압박이다. 이런 급박한 느낌이 들 때가 오히려 가장 경계해야 하는 순간일지도 모른다. 육아를 하다 보면 그때그때 눈앞의 일이 너무 중요하고 절박하게 느껴진다. 아이를 위해 끊임없이 결정해야 하고, 부모는 늘 더 나은 선택을 하려 애쓴다. 불안은 늘 지금만을 강요하며 내일을 허락하지 않는다. 그렇기에 스스로에게 던져볼 수 있는 질문이 있다.

정말 지금이어야 할까?

이러한 되묻기는 불안이 만든 가짜 긴급함과, 실제로 내가 원하는 방향을 조율하게 하는 첫 걸음이 된다. 잠시 미루고 다시 생각해보면 '지금 당장' 해야 할 것처럼 느껴졌던 일들 대부분이 여전히 선택의 여지가 있었음을 알게 된다. 정말 원하는 선택이라면 내일 해도, 다음 주에 해도 결국 하게 된다. 유행이라 덜컥 산 옷은 후회로 남지만, 며칠을 고민해서 사는 옷은 오래 입게 되는 것처럼 말이다.

결국 중요한 건 **'스스로 선택하고 있다'는 감각**이다. 정보가 외부에서 왔더라도, 각자의 속도와 방식으로 받아들였다면 그건 여전히 '나의 선택'이다. 자율성은 그런 감각에서 시작된다. 소셜 미디어는 이 감각을 흐리게 만들기 쉽다. 많은 부모들이 아이 사진을 올리며 짧은 기록을 남기곤 한다. 처음엔 아이의 귀여운 순간을 자랑하거나 '나 잘하고 있어요'라는 마음을 조심스럽게 내보이고 싶은 마음이었을 것이다. 나 또한 예쁘게 차린 밥상을 올리며 스스로를 다독이고 싶기도 했었다. 그런데 올리다 보면 자연스럽게 다른 사람의 기록도 보게 된다. 또래가 유창하게 말하는 영상을 보면 '우리 애도 저렇게 해야 할 것 같은데…' '누군가는 예체능에 영어까지… 나는 저렇게 해줄 수 있을까?' 누가 탓하지도 않았는데 이미 스스로를 평가하게 되는 것이다.

많은 부모들이 진료실에서 이렇게 말하곤 한다. "소셜 미디어를 보면 마음이 너무 힘든데 끊자니 아쉽고, 계속하자니 또 비교 때문에 지쳐요." 그럴 때 나는 '기록은 하되, 확인은 하지 않기'를 제안한다. 기록은 내 마음의 흐름을 남기는 일이지만, 확인은 남의 기준으로 나를 흔드는 일이 될 때가 많기 때문이다. 그래서 나는 사진을 올리더라도, 그날의 감정을 짧게 적고 바로 나오기를 권유한다. 나역시 직접 시도해본 방법이었는데, 좋아요 수나 댓글을 일부러 확인하지 않는 대신, '왜 이 순간이 좋았는지'를 곱씹는 게 내게 훨씬 큰 위로가 되었다. 돌아보면 비교를 유발한 것도, 불안에 휘둘린 것도 결국은 누구에게 보여주기 위한 선택을 하고 있기 때문이었다. 진짜 나를 불안하게 한 건 남이 아니라, 나 자신을 남에게 증명하고 싶었던 마음이었다. 그걸 알고 나니 중심을 잡는 법이 조금씩 생겼다.

지금도 나는 핸드폰을 켜기 전, 스스로에게 짧게 확인한다.

'나는 지금 뭘 보려는 거지?'

정보가 궁금해서인지, 잠시 머리를 비우고 싶어서인지, 아니면 누군가의 반응이 필요해서인지. 이 질문 하나가 비교로 이어지는 자동 반응을 잠시 멈춰준다. 이 잠깐의 멈춤, 그게 바로 **메타인지**다. 감정에 끌려가기 전에 '내가 왜 지금 이걸 하려는지'를 스스로 살피는 과정이라는 뜻이다. 이렇게 멈출 수 있는 순간이 생기면, 그 다음에야 비로소 선택지가 보이기 시작한다. 지금이 아니어도 되는지, 굳이 하지 않아도 괜찮은지, 아니면 정말 내가 필요하다고 느껴서 하는 선택인지. 이런 선택의 여지가 반복해서 생길 때, 육아의 기준은 조금씩 남들에게서 '내가 선택한 방향' 쪽으로 옮겨간다. 거창한 결심이 필요한 건 아니다. 그저 '내가 지금 반응하고 있는지, 아니면 선택하고 있는지'를 한 번 더 확인해보는 것만으로도 충분하다.

엄마가 아이의 삶에서 주인공일 필요는 없다. 항상 웃어주고, 새로운 걸 계속 가르쳐주고, 끼니마다 반찬을 골고루 차려내지 못한다고 해서 문제가 되는 건 아니다. 누구나 지치고, 빠뜨리고, 망치는 순간들이 있기 마련이다. 매일 완벽하게 해내는 사람은 어디에도 없다.

사실 아이가 자라는 데 꼭 필요한 건, 눈에 띄는 장면보다 **지루할 만큼 반복되는 배경 같은 일상**이다. 배경은 흔히 하찮게 여겨지지만, 영화에서 배경음이 없으면 긴장감도, 감동도 반감된다. 사진에서 배경이 복잡하면 인물이 잘 보이지 않는다. 배경은 인물을 돋보이게 하고, 그 사람이 안정적으로 서 있을 수 있는 무대를 만들어준다. 육아도 그렇다.

가능할 때는 아이 옆에 있어주고, 소리 지르지 않으려 노력하고, 기운 빠지는 날에는 직접 차리지 않아도 뭐라도 먹을 것을 챙겨주고, 졸리면 재워주는 수백 가지 행동들. 이런 티 나지 않는 '배경의 시간들'이 아이가 흔들리지 않고 자랄 수 있게 만든다. 배경이 되어주고자 하는 그 마음이면, 이미 유능하다.

조금씩 부모가 되어간다는 것

육아는 얼핏 손해처럼 보인다. 개인 시간도 없고, 감정도 너덜너덜해지는 날이 많다. 인내심은 바닥나고, 관계는 삐걱거리고, 자신이 누구인지조차 헷갈리기도 한다. 그래서 처음엔 잃는 것밖에 없는 것처럼 느껴진다. 그런데 그 와중에도 부모들은 뜻밖의 순간에 새로운 자신을 발견한다. 화내고 자책하면서도 '내가 이렇게까지 아이를 신경 쓰는 사람이었구나'라는 마음을 알아차리기도 하고, 예전 같으면 바로 터뜨렸을 감정을 한 번 참아낸 자신을 발견하기도 한다. 때로는 늘 참기만 하던 갈등 속에서 처음으로 대화를 시도해 보는 용기가 나오기도 한다. 이런 모습은 아이 덕분에 비로소 만나게 되는 새로운 '나'이기도 하다.

아이가 어제 못하던 걸 오늘 조금이라도 해내는 모습을 볼 때, 작은 변화 하나가 사람 마음을 얼마나 크게 뒤흔들 수 있는지 처음 알게 된다. 자기 밥은 한 끼도 챙겨 먹지 못했더라도, 아이가 밥 먹는 모습만 봐도 배부르다는 말이 무슨 뜻인지 알게 되고, 정신없이 하루를 보낸 끝에 잠자리에 누워 잠깐 핸드폰을 보는 시간마저 선물처럼 느껴진다.

이런 감정들은 모두 위기와 고단함을 통과했기에 느낄 수 있는 것이다. 감동적인 결말은 언제나 한 번의 고비를 지난 후에야 온다. 아무 일도 일어나지 않는 이야기는 기억에 남지 않는다. 우리 삶도 그렇다. **막막한 순간을 지나야, 그 다음 장면의 의미가 또렷해진다.**

물론 후회와 다짐은 여전히 반복된다. 하지만 예전 같으면 자책으로 끝났을 마음에 '내일은 조금 다르게 해보자'는 생각이 떠오른다면, 그것만으로도 자신에게 조금은 관대해진 증거일 것이다. 무언가를 잘하고 있다는 실감은 잘 들지 않지만, 돌아보면 분명 해낸 것들이 있다. 실수하고 후회해도 다음 날 다시 아이 옆에 있는 것. 그것이야말로 부모가 이미 가지고 있는 힘이다.

보이지 않는 것의 힘

육아를 하며 마주하는 변화들은 참 극단적이다. 외적인 변화는 금방 드러난다. 살은 갑자기 찌고 주름은 깊어지고 피부 톤도 눈에 띄게 달라진다. 거울 속 낯선 얼굴을 마주하게 되고, 한 달 전까지만 해도 잘 맞던 바지가 어느 순간 잘 맞지 않는다. 출산 직후 몸이 변하는 건 당연하다 생각했지만, 아이가 자란다고 해서 내 몸이 회복되는 건 아니었다. 시간이 지나도 피로는 누적되고, 얼굴은 점점 지쳐간다. 그렇게 달라진 외모에 시선이 머무는 동안, 정작 사람을 지탱해주는 것은 보이지 않는 것이라는 사실을 잊게 된다. 그런 변화는 소셜 미디어에도 올라가지 않고, 사진으로도 남지 않으며, 표창장 하나 없이 조용히 지나간다. 그래서 더 쉽게 잊힌다.

아이의 기억에 오래 남는 건 화려한 장난감이 아니다. 매일 밤 등을 쓸어주던 손길, 나지막한 자장가, 따뜻한 눈빛이다. 오늘 내가 차린 밥상은 사진으로 남지만, 아이는 그 메뉴를 기억하진 않는다. 대신, 밥을 먹던 분위기와 그때의 감정을 기억할 뿐. 놀이공원 사진은 남지만, 정작 아이가 기억하는 건 엄마와 주고받은 웃음이다.

부모에게도 마찬가지다. 아쉽게도 육아는 티가 잘 안 난다. 치운 방은 금세 어질러지고, 설거지는 한 끼 만에 다시 쌓인다. 오늘 아침 다짐한 인내심은 저녁이 채 되기도 전에 바닥난다. 눈에 보이는 성과가 없으니 '잘하고 있는 걸까?' 하는 생각이 자꾸 든다.

그런데 아이는 결국 자기 삶을 살아간다. 부모가 아무리 애쓴다 해도, 완벽한 설계는 애초에 불가능한 일이다. 그러니 삐걱거렸던 순간들을 다르게 기억해보자. 야심차게 쿠키를 굽겠다며 덤볐다가 아이가 부엌을 난장판으로 만들어 순간 화가 치솟았지만, 나중에 "그때 우리 진짜 망했었지?" 하며 함께 웃을 수 있다면 그게 바로 추억이다.

기쁨은 쉽게 잊히고 고단함은 오래 남는다. 그래서 기쁜 순간은 더더욱 의도적으로 되새겨야 한다. 아이의 장난스러운 미소, 잠든 얼굴, 웃음을 터뜨리게 만든 엉뚱한 질문들. 그런 순간들을 떠올릴 수 있다면, 우리는 이미 괜찮은 부모다.

쌓여가는 순간들

하루를 완벽하게 해내야 한다는 마음은 부모를 지치게 만든다. 밥은 골고루 잘 먹이고, 숙제나 학습도 놓치지 않고 챙기고, 생활 리듬까지 맞춰야 '성공한 하루' 같고, 하나라도 빠지면 왠지 부족한 엄마처럼 느껴지곤 한다. 하지만 아이도 그렇고, 부모의 컨디션도 매일 같을 수는 없다. 그래서 하루 단위의 만점이 아니라, 영역별로 조금씩 채워나가는 건 어떨까.

밥은 못 먹였지만 아이와 마주보며 웃었다면, 그것은 이미 정서 저축이다. 집안일은 포기했더라도 아이 곁에 잠시 누웠다면, 그것은 체력 저축이다. 아이 숙제는 봐주지 못했지만 친구와 수다를 떨었다면, 그것 역시 부모의 정신건강 저축이다. 오늘 하루도 어딘가는 분명 채워졌을 것이다. 그것으로 충분하다. 그 조각들이 쌓이면 언젠가 이렇게 말하게 될지도 모른다.

"나, 생각보다 잘해오고 있었구나."

세 번째, 관계성의 회복
같이 있는 줄 알았는데, 함께인 건 아니었더라

정신건강의학과 전문의이자 육아하는 엄마로서 내게 가장 위로가 되었던 순간이 있다. 아이가 내 뜻대로 되지 않았던 날들, 참지 못하고 터뜨렸던 말과 행동, 그리고 예전보다 더 팍팍해진 부부 관계까지. 이 모든 게 나만 겪는 특별한 문제가 아니었다는 걸 알게 되었을 때였다. 진료실에서도, 친구들과의 대화에서도, 겉으론 다 잘 지내는 것처럼 보이는 누구든 마음속엔 저마다의 복잡함을 안고 있었다. '나만 그런 게 아니었구나.' 그 사실 하나만으로도 마음이 툭 풀어졌다.

남편과 아내가 모든 걸 이상적으로 반반 나누고, 늘 다정한 분위기 속에서 육아를 이어가는 가정이 현실에 있을까? 소셜 미디어 속 반짝이는 장면 뒤에는 각자의 고민과 고단한 날들이 숨어 있었다. 해보니 어렵고, 하다 보니 충돌하고, 그럼에도 함께 가는 것. 안 되는 부분은 포기하고, 그나마 할 수 있는 걸 애쓰는 것. 대부분의 가족이 그렇게 지내고 있었다.

가족은 서로 너무 가까운 탓에, 더 자주 어긋난다. 남편과는 바라보는 지점이 다르고, 부모와는 오래된 감정의 흔적이 남아 있다. 아무리 애써도 완벽히 맞출 수는 없다. 서로가 이해되지 않아도 괜찮다. 중요한 건, 관계라는 것 자체가 늘 어긋남을 안고 있다는 사실을 이해하는 것이다.

"왜 우리 엄마만 이럴까요? 다른 집은 안 그런데, 왜 나만 그러죠?"

"힘들면 더 도와주고 위로해줘야 하는 거 아닌가요? 왜 우리 남편은 반대일까요?"

머리로만 생각하면, 힘들수록 관계는 뭉쳐야 하고 서로를 위로해야 할 것 같다. 하지만 실제 현실은 정반대일 때가 많다. 상황이 버거울수록 사람은 자기 몫을 지키려 하고, 여유가 줄어드는 만큼 상대를 이해할 여력도 줄어든다. 멀리 있는 사람에게는 바랄 것도 없으니 서운할 일도 적다. 하지만 매일 얼굴을 맞대는 관계에서는 '왜 내 마음을 몰라줄까?'라는 감정이 쌓이기 마련이다. 그러니 힘든 시기에 관계가 더 흔들리는 건 내가 잘못해서도, 우리 집만 문제가 있어서도 아니다. 오히려 너무 자연스러운, 인간적인 현상에 가깝다.

그 어긋남 속에서, 우리는 어떻게 다시 연결될 수 있을까?

육아 여정을 함께하는 '동반자'

중요한 건 두 양육자가 '어떤 일을 더 나누느냐'보다 '서로를 어떻게 바라보느냐'에 있다. 서로를 본다는 건, 고된 하루 끝에 지쳐 있는 그 사람의 마음까지 상상해보는 일이다. 아이가 잠든 뒤, 멍하니 휴대폰을 붙잡고 있는 남편을 보며 '또 쉬고 있네'가 아니라 '저 사람도 하루 종일 지쳤구나' 하고 떠올려본 적이 있는가. 퇴근한 남편이 짜증내는 아내를 바라보며 '왜 저렇게 예민하지?' 대신 '오늘 하루 엄청 고됐구나' 하고 생각해본 적은 있는가. 이 작은 마음이, 단절을 연결로 바꾼다.

"고마워." "수고했어." "미안해."

이 짧은 말들이야말로 서로의 애씀을 '보이게' 만든다. 여러 번 마음을 내어 말해봤지만 달라지지 않았던 경험들이 쌓이면, 또다시 실망할까 봐 결국 말을 삼키게 되는 마음은 충분히 이해된다. 하지만 그렇게 접어둔 감정은 냉소로 굳고, 무심함으로 변하며, 결국 정서적 단절로 이어진다.

누구 하나의 노력만으로는 관계가 달라지기 어렵다. 하지만 누구 하나라도 진심을 꺼내야, 그제야 상대도 마음을 움직이게 된다. 어디서도 듣지 못한 "수고했어" 한마디가 때로는 하루를 버티게 한다. 물론 감정을 나누려면 여력이 필요하다. 이해는 마음으로만 되는 것이 아니다. 여력은 체력이 될 수도, 휴식이 될 수도 있다. 가끔 주말에 혼자 산책하는 두 시간이 평일의 잔소리를 줄인다. 그 작은 틈이 여유가 되고, 그 여유가 상대의 애씀을 보게 만든다.

"오늘 어땠어?" "고마워" 그 짧은 말 한마디가 오간 날과 그렇지 않은 날은 분명 다르다. 지금 우리에게 필요한 건, 해결이 아니라 연결이다.

　　　　　　　　　　　　　6장. 완벽한 엄마는 없다

나는 지금, 나와 연결되어 있는가

시작은 언제나 내가 나를 인정하는 순간에 열린다. 그때야 비로소 다른 관계로도 이어질 힘이 생긴다. 남편에게 이런 말을 한 적이 있다.

"여보, 내가 엄마가 되면서 버틸 수 있었던 건, 결국 내가 나의 수고로움을 알아줬기 때문인 것 같아."

하루가 끝나면 늘 똑같이 반복했다. 침대에 몸을 던지며 속으로 중얼거렸다.

"와, 오늘도 정말 수고했다."

남편이 "오늘 애썼어"라고 말해주지 않아도 그럭저럭 버틸 수 있었던 건, 내가 먼저 나의 애씀을 인정했기 때문이었다. 물론 엄마의 지적이나 남편의 무심함에 상처받을 때도 많았다. 하지만 그럴 때에도 '그래도 내가 얼마나 애썼는데'라는 마음이 나를 버티게 했다. 오히려 그 덕분에, 엄마에게는 감사 인사를, 남편에게는 "오늘도 힘들었지?"라는 말을 먼저 건넬 수 있었다.

돌이켜보면 내가 가장 외로웠던 순간은 다른 누구 때문이 아니라 나 자신과의 거리가 멀어졌을 때였다. 스스로를 혼내고 평가하는 대신, 토닥이고 응원할 때 외로움은 누그러졌다. 관계가 흔들릴 때 가장 먼저 던져야 할 질문은 이것이다.

나는 지금, 나와 연결되어 있는가.

덜 외로워야, 더 단단해진다

밤새 아이를 안고 서성이며 울음이 멎기를 기다리는 애달픔 속에서, 부모는 뜻대로 되지 않는 순간을 견디는 법을 배운다. 아이의 고집과 울음 뒤에 숨어 있는 마음을 헤아리며 더 깊고 어려운 사랑을 익혀간다. 그렇게 아이를 키우는 일은 단순히 아이를 키우는 경험이 아니라, 부모 자신을 키워내는 과정이 된다. 결국 부모 됨이란 **나를 깎아내는 것이 아니라 나를 새롭게 빚어내는 일**이었다. 아이를 키우며 생긴 변화는 혼자만의 힘으로 만들어진 것은 아니었다. 주변에서 건네 온 작고 다정한 순간들이 그 길을 덜 외롭게 해주었다.

돌이 막 지난 아이를 데리고 일본으로 여행을 간 적이 있다. 한 시간 남짓의 비행이었지만, 이륙 준비에 착륙 준비, 기류 불안정까지 겹쳐 아이는 내내 자리에 앉아 있어야 했다. 답답했는지 비행 내내 많이 울었고, 안아서 달래고 과자를 주고 영상을 틀어봐도 좀처럼 진정되지 않았다. 주변의 시선이 신경 쓰여 식은땀이 났고, '다시는 해외여행은 못 오겠구나' 생각하며 한껏 움츠린 채 내리려는데, 앞자리에 앉아 있던 승객이 아이를 보며 말했다.

"아기야, 오느라 너무 고생 많았어."

그 순간 눈물이 날 뻔했다. 책망 대신 건네진 그 한마디는 뜻밖의 위로였다. '함께 키운다'는 건 꼭 거창한 제도나 지원에서 시작되는 게 아닐지도 모른다. 낯선 사람의 말 한마디, 따뜻한 시선이 때로는 더 큰 힘이 된다.

물론 아이의 울음소리나 돌발 행동이 주변에 불편을 줄 수 있다는 것도 안다. 결혼 전, 나 역시 기차 앞좌석에 아기가 있으면 '귀엽다'가 아니라 '망했다'는 생각이 먼저 들었다. 게다가 그 아기가 계속 울기까지 하면, 안 그래도 피곤한 상태인데 속에서 짜증이 치솟았다. 그런 나였기에, 아이를 불편해하는 마음도 충분히 이해된다.

그래서 더 그렇다. 부모는 조급해지고, 타인은 지쳐가는 순간이기에, 누구나 힘들 수 있다는 생각이 필요하다. 육아하는 사람에게는 '당신은 혼자가 아니다'라는 시선이, 육아하지 않는 사람에게는 '당신도 배려받아야 한다'는 시선이 필요하다. 완벽하지 않아도 괜찮다고, **서툰 부모도 아이와 함께 자란다고 말해주는 사회**. 그게 바로 '함께 키우는 사회'의 시작 아닐까.

지금 당장 모든 걸 바꿀 순 없지만, 우리가 서로를 바라보는 시선은 조금 더 다정해질 수 있다. 아이의 울음을 덜 날카롭게 바라보는 일, "힘들다"는 말을 조금 더 편하게 건넬 수 있는 분위기, 서로 다른 양육 방식을 향해 "그럴 수도 있겠네"라고 말해주는 것. 그런 작은 다정이 쌓일수록, 부모의 고립감은 줄어든다. 부모가 덜 외로워야, 아이도 더 단단해진다.

3부
연결, 그리고 함께하기

배승민 —

의학박사.

이화여자대학교 의과대학을 졸업했고, 현재 가천대학교 의과대학 정신건강의학과 주임교수이다. 소아청소년 정신건강 전문가로서 20여 년간 트라우마와 폭력 피해자를 치료해왔으며, 병원에 오지 못하고 트라우마의 후유증을 견디며 일상에서 자신만의 전쟁을 하는 이들을 위한 활동을 이어가고 있다.

저서로『내 아이가 보내는 SOS』,『내게 위로가 되는 것들』, 공저로『나는 범죄 피해자입니다』, 의학 교재 공저로『청소년 발달과 정신의학』,『소아정신의학』,『행동과학』, 역서로『트라우마 치료 전문가가 알아야 할 10가지 근거중심 치료법』,『아동청소년 트라우마치료 전문가가 알아야 할 18가지 치료법』,『성폭력 피해 아동 치유를 위한 – 게임기반 인지행동치료』,『우리는 저마다의 속도로 슬픔을 통과한다』가 있다.

글을 쓰는 현재 대한소아청소년정신의학회 재난과트라우마위원회 이사, 대한청소년정신의학회 총무이사, 법무부 범죄피해자지원센터 인천스마일센터장, 여성가족부 위탁 인천해바라기센터 자문의사이다. 인천광역시 아동보호전문기관 아동학대사례 전문위원, 법원 전문심리위원으로도 활동하고 있다. 트라우마 피해를 입은 사람들을 지원하는 일을 꾸준히 해온 공로로 2021년 법무부 장관 표창(기관), 2022년 인천지방검찰청 검사장 표창, 2024년 법무부 장관 표창을 받았다.

7장
방관과 무관심의 파장

—

방치된 트라우마가 만들어내는 어떤 폭력

모두가 자기 상처를 호소하는 사회

"폰을 봐도, 눈을 들어 주변을 봐도 저만 불행한 거 같아요."

진료실에서뿐 아니라 온라인 공간에서도 이러한 좌절감을 호소하는 사람들의 수가 부쩍 늘어난 느낌이다. 문제는 이러한 호소를 하는 사람들의 연령이 점점 더 어려지고 있다는, 치료자로서의 체감이다. 거기다 요즘은 더 섬뜩한 말이 덧붙여지기도 한다.

"왜 항상 저만 이렇게 억울해야 해요? 나만 힘들게 사는 꼴을 언제까지 견디라고요?"

예전엔 다 이렇게 힘들게 살았다고들 한다. 다들 체벌이 있는 학창시절을 보냈고, 가정 내에서도 폭력은 일상에 가까웠다. 조금 더 거슬러 올라가면 전란과 다양한 트라우마 사건이 역사의 굴곡

굽이굽이에서 튀어나온다.

트라우마와 폭력 치료 전문가로서 많은 피해자의 이야기를 듣는다. 진료 중인 환자들이 털어놓는 고통, 그리고 그 속에서 만나는 가해자들의 공격성과, 환자들을 돌보는 가족들이 털어놓는 푸념 속에 **기묘한 연결**을 발견하는 순간 느끼는 섬뜩함이 있다. 고통의 불길이 자신의 내면만이 아니라 기어이 나를 고통스럽게 만든 저 대상, 저 곳, 저 사회를 꼭 불태워야, 적어도 조금의 해코지라도 해야 분이 풀리겠다는 열기를 느낀 날이면 어느새 내 몸과 마음에도 간접적인 화기에 화상을 입은 듯한 느낌이 든다. 그리고 그 화기가 천천히 빠져나간 자리에는 우리 사회가 앞으로 어떻게 흘러갈까 하는 어두운 생각이 안타까움과 좌절감과 함께 휩쓸려 들어온다.

10살과 14살

A는 초등학교 3학년이었다.[*] 당시 내가 근무하던 아동성폭력 피해자지원센터에는 일반인들이 생각하는 것보다 정말 많은 아이

---

[*] 본 원고에 나오는 사례들은 여러 사례를 종합하여 각색한 것으로, 특정 사례를 지목하는 것이 아님을 밝힌다.

들과 가족들이 방문했다. 그러나 그중에서도 A의 인상은 거의 십 년이 지난 지금도 기억에 선명하다. 센터에 처음 방문한 A의 표정은 보통 불안이나 당황, 그것도 아니라면 무감각해 보이는 다른 아이들과 달랐다. 거리에서 만났다면 해맑은 또래 아이들과의 차이를 전혀 느끼지 못했을 것이다. A는 센터 내부가 신기한지 이곳저곳 두리번거리며 열린 틈 사이로 보이는 놀이치료실의 장난감에 호기심을 보였다. 사건의 무게에 비해 일견 밝아 보이는 A의 첫인상보다 사실 더 인상적인 것은 같이 방문한 A의 어머니가 한 말이었다.

"학교에서 가보라니까 오긴 했는데… 저희 이런 데 다닐 시간이나 여유가 없어요. 그냥 학교에다 선생님이 괜찮다고 말 좀 해주시면 안 될까요?"

A의 가해자는 같은 학교 한 학년 위 남학생들이었다. 요즘에야 초등학생 성폭력 피해자뿐 아니라 가해자도 매우 흔해졌지만(이것도 역시 충격적인 변화이긴 하다), 당시에는 초등학생 가해자가 매우 드물던 때라 사건은 나름 지역을 시끄럽게 만들었다. 해당 사건은 약 1년 정도 진행된 것으로 파악되었는데, 초등학교 2학년 때 학교 주변에서 혼자서 늦게까지 놀고 있는 A에게 한 학년 위의 아이가 장난이라며 몸에 손을 대는 행동을 한 것이 그 시작이었던 것으로 추정되었다. 한 학년 위 남학생의 갑작스러운 행동에 A가 어떻게 대응해야 할지 몰라 우물쭈물하는 사이, 가해자인 3학년 아이가 친구들에게 소문을 냈다. 그리고 한 명, 또 한 명씩 어느새 늘어난 무리

가 A를 괴롭히며 그 수위를 높여갔다. 거의 일 년간 이어진 행동에 대해 주변 어른들이 이상한 낌새를 눈치챌 만도 했건만. 인구가 많지 않은 지방 도시에서, 그중에서도 거의 폐허가 된 이용자 없는 놀이터는 언제나 어른들의 눈을 피하는 아이들의 '동물의 왕국'이 되었다.

그러던 중에 당시 다른 지역에서 있었던 성추행 사건을 이유로 학교에서 성폭력 예방 교육 외부강사를 초빙해 반마다 성교육 수업을 진행했다. 평화롭고도 지루한 교육이 이어지던 중에 A가 손을 번쩍 들어 "저 그런 일 있는데요!"라고 큰 소리로 대답했다. 나중에, A는 말했다. 언제나 수업 시간은 무슨 말이 오가는지 이해 못 하는 어려운 시간이었고 자기는 아는 것도, 대답할 것도 없었지만, 성교육 시간은 자기가 잘 아는 이야기가 나오니 자기도 친구들처럼 씩씩하게 손을 들고 정답을 말하고 싶었다고, 그럼 자기도 칭찬을 받을 수 있다고 생각했단다.

물론 A의 생각과 달리 조용한 교실에서 강의 중 울려 퍼진 A의 대답은 해당 강사뿐 아니라 학교와 온 지역사회를 발칵 뒤집었다. 그러나 여전히 A는 왜 어른들이 자신의 대답에 이렇게까지 사색이 되어 큰일처럼 물어보고 경찰서까지 가야 하는지 이해하기 어렵다고 투덜거렸다. 조금 귀찮고 아플 때도 있었지만 잠깐만 꾹 참고 있으면, 그 오빠들은 엄마가 못 먹게 했던 과자를 주기도 하고 어떨 때는 돈을 준 적도 있으니 자기가 손해만 본 것은 아니라고 말했다. 그런 A의 말투는, 마치 어른들이 이런 것도 몰라요? 하며 어이 없어 가르쳐주려는 듯한 반응이었다.

혼자 노는 게 익숙했던 아이

A의 어머니는 아픈 남편을 대신해 낮에는 식당 일을, 밤에는 편의점 아르바이트를 하느라 매우 지쳐 있었다. A의 어머니에게 아이를 방임한다고 교과서 같은 소리를 하기에는, 까칠한 안색과 메마른 몸, 눈을 뜨고 있기도 버거워 보이는 그녀의 피곤한 행색에 차마 입이 떨어지지 않았다. 다자녀 가정이라 큰 애들은 아직 어린 동생들을 보살펴야 했고, 형제 중 중간인 A는 집에 있으면 언니 오빠가 집안일이나 동생을 챙기라고 잔소리하니 혼자 밖에서 놀며 시간을 보내는 게 일상이었다. 가족들의 시선을 끌면 괜히 할 일이 생기는 것을 경험했던 A는 언제나 사람들의 시선을 피할 수 있는 곳에서 혼자 놀곤 했고, 결국 어른들의 눈을 피해 새로운 놀이를 찾고 있던 동네 아이들의 타깃이 되었다.

사건이 알려지면서 보호와 치료를 받을 수 있게 되었지만, 막상 A는 현재 상황을 받아들이기 힘들어했다. 귀찮고 간혹 자신을 아프게 하던 동네 남자 아이들의 괴롭힘에서 벗어난 것은 좋아도, 갑자기 다니게 된 병원과 우리 센터, 그리고 이해 못 할 것들을 시시때때로 물어보는 학교와 여러 기관 담당자들까지. 혼자 노는 시간에 익숙해져 있던 A에게 어른들의 시선과 관심은 점점 지나친 간섭과 답답함으로 다가왔다. 아이는 바쁜 엄마 대신 센터에 동행해주는 자원봉사자들의 눈을 피해 도망치기 바빴고, 학교의 지루한 돌봄 시간을 피해 수업을 더 빠지기 시작했다. 결국 아이는 센터를 안 오는 대신 학교를 꼬박꼬박 가겠다는 조건(?)을 내세웠고, 여러 기관의 협의 끝에 학업을 우선하는 것으로 사례 정리가 되었다. 어른들이 질문하는 것은 다 잘 모르는 이야기라 대답하기 힘만 들고 그냥 놀고 싶다는 해맑은 아이의 표현 속에서 강제로라도 치료를 이어갈 방법을 찾기 어려웠다.

치료자로서의 고민

A 사건 이후에도 센터에는 매달 수십 개 이상의 신규 사례가 쌓여갔다. 그 사이 성폭력 피해뿐 아니라 법무부에서 강력범죄 피해자를 지원하는 새로운 기관인 '스마일센터'도 지역마다 하나씩 세워졌다. 돌이켜보면 그 당시의 우리 센터는 모든 사례에 최선을, 정말로 최선을 다했다. 우리가 노력하면 정의가 비록 일부분이라도 바로잡힐 것이라 믿었고, 아이들의 고통을 실제로 조금이라도 덜어낼 수 있다고 생각했다. 하지만 날이 갈수록 우리를 좌절시키는 사건이 이어졌고, 가해자와 그 주변 사람들은 피해자와 그 가족, 때로는 아이들을 돕는 센터까지 공격하기를 서슴지 않았다. 많은 아이들과 가정들이 그러한 공격뿐 아니라 여러 이유로 치료를 포기하거나 그만두었다. 물론 그보다 더 많은 아이들이 밝은 미소를 찾았고, 센터에 다니며 사이가 더 돈독해졌다는 가족들의 피드백도 내게 큰 힘이 되었지만, 어느새 나는 점점 둔감해져감을 느꼈다. 아무리 노력해도 쏟아지는 사례들을 다 살펴낼 수가 없었다. 물에 휩쓸려 가

는 소중한 보석들을 건지려 하는 것처럼 온몸을 던져 일했다. 동동거리며 온갖 자원과 도움을 다 끌어보고, 이도 저도 안 되면 그야말로 막다른 길에 몰린 심정으로 억지도 부려봤건만. 반짝이는 아름다운 아이들이 쓸려가며 어느새 그 빛을 잃고 물 아래로 잠기는 것을 무기력하게 바라볼 수밖에 없었다. 그리고 나는 어느새 그러한 무기력함에도 점점 무감각해졌다.

트라우마의 발견

그러나 사회는 달라졌다. **트라우마**가 많은 이들에게 익숙한 용어가 되었고, 연일 여러 매체에서 이를 다루었으며, 어린 아이들도 트라우마에 대해 많은 것을 알게 되었다. 이러한 변화의 순기능은 매우 놀라워서, 과거라면 트라우마 증상을 놓쳐서 병을 키웠을 많은 분들이 상담기관과 병원을 찾기 시작했다.

다만 이의 반작용도 적지는 않았는데, 정신적 피해의 범위와 실상이 바로 겉으로 드러나는 것이 아니다 보니 트라우마의 범주가 명확하지 않아서 생기는 문제들이 현장에 쌓이기 시작했다. 유치원 아이들 사이에서 옷이 들춰진 상황을 성폭력으로 해석할 것인가 아닌가에 대해 지난한 토론과 다툼이 이어지고, 과거에는 정당화되었을 정도인 선생님이나 부모의 훈육도 하루아침에 아동학대 사건이 되었다. 우리 사회는 느리지만 나름의 속도로 분명히 발전해나가고 있었다. 하지만 맥락과 배경을 꼼꼼히 따지지 않으면 판단하기 어려운 민감한 일이 많아지면서 센터에서 느끼는 피로감도 점점 커졌다.

그러던 어느 날이었다. 10대 아이들 간의 성폭력 사건이 접수되었다. 물론 이 역시 그 시점에서는 매우 흔한 사건이었다. 센터의 연식만큼이나 경험이 쌓인 직원들이 능숙하게 사건을 확인하고 사례회의를 거쳐 평가와 치료 일정을 잡았다. 그렇게 피해 아이들은 빠르게 안정을 찾았다. 문제는 그 뒤였다. 가해자로 지목된 아이의 담임 선생님이 센터에 계속 연락해왔다. 해바라기센터는 피해자 지원 센터이다. 따라서 미성년자라 하더라도 가해자를 피해자와 같은 장소에서 평가하고 치료할 수 없기 때문에 통상적으로는 사안에 따라 이들을 성폭력 예방 교육기관이나 지역 내 아동청소년 상담기관, 연계 병원으로 안내한다. 그 기준대로 센터에서 선생님에게 안내를 했음에도 그 선생님은 이를 받아들이지 않고 꼭 나와 직접 면담을 하겠다고 연락했다는 것이다. 가해자의 담임 선생님과 면담이라니. 다른 사례들처럼 가해자의 부모가 억울하다며 선처를 원해 연락하는 것이라면 기준대로 외부 기관으로 연결했을 텐데. 전례가 없는 일이지만, 그만큼 학교 선생님이 이렇게 반복적으로 요청하시는 것은 무언가 이유가 있을 것이라는 생각이 들었다.

가해자인 아이는 중 1이었다. 담임 선생님의 말에 따르면, 해당 아이는 1학기 때에는 같은 반 아이들과 잘 어울리지 못하고 학습을 잘 따라오지 못했지만, 큰 문제없이 조용히 지냈다. 그리고 같은 반에 자신보다 더 인지 기능이 떨어지는 아이가 있다는 것을 알면서 그 아이와 가까이 지내기 시작했다고 한다. 처음에는 학교생활이 쉽지 않은 아이들이 그래도 서로 의지하며 지내는 것 같아 다행이라고만 생각했는데 문제는 여름방학이 가까워질 무렵 시작되었다. 어느새 학교 공부나 다른 또래와 어울리기 어려워하는 다른 반 아이들이 모이며 점점 어울리는 무리가 커졌고, 중학교 1학년인 가해 학생은 다른 아이들에게 용돈과 선물 같은, 어른들과의 비밀스러운 데이트의 장점을 알려주면서 아이들과 성인 구매자의 만남을 주선했다. 가해 학생은 성인들로부터 일정 금액을 받고 아이들을 만나게 하고, 해당 아이들은 성인들이 낸 금액의 일부와 식사, 선물들을 받으며 성적인 만남을 가졌다. 일부는 추행의 수준이었고 일부는 성관계로 이어졌지만, 인지 기능이 떨어지는 아이들은 가해 학생과 성인들이 한 거짓말, "더 하면 할수록 용돈이 많아지는 좋은 시간" "사귀는 사이에 당연히 하는 멋진 비밀 놀이"라는 감언이설에 감쪽같이 속아 넘어갔다. 한 아이가 임신을 하면서 그 비밀이 밝혀지기 전까지.

선생님은 가해자로 지목된 아이의 과거력을 자세히 알지 못했다. 하지만 자신이 알기로는 아이가 과거에 성폭력 피해 경험이 있으며, 이번 일도 피해 아이들의 가족이 주장하는 것처럼 "아직 머리에 피도 안 마른 아이가 돈 욕심에 포주 노릇을 한" 것이라기보다, 자신과 친구들이 쉽게 돈을 벌 수 있는 방법으로 여기고 앞으로 발생 가능한 문제에 대해 숙고할 인지 기능이 결핍된 결과라고 생각하고 계셨다. 따라서 담임 선생님은 이 아이를 단순히 '가해자'로 분류할 것이 아니라, 성적 개념과 의식이 결핍된 상태로 해석하고 이에 대한 교육과 계도가 필요하다고 생각하여 센터에서 도움을 받을 수 있을지 호소하기 위해 우리를 찾아온 것이었다.

솔직히 선생님을 직접 만나기 전에는 골치 아픈 학생을 관리하기가 힘들어 센터에 떠맡기려는 의도가 있는 것이 아닌가 하는 일말의 의심이 들었던 것이 사실이다. 그때의 나는 불편한 의심이 드는 사례들을 다루느라 그만큼 진이 빠져 있었고, 모든 사건을 곧이곧대로 받아들이지 못하고 여러 차례 점검하고 재확인하는 직업병이 생긴 상태였다. 하지만 선생님을 만나고 이야기를 들으며 느낀 것은, 해당 학생을 돕고자 하는 진심으로 센터의 문을 두드렸다는 것이다. 마지막에 선생님은 거의 울컥하는 표정으로 말을 잇기 어려워했다.

"모두가 얘를 손가락질해요. 물론 아이가 한 행동은 명백한 잘못이지요. 하지만 잘은 모르지만 이 아이는 불과 이 나이에, 이러한 끔찍한 일이 문제라고 느끼지 못할 정도로 상처가 남은 경험을 많이 했고, 그에 대해 일반적인 교육이나 훈육이 어려울 정도로 인지 기능도 떨어집니다. **이렇게 아픈 아이를 모두가 나쁜 아이로 몰아서** 아무도 돕지 않는 것을 차마 지켜볼 수가 없어요."

선생님은 아이의 모든 학교 기록을 갖고 계셨다. 부모가 아이를 도저히 감당할 수가 없다며 학교와 주변의 연락을 안 받고 있고, 그런 탓에 사건 처리를 할 수가 없어 선생님이 부모의 위임장을 받아서 대신 챙겨 다니고 있다는 서류였다. 거기에서 아이가 몇 년 전

개명을 한 기록을 확인할 수 있었다. 개명 전 이름을 보는 순간 나는 당황했다. 가해 학생은 바로 4년 전 피해 아동으로 왔던, 그리고 연락이 끊겼던 A였다.

피해자에서 가해자로

4년간 A는 더 이상 '어린이'라고 부를 수 없게 성장했다. 어색하지만 화장도 매우 진하게 하고 있어 성만 같을 뿐 모든 게 달라진 이 학생을 쉽게 알아볼 수 없었다. 나중에 알고 보니, 4년 전 피해 사건이 하도 주변 사람들의 입에 오르내리자 누가 이름을 바꾸라는 조언을 해서 이름을 바꾸었는데, 오히려 A는 그 후로 스마트폰 앱으로 남자들을 만나는 방법을 알게 되면서 더 가족의 손에서 멀어졌다고 한다. 초반에는 엄마가 아이를 혼도 내고 심지어 때리고 집에 가두기까지 해봤지만 아이는 항상 어떻게든 집을 나갔다. 맛있는 것을 사주고 예쁘다고 말해주는 어른들을 만나는 경험은 아이에게 신세계를 보여주었으니, 언제나 지치고 귀찮은 일만 시키는 것 같은 엄마의 말을 전혀 안 들을 수밖에 없었다. 어느새 지친 어머니는 아이를 바로잡기를 포기했다. 그리고 씀씀이가 커진 아이가 집에 가져오는 간식이나 비싼 선물들의 출처를 묻지 않게 되었다. 아이가 피자나 치킨을 사 오는 날은 가족이 유일하게 맛있는 음식을 먹을 수 있는 시간이었다. 아이는 자기와 친한 친구들에게 이러한 경험을 연결해주고 자신은 돈을 더 번다는 자신만의 '대박 장사 아이디어'에 차차 빠져들었고 A와 어울리던 아이들도 A처럼 맛있는 것을 자주 먹고 선물을 받는 '아르바이트'가 재밌겠다는 생각에 하나 둘 동조하는 형태가 된 것으로 추정되었다.

피가해자의 경계가 흐려지는 이런 기막힌 사례가 A만일까? 아니다. 불행히도 학회에서 이 주제로 종일 강의할 수도 있을 만큼 사례는 충분하다. 가정폭력, 아동학대, 학교폭력 피해자에 대해 우리가 흔히 떠올리는 이미지는 실제로 현장에서 찾아보기 어렵다. 어린 시절 호되게 맞고 큰 한 아이는 덩치가 커지자마자 엄마에게 물건을 던지거나 심지어 칼을 들고 덤비다가 이웃의 신고를 받은 뒤 울부짖었다. "왜 내가 그렇게 작을 때, 그렇게 억울하게 일방적으로 맞아서 숨 쉬기도 어려웠을 때, 왜! 왜 그때는 아무도 엄마의 손을 막아주지 않았어요? 왜 맞고 있는 내가 도망갈 틈도 주지 않았어요? 왜 맞다 맞다 이제야 내가 큰 소리를 냈다고, 왜 모두들 나만 패륜아 취급을 해요? 왜 세상이 나에게만 이렇게 가혹하냐고요!"

트라우마와 어긋난 정체성

A, 그리고 자신의 엄마에게 폭력을 휘두른 아들(이 아이는 B라고 부르자)에게는 분명 치유되지 못한 트라우마가 있다. 전문가가 아니더라도 이들이 차마 상상하기 어려운 이상행동을 보인 것은 과거 트라우마의 영향 때문이라는 것을 알 수 있을 것이다. 하지만 사건

당시 A의 변화는 가족뿐 아니라 주변 어느 누구도 알아차리기 어려울 만큼 미묘했고, 항상 혼자 지내던 아이의 특성상 겉으로 드러나기 어려웠다. 집에서는 사소한 일로도 무자비하게 맞았던 B는 겉으로 보기에는 오히려 모범생에 가까웠다. 조금이라도 실수하면, 성적이 떨어지면 가혹한 매가 쏟아지니 B는 집에서도 밖에서도 매우 조심스럽게 행동했다.

하지만 겉으로 보이지 않던 트라우마의 상흔은 아이들의 몸과 마음, 즉 뇌를 갉아먹는다. 장기간 시달린 트라우마는 성인뿐 아니라 아이들의 뇌, 특히 인지 기능과 감정 관리 기능, 그리고 아주 기본적인 생리적인 조절 과정에 큰 영향을 미친다.

처음 피해 당시 A가 학교와 주변 지역사회로부터 보호받지 못했던 원인 중에 하나는 취약한 가정 환경만이 아니었다. 방임에 가까운 결핍된 환경에서 성장한 A의 경우, 아이가 겪었던 어린 시절 치유되지 못한 트라우마(성폭력 피해)는 그의 취약한 인지 기능을 더 떨어뜨렸다. 장기간의 폭력에 노출된 많은 아이들이 폭력의 영향에 따른 뇌 기능 이상으로 인지 기능의 저하와 함께 감정 조절 기능의 문제를 겪는다. 그리고 무엇을 타인과 공유해도 안전한지, 안전하지 않은지를 판단하는 데도 어려움을 겪는다. 결국 A는 사건이 밝혀진 이후 주변 누구에게나, 그 이야기를 들을 준비가 되지 않은 사람들, 그리고 자신에게 우호적이지 않은 사람들에게까지 피해 사실을 쉽게, 자주 이야기하고 다녔다. 관계와 상황에 따라 해도 되는 이야기와 아닌 이야기를 구분하기 어려운 인지 기능의 한계, 그리고 이러한 '특별한' 이야기가 남들이 자신을 더 잘 보살펴주게 만들 것이라는 아이 나름의 왜곡된 생각, 이를 바로잡아주고 도움을 줄 주변 자원의 결핍 그 모두가 모여 A는 수업 시간에든, 처음 보는 사람에게든, 그리고 심지어는 불특정 다수가 보는 인터넷상에도 자기 이야기를 노출했다. 주변 사람들은 '피해자처럼' 보이지 않는 A, 그리고 이해해주기에는 학교 안팎에서 너무도 많은 문제 행동을 보이는 A에게 점점 지치기 시작했다. 그리고 A가 온라인에 밝힌 이야기들은 가해 성향이 있는 이들, 소아성애자들에게 너무도 위험한 노출이 되었다.

이렇게 치유되지 못한 트라우마가 노출되어 **재트라우마화**되거나 일상생활에 문제를 일으키기도 하지만, A가 했던 피상적인 생각인 '피해가 알려지면 사람들이 나에게 잘해준다, 귀찮고 힘든 것을 안 해도 된다' 같은 과도하게 단순화된 가정은 사실 A뿐 아니라 많은 트라우마 피해자가 피해의 후유증으로 갖게 되는 왜곡된 생각 중 하나이다. 그런데 더 심각한 문제는, A의 상황에서 알 수 있듯이 이런 왜곡된 생각이 또 다른 폭력에 좀 더 취약해지게 하는 위험 요소가 된다는 것이다.

빅 트라우마와 스몰 트라우마

트라우마의 정의가 물론 생명의 위협을 조건으로 하는 사건, 즉 '빅 트라우마'만을 의미하는 것은 아니다. 전 세계 정신건강의학과 의사들이 쓰는 DSM의 PTSD 진단 기준에서는 이러한 빅 트라우마를 진단의 조건으로 보지만, 많은 트라우마 전문가들은 '**스몰 트라우마**', 즉 당장 생명을 위협할 수준은 아니지만 뇌의 비상 알람을 울리게 할 정도의 타인의 행동(정서적 방임, 무시, 따돌림, 갑질 등)이 반복되는 환경 역시 트라우마 관련 질환과 반응을 일으킬 수 있다고 본다. 하지만 그렇다고 해서 의사가 일상에서 마주할 수 있는 모든 갈등 상황을 트라우마로 진단하지는 않는다. 그럼에도 많은 사람들이 누구에게나 발생할 수 있는 형제나 또래들 사이의 다툼, 가족 내 갈등이나 일상에서의 스트레스 상황마저 '트라우마'라고 말한다. 그리고 심지어 자신이 그 트라우마로 인해 피해를 봤다며 병원을 찾기도 한다.

친구와 놀다가 부딪혀서 다친 것이 아무래도 악의적으로 일어난 일 같다며 학교 폭력으로 같은 반 학생을 신고한 아이와 부모를 만난 적이 있다. 따로 면담할 때, 무슨 큰 비밀인양 사실은 그 친구랑 다시 놀고 싶은데 그런 말을 하면 엄마 아빠에게 혼날 거 같다고 소곤소곤 말하던 아이의 표정이 지금까지 안쓰럽게 마음에 남아 있다. 또 어느 날은 학교에서 일상적인 의견 차이로 말싸움을 시작했다가 상대방이 욕설을 했다는 이유로 진단서를 떼겠다는 아이와 부모를 만났다. 듣다 보니 오전에 같은 내용으로 왔던 다른 환아와 싸운 상대방이었다(오전의 아이는 오히려 상대 아이가 욕만 쓰지 않았을 뿐 자신의 부모와 가족에 대해서 깎아내리는 패륜적인 말을 했다며 부들거렸다). 두 아이와 부모들이 병원에서 마주쳐 또 다른 싸움이 일어날까 봐 병원 직원들과 007 첩보 작전처럼 먼저 왔던 아이의 검사 시간을 급하게 변경하느라 작은 소란이 일기도 했다. 상사가 하기 싫은 업무를 자신에게 배정한 것이 '갑질'이라며 진단서를 요구하는 경우도 심심치 않다. 안타까운 것은 이들이 차라리 '트라우마 피해자'라는 이름을 악용하는 수준이라면 좋겠건만, 많은 수는 스스로 자신의 정체성을 트라우마 피해자로 규정하고 이 규정 속에서 제한되고 뒤틀린 삶을 이어간다. 살면서 느끼는 모든 고통이 이들에게는 '트라우마 피해' 때문이라고 받아들여진다. 스스로 둘러친 철창이 만들어내는 불편함보다 이 철창이 주는 확고한 정체성이 오히려 더 낫다는 무의식적인 판단 때문인 듯하다.

명백한 폭력을 입고도 "사실 가해자가 나쁜 사람이 아니다, 평소에는 좋은 사람이다, 내가 빌미를 주긴 했다, 내 잘못이다"라는 말을 만트라처럼 되뇌며 폭력 피해를 당했다는 사실을 부정하는 피해자들과, 실제적으로 검증하면 사실이 아닐 가능성이 높은, 트라우마라는 덫이 자신을 옭아매고 있다고 주장하며 삶을 스스로 제한하고 재단하는 사람들을 동시에 만나는 날이면, 이른바 '트라우마 전문가'로 20여 년 일해온 나 역시 세상의 기준 속에서 중심을 잡기 어렵다는 느낌을 받는다. 그리고 이 둘은 전문가들의 평가를 절대 믿지 않는다. 자신은 절대적으로 피해자(가 아니)라고 단정한다. 왜냐하면 자신은 이렇게 고통스럽(지 않)기 때문에.

혹자는 말한다. 어차피 정신질환이라는 것이 '기능'의 이상과 스펙트럼의 문제인데, 법적인 문제만 아니라면 당사자가 자신이 피해자라고 주장하든 피해자가 아니라고 주장하든 무엇이 문제냐고. 그냥 자신의 생각대로 살게 두는 것이 자연스럽지 않냐고.

물론 그렇게 생각할 수도 있다. 하지만 수많은 범죄와 피해자, 가해자 및 그 주변 사람을 마주한 경험을 돌이켜볼 때 나는 단호히 그렇지 않다고 대답할 수 있다. 다루어지지 않고 감춰진 트라우마와 왜곡되어 인식되는 트라우마의 경계, 그 둘 모두 명백히 더 큰 폭력과 범죄로 이어질 수 있기 때문이다.

폭력의 씨앗

진단에 '공정함'을 내세우지만, 개인의 경험에서는 사실 자신의 고통이 당연히 가장 크게 느껴진다. 그런 의미에서 '트라우마'의 의학적 정의와 별개로 '내가 겪은 것이 트라우마(가 아니)다'라고 주장하는 이들의 마음도 일견 이해가 간다. 하지만 뇌과학의 관점에서는 트라우마 여부를 귀에 걸면 귀걸이, 코에 걸면 코걸이 식으로 해석하면 매우 위험하다. 인간이 가진 자연 회복력을 넘어설 만큼의

219

강력하거나 장기적인 폭력으로 인해 뇌 기능이 손상되는 것이 트라우마 관련 질환의 결과인데, 그저 내가 받은 상처가 내 생각엔 매우 심각하니 이건 트라우마다, 또는 남들이 아무리 심각하다고 해도 나는 아무렇지 않은 것 같으니 트라우마가 아니다, 라고 주장할 수 없는 것이다. 그런데 모두가 자신이 느끼는 아픔의 정도를 너도 느껴라, 왜 내가 이만큼 아픈데 그만하라고 하냐, 내가 아프니 너는 더 아파야 한다는 '눈에는 눈, 이에는 이'의 잣대를 들이대니, 진정 우리 사회가 과거보다 조금 더 밝은 방향으로 나아가고 있는가 하는 의문이 커진다.

사회가 양극화되고 있다고들 말한다. 트라우마 관련 질환을 다루는 의료인의 시선에서는, 트라우마를 대하는 사람들의 인식 역시 상당히 양극화되고 있다고 느낀다. '괜히 긁어 부스럼 만들지 말고 그냥 묻어두자'는 식의 트라우마 축소 현상이야 언제나 있어왔던 것이지만, 최근 들어 과도하게 트라우마의 해석 범위를 넓혀 자신을 트라우마 피해자라는 틀에 가두고, 상대를 가해자로 비난하는 극단적인 현상이 늘고 있다. 이러한 현상은 국가와 문화권에 무관하게 마치 전염병처럼 전 세계로 번지고 있다. 모호하고 자의적으로 해석한 '트라우마 피해자'를 자신의 정체성으로 규정하는 경향이 이렇게 빠른 속도로 전 세계에 퍼져나가게 된 이유 중 하나는 소셜 미디어 때문으로 보인다. 온라인 매체의 특성상 평범한 것들이 시선을 끌지 못하니, 일반적인 범위를 벗어나는 막강한 부귀영화 또는 최악의 고통에 시달리는 아픔들이 노출될 가능성이 높다. 그러한 점에서 전 세계에서 소셜 미디어의 발달과 향유가 최상위권에 속하는 우리나라는 더욱 그 위험 지대에 있다고 볼 수 있다. 소아정신과 의사의 시선에서는 뇌 발달이 아직 완성되지 않은, 따라서 그러한 위험에 더욱 취약한 계층인 아동청소년들이 필터 없이, 어른들의 모니터링 없이, 그리고 전 세계적으로 가장 많은 시간을 (위험한 의도를 가진 어른들이 때로는 조직적으로 쳐놓은 함정과 덫인) 유해 콘텐츠를 포함하는 다양한 미디어 매체의 폭격을 받고 있다는 점이 더욱 우려된다.

우리는 이렇게 인류 역사상 최초로, 유례없이 엄청나게 많은 양의 강력한 자극을 받고 있지만 문제는 그것을 받아들이는 우리의 뇌가 원시시대 선조의 그것과 크게 달라지지 않았다는 점이다. 복원된 호모 사피엔스들의 얼굴은 지금의 우리와는 달라 보일 수 있지만 뇌의 차이는 크지 않다(물론 복원된 얼굴과 크게 달라 보이지 않는다고 느낄 수도 있지만 그것은 또 다른 이야기일 것이다). 이렇게 과도한 자극을 아직 발달 중인 미숙한 뇌가 받아들이며 혹사되는 것은 다방면에서 심각한 문제를 일으킬 수 있다. 그중 가장 사회적으로 크게 영향을 미치는 영역이 바로 '범죄'이다.

A가 피해 부모들의 표현에 의하면 '디지털 포주'의 노릇을 할 수 있었던 것도, 애초에 A가 그런 가해자들과 소통이 가능하고 그것이 돈벌이가 될 수 있다는 왜곡된 인식을 하게 된 것도 모두 아이의 작은 손에 들린 '스마트폰' 속 디지털의 힘이었다. 방대한 디지털

세계 속, 가해자들이 허술하게나마 쳐놓은 범죄망 속에서 우리 아이들은 성폭력과 경제적 착취, 마약과 도박 같은 유해 콘텐츠에 노출되고, 또 그렇게 트라우마에 더 쉽게 노출되고 있다. 진료실에서 만나는 여러 정신 병리의 양상과 함께 강력범죄의 피해자들을 만나온 전문의의 입장에서 볼 때, 범죄는 바로 **우리 사회의 현실이 반영되어 우리의 뇌가 만들어내는, 다양한 상호작용의 결과이다.**

디지털 성폭력, 그리고 점점 더 어려지는 성폭력 피가해자들

2009년에 센터를 처음 맡았을 때만 해도 초등학생 피해자는 성추행, 또는 그루밍 성폭력으로 강간 초기 단계에 놓인 경우가 많았고, 성기 삽입과 폭력이 동반되는 강간 사건은 대부분 그보다 좀 더 나이가 든 10대 이상이 피해자였다. 하지만 코로나 시기를 지나오며 범죄의 '트렌드'가 완전히 바뀌었다. 앞서 잠시 언급했지만 강간의 피해자, 가해자도 초등생인 경우가 적지 않다. 가해를 한 아이들은 온라인에서 강간 방법을 배워서 실습을 하듯이 또래에게 가해를 했고, 피해를 입은 아이들도 온라인 광고나 어플을 보고 호기심에 연락했다가 낯선 이들에게 범죄 피해를 입기 시작했다.

'문명' 사회를 살아가는 원시의 뇌

우리 인간 사회는 '문명화'되었다고들 한다. 하지만 앞서 언급했듯이 우리의 뇌는 아직 선조들로부터 물려받은 원시적인 뇌를 그대로 갖고 있다. 사람 셋이 모이면 호랑이도 만들어낸다는 속담(삼인성호三人成虎)처럼 여럿이 하는 말에 속아 넘어가기 쉬운 군중 심리를 갖고 있다. 인간의 이러한 약점은 많은 문제를 만들어왔지만, 사실 인간이 상대적으로 취약한 체격으로도 원시시대부터 생존해온 것은 생각과 토론이 가능한, 계획을 세울 수 있고 이를 가르칠 수 있는 전전두엽 기능이 강화된 뇌를 갖고 있는 덕분이다. 우리는 이를 토대로 '집단생활'을 하여 개체의 약점을 한 무리로서 대응하여 보완해왔다. 그렇기에 인간은 (질병이나 특정한 상황에 의한 요인이 아니라면) 누구나 자기 나름대로 궁리하여 더 강한 집단 또는 더 뭉치기 쉬운 집단에 속하고자 하는 욕구가 있다. 그 무리 습성에는 당연히 따라오는 본능이 있다. 자신의 계급을 확인하고, 더 강한 무리에게 핍박받지 않기 위해 노력하고, 자신보다 약한 무리는 쉽게 보는 경향이 바로 그것이다. 이러한 경향이 여러 상황과 기질과 맞물리면 손쉽게 범죄화될 수 있다. 이것이 예전에는 조폭과 같이 가시적으로 폭력을 사용하는 계급 사회의 모습으로 드러났다면, 요즘은 범죄가 좀 더 교묘해지고 있다. 눈에 걸리면 귀찮아진다는 것을 모두가 알게 된 법치 사회에서, 범죄자들의 횡포는 점점 더 눈에 보이지 않고 법망을 피해가는 형태로 변질되었다.

앞서 예로 들었던, 아동학대를 겪고 성장한 이후 엄마에게 가정폭력을 휘두른 아이 B의 경우, 자신보다 강력한 힘과 권위를 지닌 아버지나 남자 어른들, 그리고 체급이 비슷한 학교 동기들에게는 여전히 온순한 태도를 보였다. 그의 억눌려온 분노, 즉 장기간의 폭력으로 눌려온 뇌에서 뜨거운 김이 빠져나오듯 분출된 공격성은 오직 자신이 힘으로 찍어 누를 수 있는, 체급 차이가 확인된 엄마에게만 나타난 것이 아니었다. B는 자신보다 인지 기능이 떨어지고 가족이나 친구들의 보호를 더 못 받는 아이들을 대상으로도 폭력을 일삼았다.

트라우마와 폭력의 대물림

A의 선생님은 대체 A의 어머니가 어떻게 아이를 그렇게 방임할 수 있는지 모르겠다고 했다. 학교 구성원 모두가 아이를 위해 이렇게 노력하는데, 엄마가 전화조차 안 받아서 다 될 뻔한 지원이 무산되기도 하고, 애써서 아이가 성취한 부분을 칭찬해주면 A가 주말 동안 가족들과 지낸 뒤 더 상태가 나빠져서 온다며 화를 내시기도 했다. 몇 년 전 센터에서도 아이 엄마를 보지 않았냐, 그 엄마는 대체 뭐가 문제냐, 그건 못 고치냐며 묻는 선생님의 하소연에 당시 내가 차마 답할 수 없었던 이야기가 있다.

첫 사건 당시, 초기에 A의 엄마가 그래도 띄엄띄엄 센터나 병원 진료에 오거나 전화라도 받던 시기였다. 그날은 치료에 오지 않은 아이가 간 곳을 찾아 아이 엄마와 이것저것 확인 중이었는데, 대화 중 엄마가 불쑥 말을 덧붙였다.

"나는 쟤 나이 때, 같이 지내던 사촌 오빠랑 삼촌이 밤마다 손을 댔어요. 나야 시대도 다르고… 힘이 없고 치욕스러워도 살기 위해서 견뎠지만, 쟤는 돈이나 선물을 받자고 저러고 돌아다니니… 세상에, 창피한 줄도 모르고… 나는 쟤보다 더 못 먹고 구박만 받아서 몸도 작았고 아무도 도와주지 않았는데…. 쟤는 선생님이랑 센터가 이렇게 다 나서서 도와주는데도 도대체 왜 말을 안 듣는지 모르겠어요. 이번 일 알고 나니까 사실 애가 더 보기 싫고 밉습니다. 애 엄마가 이렇게 말한다고 이상하게 보실지 모르지만 할 말은 해야겠어요. 아니 성폭력 피해자면 피해자답게 굴어야지, 쟤는 정말 아니라고요."

A의 엄마만이 아니다. 아들에게 아동학대로 신고당한 C군의 아버지는 무표정한 얼굴로 말했다. 우리 집안은 원래 애들이 잘못하면 때린다. 나는 어릴 때 맞다가 팔이 부러진 적도 있다. 한겨울에 혼나다가 물벼락을 맞은 채로 쫓겨나서 동상으로 발가락도 두 개 없다. 근데 C는 아비인 자신에 비하면 복에 겨운 생활을 하고 있는데 그깟 혁대로 몇 대 맞았다고 쪼르르 신고하는 꼴이 우습단다. 이 A와 C의 부모는 속칭 사이코패스인 것일까? 남도 아닌 자식 일에 이들은 어떻게 이렇게 반응할 수 있는 것일까?

트라우마와 뇌의 변성

물론 많은 학대와 폭력 피해 부모가 그 피해를 자녀에게 대물림하지 않으려 많은 노력을 기울이고, 그 과정에서 더 깊은 영적인 성장과 성숙을 이루어낸다. A와 C의 부모처럼 반응하는 사례는 임상에서도 일부에 해당한다.

하지만 상상할 수 없는 폭력의 트라우마를 견뎌야 했던 뇌에는 우리 뇌가 원하든 원하지 않든 변화가 일어난다. 기질적으로 선천적으로 뇌가 취약했거나 처한 상황이 더 열악하다면 변화는 더할 것이다. 뇌는 생존에 꼭 필요한 부분 외의 뇌 영역을 '절전 기능'으로 운영하고, 그러면서 위험을 감지해야 할, 불안과 공격 반응을 다루는 영역은 비대해진다. 바로 옆에 있는 기억력을 담당하는 해마 부위는 찌그러지듯 점점 줄어든다. 그 결과 전반적으로 기억력과, 구체적인 생각을 정리하는 능력이 떨어지지만, 단편적인 트라우마 기억은 조각조각, 동시에 지나치게 생생하게 뇌리에 박힌다. 트라우마가 심각할수록, 장기간 지속되었을수록, 그리고 주변의 도움과 지지가 없었을수록 이 **뇌의 변성**은 심각해진다.

그래서 부모가 된 피해자 중 일부는 자녀가 자신과 비슷한 피해를 입었는데도 경험이 없는 남보다도 자녀의 일에 공감하기 어려워하기도 하고, 애초에 아이들이 그러한 위험에 노출되는 것을 예리하게 감지하거나 주의 깊게 살피지 못하기도 한다. 그렇게 알코올 중독에 빠진 어머니를 지긋지긋해하던 아이들이 커서 중독에 빠지고, 아버지에게 맞는 어머니를 안타까워하던 아이들이 또래와 작은 갈등이라도 일어나면 바로 주먹을 드는 역설적인 비극이 일어나기도 한다.

참으로 억울한 일이다. 트라우마를 입은 것도 억울해 죽겠는데 그 피해로 트라우마에 대한 민감성이 왜곡되어 또 다른 피해를 입거나 가해자 역할을 맡게 된다. 안타깝지만 우리의 뇌는 생존을 위해 변성되며, 피해자를 적극적이고 끈질기게 돕지 않으면 뇌의 변성은 한 사람의 인생만이 아니라 그 가족, 그 지역사회, 그리고 더 나아가 세대를 이어 악영향을 퍼뜨린다. 그리고 어느 순간 트라우마 피해자 자신도 모르게 말하게 된다.

"이건 때린 것도 아니에요. 그리고 쟤가 빌미를 제공했다고요. 쟤가 괜히 절 건드리지만 않았으면 아무 일 없었어요."

트라우마 너머로 나아갈 수 있을까

A는 당시 학교에 도입되기 시작한 의료비 지원과, 학교와 상의해 A가 졸업할 때까지 담임을 맡아 교내에서 책임지고 약을 챙겨주신 담임 선생님 덕분에 꾸준히 치료를 받으며 충동성이 한결 호전되었다. 어릴 때 경계선 수준이었던 아이의 인지 기능은 돌봄 없이 방치되며 더 악화된 데다가 몇 년간 학습 공백이 누적된 상태였기 때문에 치료와 선생님의 도움만으로는 한계가 있었다. 그렇지만 담임 선생님은 끝까지 포기하지 않았다. 다른 학부모들의 원성(A 때문에 학습 분위기가 흐려진다, 한 명의 문제아만 챙기고 다른 아이들을 방임하는 것 같다 등)에도 불구하고, (물론 도저히 감당하기 어려운 A의 행동에 대해 종종 긴 하소연으로 이어지기도 했지만) 번아웃 상태에서 치료에 믿음을 잃어가던 내가 다시금 힘을 낼 만큼 담임 선생님은 진지하

고도 꾸준히 아이를 돌보았다. 나는 10여 년 이상의 부정적 경험으로 결핍되어 취약한 상태의 아이가 한두 학기 사이 크게 변하긴 어렵다고 섣불리 예상했지만 결과는 달랐다.

A는 좋은 성적은 아니었지만 무사히 중학교를 졸업했고, 꾸미는 것을 좋아하고 손재주가 좋다는 장점을 살려 미용사 자격증을 따겠다는 꿈을 가졌다. 물론 A의 주변에는 여전히 저의가 의심(?)스러운, A보다 나이가 많은 남자들이 등장했다가 사라지곤 했다. 하지만 A는 선생님과 센터에서의 끈질긴 반복 교육 덕에 적어도 성병 예방과 피임의 중요성에 대해서는 인지할 수 있게 되었다. 어플로 남자들을 소개시켜주는 것이 법적인 문제가 되어 굉장히 골치 아팠던 경험 덕분(?)에, 그것이 왜 금지되는 일인지는 여전히 정확히 이해하지 못하지만 주변의 다른 아이들을 끌어들이는 행동은 하지 않게 되었다. A가 졸업하며 나와 훌륭한 선생님과의 인연은 끝이 났다. 그리고 우리는 누가 먼저라고 할 것 없이 얘기했다. "그간 너무 감사했어요. 그리고 이런 일로는 우리 다시는 만나지 말아요." 그리고 우리는 어색하게, 하지만 곧이어 서로의 의도를 의심했던 첫 만남 이후 처음으로 거의 눈물이 나올 만큼 웃었다.

단 한 사람의 존재

하와이는 지금이야 아름다운 풍광과 풍요로운 자연을 즐길 수 있는 곳, '신들의 정원'으로도 불리지만, 1959년 미국의 50번째 주가 되기 전까지는 외세의 침략과 문명의 부재로 질병과 만성적인 가난, 만연한 범죄로 인해 매우 살기 어려운 지역에 속했다. 특히나 하와이에서도 카우아이섬은 다른 곳으로 이주하기 어려운 환경과 상황으로 인해 천연의 코호트• 연구 지역이나 다름없었다. 미국 학자들은 이 지역에서 1955년에 태어난 신생아들을 대상으로 종단 연구(어느 한 시점이 아니라 시간에 따라 연구가 지속되는 형태의 연구)를 시작했다. 연구진은 아이들이 30세가 될 때까지 아이들의 발달과 환경의 영향을 추적관찰했는데, 이 중 빈곤과 가정 파탄, 부모의 정신질환 등 아이의 환경이 취약한 정도에 따라 심리적인 고위험군에 속하는 아이들을 분류하였다.

많은 사람이 흔히 어릴 때 상처가 많으면 성장해서도 문제가 많을 것이라고 추정하는데, 연구 결과는 그런 편견이 상당히 틀리다는 것을 밝혀냈다. 열악한 환경에서 자란 아이들 중 3명 중 1명은 열악하지 않은 환경에서 자란 아이들과 비교하여 별다른 차이 없이 잘 성장했다. 매우 뛰어난 성취와 성공을 거둔 아이들도 예상보다 많았다. 이렇게 예상을 벗어난 아이들에 대해 추가로 조사한 결과, 아이들의 성공은 아이들이 갖고 있는 특성인 **회복력**resilience 덕분이며, 여기에는 그 성장 과정에서 아이를 믿어주고 지지해준 사람이

• 코호트(Cohort): 특정 시점에 태어나거나 특정 사건을 경험하는 등 동일한 사회적 상황에 노출된 특정 집단을 뜻한다. 코호트 연구는 특정한 기준에 따라 분류된 집단을 기준으로, 이 집단이 시간이 지남에 따라 어떻게 변화하는지 추적관찰하여 분석한다.

한 명이라도 있었다는 중요한 차이점이 있었다. 즉, 환경이 아무리 결핍되고, 부모가 질병이나 폭력 등으로 아이를 잘 보살피지 못해도, 조부모나 친척, 이웃 등 **아이를 아끼며 가까이서 지지해준 사람이 한 명이라도 있다면, 성장기 동안의 결핍은 성인이 된 후 그 부정적인 영향력을 거의 잃게 된다는 결과였다.**

섬 아이들은 대조군도 서구 사회와 다른 환경이었으니 그 결과를 현재의 우리에게 적용하기에는 무리라는 생각이 드는가? 여기 또 다른 연구가 있다. 성인 코호트 종단 연구로 가장 유명한, 하버드 그랜트 연구Harvard Grant Study이다. 하버드 대학 학부생 수백 명을 70여 년간 추적관찰한 연구로, 세 번째 연구 책임자였던 정신건강의학과 교수 조지 베일런트의 책『행복의 조건』으로도 잘 알려져 있다. 수십 년에 걸친 연구를 여기서 다 살펴보긴 어렵겠지만, 우리의 주제와 관련된 부분만 뽑아 이야기하자면 아동기 결핍의 후유증은 성장기 동안의 유의미한 인간관계를 통해 회복이 가능하며, 성인이 된 뒤에도 이 따뜻한 누군가의 중요성은 절대 줄어들지 않는다는 것이다. 아무리 사회적으로 성공하고 성취를 이뤄낸 사람도 배우자를 포함하여 좋은 인간관계를 잃는 것은 건강과 행복에 치명적인 타격이 된다. 그런데 내게는 이 연구 결과 중 일부가 더 눈에 들어왔다. 부정적인 아동기의 경험이 미치는 악영향보다 **긍정적이고 행복한 어린 시절의 경험이 미치는 선한 영향 역시 매우 강력하다는 것이다.**

A가 무사히 학교를 졸업한 것은 누가 뭐라 해도 A를 포기하지 않고 그 곁을 지켜주었던 담임 선생님 덕분이었다. 위기의 시대, 할리우드 대작 영화에서처럼 우리를 구원할 절대적인 힘을 지닌 히어로를 현실에서 마주할 가능성은 거의 없지만, 그리고 하루하루 나 스스로 중심을 잡고 살아남기도 쉽지 않은 시대라고 하지만, 그래서 더욱 우리는 함께해야 설 수 있다는 사람 인ㅅ 자의 의미처럼, 미약해 보여도 따듯한 체온만큼의 마음을 담아 서로의 곁에 있어야 한다.

물론 거대한 악의 힘, 꼼꼼하고도 치사하기까지 한, 그래서 그만큼의 힘과 강력한 권위로 '응징'하지 못한다면 상대조차 할 수 없어 보이는 그 힘 앞에서 맞잡은 우리의 손은 너무나도 초라해 보일 수 있다. 하지만 이 작은 연결들이 만들어내는 선한 '우리'의 회복하는 힘은 임상적 사례에뿐 아니라 많은 연구에 밝혀져 있다. 눈을 잡아 끄는 참담한 헤드라인에 가려 보이지 않을 뿐, 인간의 연대하는 힘, 함께하는 선한 힘이 얼마나 강한지 보여주는 일화들 역시 풀꽃처럼 조용히 숨 쉬고 있다. 그리고 그 풀꽃들의 아름다움은 함께할 때 더 빛이 난다.

차승민 —

정신건강의학과 전문의.

아몬드정신건강의학과 원장. 충남대학교 의과대학을 졸업해 석사과정을 마치고 박사과정을 수료했다. 국립법무병원에서 감정과장, 사회정신과장으로 5년간 일했다. 이후 정신질환 범죄자에 관한 우리 사회의 다양한 오해와 편견을 줄이고 싶다는 마음으로 두 권의 책『나의 무섭고 애처로운 환자들』,『법정으로 간 정신과 의사』를 썼고, 지금은 그 경험을 바탕으로 법원 등에서 종종 강의를 한다. 평소에는 동네의 평범한 정신건강의학과의원 원장으로서 진료를 한다.

정신건강 책을 읽고 글을 쓰는 것에 관심이 많고, 좋은 글을 쓰기 위해 꾸준히 노력하고 있다. 대한신경정신의학회, 대한노인정신의학회 정회원, 대한법정신의학회 정회원이자 학술이사로 연구 활동도 하고 있다.

8장
분노, 범죄가 되다

—

분노의 시대, 마음의 불길을 다잡는 법

욱하는 마음과 순간의 쾌감 사이

우리 사회에 분노가 만연해 있다. 길거리, 직장, 온라인 공간 등 어디서나 막 터지기 직전의 분노를 맞닥뜨린다. 이 일상적 분노는 점점 더 쉽게 폭발하고, 심지어 범죄로도 이어지고 있다. 대체 어떤 사람들이, 어떤 이유로 이렇게 분노를 표출하는 것일까? 답을 찾기 위해 어디에서나 볼 수 있는 평범한 한 청년의 이야기로 글을 시작해보려 한다.

20대 회사원 A는 하루를 스마트폰으로 시작한다. 밤사이 쌓인 인터넷 커뮤니티 글을 확인하다가 좋아하는 축구선수가 이혼하며 거액의 위자료를 지급했다는 기사를 보고 욱하고 화가 치민다. 선수의 전 부인을 비난하는 댓글에 '좋아요'를 누르고 자신도 비슷한 댓글을 남기며 기분을 달랜다.

출근을 하자마자 책상 위에 쌓여 있는 일 더미가 보인다. 기분이 나빠진다. 점심 메뉴를 묻는 여자 선배의 일상적인 말에도 괜히 화가 나서 자주 가는 커뮤니티에 선배를 비난하는 글을 올린다. 잠시 후 자신의 글에 달린 "한국 여자들은 다 그래"라는 댓글을 보자 속이 좀 풀린다.

A는 원래 이렇게 사람을 싫어하지는 않았다. 전환점은 코로나 팬데믹 시기였다. 군대 제대하고 대학에 복학하던 그 해에 전례 없는 전염병이 돌았다. 모든 대학 수업은 온라인으로 대체되었다. 그렇지 않아도 후배들이랑 학교 다니는 게 어색할까 봐 걱정했는데 사람을 만나지 않고도 대학을 졸업할 수 있다니 대면할 때의 불편함이 없어서 오히려 좋았다. 그 대신 인터넷 커뮤니티가 주된 소통의 창구가 되어버렸다. 그곳에서는 현실에서 하지 못하는 말도 쉽게 할 수 있었다. 비슷한 생각을 하는 사람들이 모여 글을 쓰고 공감했다. 내 생각이 정답인 것 같았다. 온라인에서 A는 '인싸'였다. 자신의 댓글에 '좋아요'가 많이 붙을수록 든든한 느낌이었다. 게다가 온라인에서는 보고 싶은 것만 볼 수 있어서 좋았다. 내가 보기 싫은 것은 누르지 않으면 그만이었다. 그러면 알고리즘은 점점 더 내가 재미있어하고 좋아하는 것들만 제공해주었다.

하지만 그럴수록 현실 세계가 점점 버거워졌다. 나와 다른 의견을 듣는 것이 불편해지고 상사의 지적은 너무나 큰 모욕으로 느껴졌다. 현실 친구들의 근황도 질투와 분노의 대상이 되었다. 나는 작은 회사에서 일하며 월급도 적어서 힘든데, 인스타그램 속 친구들은 해외여행도 쉽게 가고 문화생활을 즐기며 화려하게 사는 것 같다. 스스로의 삶이 더 초라하게 느껴지고, 화가 난다.

A의 하루는 사소한 화와 짜증으로 채워져 있다. 욕할 대상이 필요하고 또 그 분노를 온라인 공간에 풀고 확인받는 일상이 반복된다. A의 이런 행동은 일종의 **투사**다. 투사란 용납하기 어려운 자신의 충동과 감정을 다른 사람에게 전가해서 스스로를 보호하려는 방어기제인데, 결국 반복적인 비난과 공격의 습관화는 부정적인 내면의 결과물이다. A의 모습이 특별한 사례는 아니다. 오늘날 많은 이들에게서 볼 수 있는 모습이다. 이렇게 습관적인 분노들이 모여 폭발하는 거대한 분노가 되기는 쉬운 일이다.

즐거움이 아닌 분노를 공유하는 인터넷 공간

하이텔, 천리안, 나우누리를 기억하는가? 아마 1990년대 중후반을 경험한 사람이라면 지직거리며 접속하는 소리부터 파란 화면과 깜박이는 하얀 커서 같은 것을 떠올리는 게 어렵지 않을 것이다. PC통신을 시작으로 온라인 공간은 조금씩 우리 생활에 들어오기 시작했다. 그리고 '커뮤니티(커뮤)'가 생겼다.

오늘날 우리가 마주하는 혐오의 뿌리

'커뮤 문화'는 1999년 디씨인사이드DCInside가 그 시초였다. 이곳은 본래 디지털 카메라로 찍은 사진을 올리던 게시판이었다. 그러나 '디씨'는 차차 변질되기 시작했다. 익명으로 글을 올리는 이 공간에서 서로 위트 있고 재미있는 '드립'으로 다른 이들에게 인정을 받는 것에 사람들은 점점 쾌감을 느끼며 커뮤니티 활동에 몰두하게 되었다. 그러면서 드립은 차차 유머가 아닌 혐오로, 타인에 대한 자극적인 공격과 조롱으로 이어졌다.

그중에서도 가장 대표적인 예가 '일베'이다. 일베는 '일간베스트'의 줄임말로 디씨인사이드 내에서 가장 인기가 많은 글을 저장해 놓은 게시판 중 하나였다. 하지만 2010년경부터 디씨인사이드 내 커뮤니티가 세분화되면서 정치적인 글이 많아지고 결국 일베 게시판은 극단적인 정치색을 지닌 사람들의 모임으로 변질되었다. 특히 보수 성향을 지닌 남성들이 분위기를 주도하게 되면서 일베는 특정 정치 성향과 남성 편향을 대표하는 게시판으로 굳어졌다.

이런 흐름 가운데 눈여겨볼 만한 특징은 온라인 게시판이 성별 중심의 커뮤니티로 색깔이 분명하게 나뉘었다는 점이다. 일베가 남성 중심의 커뮤니티로 정체성이 강화되었다면 그 반대로 워마드, 메갈리아, 여성시대로 대표되는 여성 중심의 커뮤니티도 생겨났다. 커뮤니티의 성별 분화 자체가 사회 문제가 된다고 볼 수는 없다. 하지만 이 분화가 심화되면서 각자의 커뮤니티에서 다른 성별을 혐오하는 글과 표현이 걸러지지 않고 끊임없이 쓰이고 퍼지게 되었다.

스마트폰이 우리 생활에 들어오면서 이런 경향은 더욱 심화되었다. 침대에 누워 핸드폰만 들고도 쉽게 온라인 공간을 넘나들 수 있게 되면서 사람들은 얼굴을 보고 이야기를 하는 것보다 댓글이나 각종 소셜 미디어를 통해 의견을 교환하는 것을 편하게 여겼다. 또한 인공지능의 발전으로 사람들은 내가 원하는 것만 제안받는 알고리즘 속에 갇히게 되었다. 인공지능은 평소에 관심이 많은 분야, 내가 생각하던 것들에 관한 영상이나 글을 추천해주고, 우리는 내 입맛에 맞춰 선별된 정보만이 있는 '필터버블'에 갇혀 무언가를 능동적으로 찾아보거나 생각을 확장시킬 기회를 잃어버린다.

또 하나의 변화는 익명으로 실시간 대화가 가능하게 된 것이다. 텔레그램과 카카오톡의 오픈채팅방은 익명의 상태에서 서로 모여 실시간으로 엄청난 양의 정보를 주고받을 수 있다. 과거 게시판에 글을 남겼던 것보다 더 빠르게, 실시간으로 다른 이들의 피드백을 받게 된 것이다. 게다가 이런 채팅방은 정보를 거르지 않고 쉴 새 없이 공유한다.

이렇게 고도로 개인화된 온라인 환경에서 사람들은 자정 없이 분노와 갈등을 온라인 공간에 표출하기만 할 뿐 나와 다른 생각을 가진 이들과 소통하지 않는다. 그렇게 나의 생각이 강화되고, 갈등은 심화된다. 서로 의견을 공유하며 더 나은 논의를 만들어가지 못하고 '나는 옳고 너는 틀린' 흑백논리에 빠져 서로를 비난한다. 상대를 향한 분노는 가시지 않고 내 안에 쌓여간다.

코로나 이전과 이후 우리의 삶

온라인 접속은 우리에게 큰 편리함을 주었지만 부정할 수 없는 피해도 남겼다. 이를 본격적으로 심화시킨 계기는 바로 코로나19의 창궐이다. 2020년 3월 이후, 사람들은 어른 아이 할 것 없이 서로 섞이며 교류하고 의견을 교환하고 각자의 생각을 수정하고 보완하며 소통하는 경험을 잃어버렸다.

마스크 뒤에서 아이들이 놓친 것

코로나가 닥치면서 하루아침에 서로 직접 만나는 모든 과정이 멈춰버렸다. 유치원과 학교를 가야 하는 아이들은 친구를 만나지 못하고 집에만 있어야 했다. 집에서 온라인 수업을 하고 대화도 화면을 통해서만 하게 되었다. 게다가 마스크를 쓰고 있어 서로의 표정도 읽지 못했다. 그렇게 우리 아이들의 사회화 발달 과정이 멈춰 있게 되었다.

사람들이 감정을 교류할 때는 단순히 말로만 하는 것이 아니다. 서로의 표정을 보고 목소리의 톤을 듣고 분위기를 읽어낸다. 온라인에는 이러한 비언어적 정보가 매우 부족하다. 특히 아이들은 이런 비언어적 정보를 파악하는 데 한계가 있기 때문에 한참 성장하면서 익혀야 하는데 이것을 접할 기회조차 없어졌으니 상대의 마음을 읽고 소통을 배우기가 어려워질 수밖에 없었다.

이 시기에 필요한 것들을 제대로 익히지 못하면 그때만 힘든 것이 아니다. 문제는 그 이후에 나타난다. 코로나 시기를 지난 아동 청소년들은 다른 사람들과 어울리는 것 자체를 힘들어하게 되었다. 사소한 접촉에도 긴장하고 어렵게 여기며 피하고만 싶어 하고 그러다 보니 점점 더 단체 생활에 어려움을 느끼고 집 안에 고립되어버렸다.

게다가 온라인에 의존하는 생활이 점점 늘어나버리니 실제 활동 반경이 줄어들고, 이를 제재할 사람이 없으니 하루 24시간 내내, 밤에도 끊임없이 스마트폰의 파란빛에 노출되었다. 잠드는 게 늦어지고 수면의 질도 나빠졌다. 너무나 당연하게 밤낮이 바뀌고 아이들은 무기력해졌다. 다시 학교에 가게 되었지만 벌써 생활은 바뀌어버렸고, 그 후유증으로 아이들은 예전에는 너무나 당연하게 해왔던 일을 수행하는 데 어려움을 겪기 시작했다. 온라인이 아닌 현실 세상이 낯설어지며 우울하고 불안감을 느끼게 되었고 그 악순환으로 힘들 때마다 익숙한 스마트폰 속 세상으로 도피해버렸다. 도피, 즉 '회피'하면 잠깐은 진정이 되는 기분이 들지만 그때뿐이다. 회피는 실제 문제를 해결하는 것이 아니기 때문이다. 상황을 회피하면 또다시 스스로에게 실망하며 죄책감을 느끼고 자기 혐오에 빠진다. 그리고 우울감은 더 심해진다. 이런 불안과 회피의 악순환이 사회 전반에서 흔하게 관찰되고 있다.

생존불안에 시달리는 어른

심리학자 에릭 에릭슨은 인간은 전 생애에 걸쳐 발달한다고 했다. 우리는 죽을 때까지 성장한다. 성인이 된 직후인 20대에는 사회 구성원으로서 친밀함을 경험하며 자라난다. 30대 이상의 성인들도 마찬가지이다. 직장이나 사회에서 주도적인 역할을 적절히 수행하며 삶의 의미를 찾아나간다. 하지만 코로나가 이 모든 것을 가로막았다.

많은 직장이 재택근무로 전환하거나 직접 접촉을 줄이는 등 업무에 변화를 주었다. 일뿐 아니라 일상에서도 수많은 것들이 온라인으로 대체되면서 기존에 오프라인에서 전통적으로 이루어졌던 일들이 없어질 위기에 처했고 실제로 실직하거나 소득이 줄어드는 경우가 생겼다. 하루아침에 삶의 안정성이 위협받는 것은 굉장한 스트레스가 된다. 많은 이들이, 전혀 예상하지 못했던 사건으로 내 삶이 송두리째 바뀐 것 같은 엄청난 불안을 느꼈다. 아무리 발버둥쳐도 전염병이라는 사회적 악재를 개인이 어떻게 감당하지 못한다는 생각에 무기력감은 더욱 심해졌다.

감염 상황에 대한 정보가 걸러지지 않고 온라인을 통해 계속 제공된다는 것도 스트레스로 이어졌다. 사실을 넘어서 과한 추측이나 음모론과 같은 가설 역시 과도하게 퍼지며 불안을 자극했다. 이런 상황은 끊임없이 우리의 뇌를 자극하여 각성시킨다. 떠도는 정보는 너무 많지만 무엇이 진실인지 파악하기 어렵고 내가 상황을 통제할 수 없다는 생각에 빠지게 된다. 불안은 몸으로 느껴지고 몸이 긴장하면 결국 수면에도 지장을 주고 일상생활에서도 공황발작 같은 불안장애 증상이 이어진다.

여러 통계 자료에서도 코로나 이후 정신건강 지표가 악화되었음을 확인할 수 있다. 보건복지부에서 2022년 2분기 실시한 「코로나19 국민 정신건강 실태조사」[•]에 따르면, 2022년 6월 조사 결과 우울 위험군은 16.9%로 2019년의 3.2%의 5배가 넘는 수준이었다. 자살 사고 비율도 2019년 4.6%에 비해 2022년 6월 결과는 12.7%였다. 여러 연구기관에서 시행한 또 다른 조사[••]에 따르면 2020년 12월 일반인 조사에서 PHQ-9(한국형 우울증 선별도구) 평균 점수는 5.52였고 고위험 우울군은 20%였으며 이것은 코로나 이전보다 약 4.68배가 증가한 것이다. 실제 진료를 본 사람들을 대상으로 한 건강보험자료[•••]에서도 2017년부터 2021년까지 우울증 진료 환자 수가 인구 1000명당 13.3명에서 18.1명으로 36.1% 증가했다. 특히 20대가 127.1%가 증가했다. 다행히 2020년 시작된 코로나의 대유행은 2023년에 점점 잦아들었다. 그러나 우리에게는 채 돌보지 못한 우울과 불안이 남았고 그 후유증은 지금도 진행되고 있다.

[•] 보건복지부, 「코로나19 국민 정신건강 실태조사」, 2022.

[••] Kim, Seok-Joo et al., "Time-Series Trends of Depressive Levels of Korean Adults During the 2020 COVID-19 Pandemic in South Korea", *Psychiatry investigation* vol. 20,2 (2023): 101-108.

[•••] 「세계일보」, "코로나19 이후 정신과 진료 12% 증가… 직장인·공무원 많아", 2022. 10. 4.

코로나19는 우리에게서 크고 작은 감정적 경험을 빼앗아갔다. 가벼운 갈등 상황에서도 감정을 조절하는 능력이 부족해진 것이다. 게다가 팬데믹을 통과하며 쌓인 우울과 불안은 이런 좌절감에 대한 통제력을 더욱 취약하게 만들었다. 전염병 예방을 위해 물리적 거리 두기를 한 것이 정서적 거리 두기로도 이어진 것이다. 편리함 때문에 선택한 온라인 생활이 우리의 정신건강을 악화시키는 결과로 나타났다. 분명 필요한 일이었지만, 우리의 정신적 힘은 약해지고 소진되었으며 이것은 결국 장기적으로 **내면의 우울과 외면의 분노로** 이어졌다.

정신건강의학과의 '호황'

진료실에서도 이러한 상황은 피부로 느껴진다. 위 통계에서처럼 코로나19 시기에 진료를 보기 위해 많은 사람들이 병원을 찾았다. 아이러니하게도 코로나19 때문에 정신건강의학과가 호황기를 맞았다는 말이 나올 정도이다. 실제 서울시 내 정신건강의학과 의원 수는 2018년 302개에서 2022년 말 543개로 4년 만에 76.8% 넘게 증가했다.

40대 직장인 B는 대기업 회사원이다. 재택근무 동안 집 안에서 일을 하다가 다시 출근하게 되니 사무실이 답답하게 느껴졌다. 회사 1층에서 엘리베이터를 탈 때부터 가슴이 내려앉았다. 코로나 이전에는 이런 증상이 전혀 없었다. 하지만 격리와 거리 두기를 끝내고 사회로 돌아가려 하니 아무렇지도 않게 했던 일들이 두렵게 느껴졌다. 이러한 두려움은 B를 예민하게 만들었다. 사람 많은 곳에 가면 우선 짜증이 나고 답답하고 피하고 싶었다. 그러다 보니 위축되고 작은 일에도 자신감이 떨어졌다. 예전과 다르게 사람이 싫어진 자기 자신에게 화가 치밀었다. 결국 B는 병원을 찾았다.

20대 대학원생 C 또한 코로나19 시기를 거치면서 새롭게 병원을 찾게 되었다. 논문을 써야 하는데 시작은 안 되고 연구실에 나가서 사람을 만난다는 생각만 해도 피곤해지고 눈물이 날 것 같았다. 이런 무기력감이 쌓이다 보니 자신에게 화가 나기 시작했다. 아무것도 못 하는 사람이라는 생각이 자신을 끊임없이 괴롭혔다. 결국 약물 치료를 시작하면서 집 밖을 나가는 것에 대한 공포심이 조금씩 없어지고 일상의 기분도 회복되었다.

이들의 공통점은 코로나 시기 전에는 별다른 문제가 없었지만 이후에는 버티는 것이 힘들어졌다는 것이다. 그리고 스스로 조절이 어렵다는 것을 깨닫고 진료실을 찾아 도움을 요청했다. 하지만 여전히 도움을 청하지 못하는 사람들이 있고 이들 내면의 문제는 결국 사회의 문제로 퍼져갈 수밖에 없다.

마음의 불길이 갈 길을 잃으면

분노란 무엇인가? 심리학적으로 분노란 자신의 욕구나 기대가 좌절되었을 때 나타나는 기본적인 정서로, 상대방이나 상황에 대한 부정적이고 적대적인 감정을 나타내는 강력한 반응이다. 분노의 핵심은 '부정적이고 적대적인' 감정이다. 그렇기 때문에 사람의 내부에 쌓이다 보면 쉽게 사라지지 않는다. 자신을 향하든 다른 사람에게 분출하든 **행동으로** 나오게 된다.

분노는 자신이 겪고 있는 상황에 대한 '반응'이다. 이런 반응은 어떤 면에서는 사회에 꼭 필요하다. 분노를 긍정적으로 표현하는 것으로 불공정한 문제에 대응해 스스로의 권리를 지키게 한다. 또한 갈등을 표현하고 적극적으로 행동하게 한다. 하지만 분노가 적절히 조절되지 않고 표출되면 결국 감정의 폭발로 이어지고 **공격성**이 동반된다. 그렇게 이어지는 최악의 결과가 바로 범죄이다.

그렇다면 왜 최근에는 '외부로의 분출'이 두드러질까. 과거에는 분노를 공동체 안에서 대화하며 조율하고 긍정적인 방향으로 분출하는 경우가 많았다. 그러나 오늘날 온라인 커뮤니티와 소셜 미디어 환경은 분노를 곧바로 외부로 투사하게 만든다. 익명성과 즉시성은 불만과 적대적인 감정을 걸러내지 않는다. 여기에 알고리즘과 필터버블이 결합하면서 사람들은 자신과 비슷한 의견만 접하고 다른 생각을 마주할 기회를 잃는다. '다른 의견'은 점점 '틀린 의견'이 되어버린다. 분노는 대화와 설득을 거쳐 사그라들기보다는 집단적인 확신 속에서 더욱 공고해진다. 오프라인에서라면 아마 서로 다른 의견이 있더라도 부딪히면서 타협점을 찾을 것이다. 그러나 온라인에서는 서로 같은 의견만 듣고 그러지 못하면 분노의 속도와 강도가 동시에 증폭된다. 이렇게 방향을 잃은 분노는 '해결해야 할'

문제가 아니라 '제거해야 할' 위협으로 변질되고 만다.

묻지마 범죄가 아닌 '이상동기 범죄'

분노가 범죄로 이어지는 경로는 다양하다. 첫 번째는 찰나의 분노가 불쏘시개가 된 경우이다. 두 번째는 분노가 오랜 기간 쌓인 경우이다. 이른바 복수의 성격을 띠는 것이다. 보통은 오랜 시간 쌓이고 쌓인 분노가 일련의 사건으로 도화선에 불이 붙어 결국 터지는 것이다. 그래도 이 두 가지 경우는 범죄의 동기와 원인을 파악할 수 있다.

하지만 최근 한국에서 사회적 문제로 불거진 범죄는 상식적으로 생각했을 때 이유를 알기 어려운 경우이다. 이런 범죄를 **이상동기 범죄**라고 한다. 이상동기 범죄는 뚜렷하지 않거나 일반적이지 않은 동기를 품고 불특정 다수를 향해 벌이는 범죄를 말한다. 과거에는 '묻지마 범죄'로 불렸다. 하지만 묻지마 범죄라는 말이 자칫하면 범죄 동기가 전혀 없이 개인의 폭력적인 성향만으로 일어난 것이라는 오해를 줄 수 있어 2022년 1월부터 경찰청에서 공식적으로 이상동기 범죄로 명칭을 정했다.

이상동기 범죄의 문제는 사건이 피해자와 관계가 별로 없다는 데 있다. 피해자가 불특정 다수이거나 혹은 가해자가 평소에 알던 사람이 전혀 아니기 때문에 가해자가 대체 왜 이런 행동을 했는지 알기가 어렵다. 가해자는 보통 사회적으로 고립되어 있고 대인 관계에서 어려움을 겪는다. 실패를 거듭하다 보니 불안이 높고 자신의 문제를 바깥으로 돌린다. 가해자들은 '나를 제외한 모든 사람들은 다 잘 살고 있고 나만 이런 패배자가 되었다, 그렇지만 나는 문제가 없고 사회가 이렇게 만들었다'고 주장한다. 그들은 나만 이렇게 살 수 없다고 말하며 모르는 사람들을 공격하기에 이른다.

여기서 조심해야 할 것은 이상동기 범죄로 분류되는 사례 중에 조현병과 같은 중증 정신질환자가 저지른 범죄도 통계에 포함된다는 것이다. 하지만 그 비율이 31.5%● 정도로 많지는 않다. 그렇기 때문에 언론 등에서 이상동기 범죄를 정신질환과 연결 지어 해석하는 태도는 지양해야 한다. 이런 편견은 정신질환에 대한 낙인을 만들어낸다. 통계 비율상 정신질환과 관계없는 사람들이 일으킨 이상동기 범죄가 더 많이 관찰된다.

우리가 주목해야 할 것은 바로 **성숙하게 다뤄지지 못한 '분노'와 그것의 무자비한 표출**이다. 분노는 어느 특정한 사람만 느끼는 감정이 아니다. 작은 감정이 한순간에 큰 불이 번지듯 극도의 분노 표출로 이어질 수 있다.

● 안상원, "이상동기 범죄에 대한 고찰 및 성향 분석", 「한국범죄정보연구」 제7권 제2호, 2021.

8장. 분노, 범죄가 되다

차철남 사건: 이웃 갈등에서 무차별 폭력으로

2025년 5월, 중국 국적의 50대 남성 차철남은 오랜 이웃이던 중국 국적의 형제 2명을 둔기로 살해하고, 이어 근처 편의점 주인과 집주인을 공격했다. 사건에 앞서 둔기를 구입하고 현금을 인출하는 등 범죄를 계획한 것으로 보였다. 범죄를 저지른 표면적 이유는 "돈 문제와 무시당했다는 감정"이었다. 그러나 이후의 두 피해자들은 그가 진술한 개인적 원한과 전혀 무관했다.

차철남은 장기간 불법 체류와 불안정한 생계 속에서 사회적으로 위축된 삶을 살아왔다. 주변과의 관계도 깊지 않았다. 결국 갈등은 자기 내부에서 증폭되다가 전혀 상관없는 타인에게까지 번졌다. 이는 단순한 개인적 복수가 아니라, 누적된 소외와 분노가 불특정 다수를 향해 폭발한 이상동기 범죄의 전형적 사례였다.

김성진 사건: 고립된 삶의 파괴적 귀결

같은 해 4월, 서울 미아역 인근 마트에서 30대 남성 김성진이 소주 한 병을 마신 뒤 계산 줄에 서 있던 60대 여성과 40대 여성을 흉기로 공격했다. 60대 여성은 사망하고 40대 여성은 중상을 입었다. 범행 후 그는 담배를 피우며 태연하게 경찰에 신고를 했다. 김성진은 학창 시절부터 대인 관계에 서툴렀고, 군 복무도 적응에 어려움을 겪었다. 사회 진출 이후에도 직업을 유지하지 못했다. 이후에는 집에 은둔하며 가족조차 피했고, 술을 마실 때마다 누적된 불만을 터뜨렸다. 그는 공감 능력의 결여, 대인 기피, 반사회성 성향이라는 요소를 모두 지니고 있었다. 결국 고립된 삶과 왜곡된 자기 인식이 합쳐져 전혀 모르는 여성들을 향한 무차별 폭력을 벌였다.

이지현 사건: 사회적 좌절을 향한 왜곡된 분노

2025년 3월 충남 서천에서는 저녁 산책을 하던 40대 여성이 낯선 남성에게 무차별적으로 찔려 사망하는 사건이 일어났다. 가해자 이지현은 피해자와 전혀 모르는 사이였고, 범행 도구도 즉석에서 구한 흉기였다. 그는 수사 과정에서 "비트코인 사기를 당해 세상이 자신을 무시한다는 생각이 들었다"고 진술했다. 즉, 개인적 좌절을 사회 전체의 잘못으로 투사했고, 그 분노를 자신과 무관한 타인에게 쏟아낸 것이다.

이지현은 평소 조용한 성격으로 알려졌으나 휴대폰 메모장에는 "누군가를 죽이고 싶다"는 문구가 남아 있었다. 겉으로는 잠잠했지만 내면에는 소외감과 분노가 켜켜이 쌓여 있었고, 결국 무차별적 폭력으로 이어진 것이다.

이상동기 범죄는 사회와 연결되지 못하고 고립된 개인이 누적된 분노를 외부로 내뿜는 과정에서 발생하는 심리적, 사회적인 최악의 산물이다. 이상동기 범죄는 왜 범죄를 저지르는지 예측이 불가능하다는 점에서 우리를 두렵게 한다. 고립된 개인의 분노가 불특정 다수에게 향할 때 피해자는 내가 될 수도 있고 내 가족이 될 수도 있다. 그러한 공포는 사회적 신뢰를 갉아먹고 공동체를 불안으로 몰아넣는다. '신뢰'라는 사회적 자산이 상실된 사회의 모습이다.

분노가 주는 쾌감에 길들여지다

청년 A의 삶을 다시 살펴보자. 그는 아침부터 저녁까지 별로 화를 낼 일이 아닌데도 욱하고 짜증을 참지 못한다. 하지만 A의 마음을 조금 더 들여다보면 분노와 화가 다른 사람을 향하는 것만은 아니라는 생각이 든다. 더 정확히 설명하자면 다른 사람과 나를 비교하며 생긴 불편감이 본질이다. 비교는 스스로에 대한 실망을 낳는다. 나는 왜 이렇게 사는가? 하는 억울함을 불러일으킨다. 그리고 그 감정의 이면에는 결국 다른 사람의 기준과 시선에 의존하는 사회적 보상 시스템이 연관되어 있다. 스스로의 마음에서 보상과 만족감을 찾아야 하지만 오늘날의 우리들은 남들의 시선에서 화려해 보이는 모습들, 숫자로 환산되는 성공을 삶의 기준으로 삼는다.

그러다 보니 **질이 낮은 도파민**을 추구하는 상태로 살게 된다. 우리 뇌에서 도파민은 동기를 자극하고 보상을 느끼게 해주는 신경전달 물질이다. 어떤 행동이 나에게 만족감을 준다면 그것은 뇌에 도파민 분비를 자극한다. 그리고 또 그런 만족을 느끼기 위해 그 행동을 반복하게 된다. 지금 우리 삶을 지배하는 것이 바로 **다른 사람에 의한 수동적인 도파민 분비**이다. 소셜 미디어의 '좋아요' 수, 짧은 순간 벌어들인 코인 투자 수익, 멋진 차를 타고 비싼 명품을 들며 받는 시선같이 타인의 반응으로 도파민을 유발하는 것에 익숙하다. 하지만 이런 도파민은 질이 좋지 않다. 그리고 그 만족감은 빠르게 사라진다. 그러면 우리의 뇌는 좀 더 큰 자극을 필요로 한다. 그 과정에서 뇌가 원하는 만큼의 자극을 받지 못하면 결국 도파민은 제대로 작동하지 못한다. 그리고 만족하지 못하면 우리는 분노한다.

분노의 작동 원리

도파민은 분노를 분출할 때도 나온다. 분노를 표출하는 순간 강렬하게 도파민을 느낀다. 그 짜릿한 만족감을 느끼면서 스스로 나는 무기력한 패배자가 아니라고 생각하게 된다. 분노에는 공격성이 동반된다. 폭력적인 행동, 욕설과 같은 공격성을 분출하면서 그 순간만큼은 쾌감을 느낀다. 그리고 심리적으로 보상을 받았다고 느끼면 잊지 못하고 비슷한 행동을 반복한다. 그렇게 공격이 습관이 된다. 실제 나를 괴롭히는 누군가가 없어도 가상의 적을 만든다. 내 마음을 힘들게 하는 것은 이 세상 모두라고 생각하며 불특정 다수에게 분노를 드러낸다. 결국 분노를 표출하는 것에 중독이 된다.

지금 우리 사회의 중요한 키워드 중의 하나는 '도파민'이다. 원래 도파민은 생존에 꼭 필요한 신경 전달 물질 중 하나이다. 사람에게 삶의 동력을 만들어주기 때문이다. 도파민이 있기 때문에 생존을 위해 음식을 먹고, 종족 번식을 위해 짝을 이루어 자녀를 낳고, 좀 더 나은 삶을 위해 목표를 정하고 노력을 한다. 하지만 이 시대의 도파민은 순간의 쾌락과 자극의 상징으로 의미가 변질되었다.

기다림 없이 순간적으로 분비된 도파민을 보통 질이 나쁜 도파민이라고 말한다. 너무 쉽게, 너무 자주, 너무 강렬하게 자극이 되면 우리의 뇌가 과하게 자극에 길들여진다. 그러면 점점 짧은 지루함도 견디기 힘들어한다. 즉각적인 반응이 없으면 불만을 느끼고 예민해진다.

실패는 성공의 어머니라는 오래전부터 전해 내려오는 명언이 있다. 작은 실패들을 통해서 큰 만족감을 얻는 연습은 삶의 진리이다. 이제 우리는 **긴 호흡의 도파민**을 찾는 방법을 고민해야 한다. 자극을 줄이는 것도 중요하지만 좋은 자극을 만족하며 유지하는 게 더 필요한 시점이다. 다이어트 할 때를 생각해보자. 극단적으로 닭가슴살, 단백질 쉐이크만 먹고 버티는 식단은 길어야 일주일을 넘기지 못한다. 그런 식단을 하고 나면 그 후에 찾아오는 것은 자극적인 음식에 대한 갈망이다. 참아왔던 시간을 보상하기 위해 극단의 자극을 찾게 되는 것이 사람의 본능이다. 도파민도 비슷하다. 금욕적으로 도파민이 나오는 모든 것을 참으라는 말이 절대 아니다. 우리에게 필요한 것은 도파민을 덜어내는 삶이 아니다. 더 좋은 도파민을 찾는 삶이다.

질 좋은 도파민을 위해 나 자신을 돌보는 법

그렇게 살기 위해서 몇 가지 변화를 시도해보아야 한다. 우선

뇌를 고요하게 만들어보자. 하루 종일 내 몸처럼 붙어 있는 스마트폰 화면에서 조금씩 멀어지는 연습을 해보자. 쉴 새 없이 돌아가는 영상과 끊임없이 들려오는 소리는 뇌의 쉴 시간을 뺏는다. 그러면서 우리의 뇌는 흥분감과 피로를 동시에 느낀다. 당연히 휴식 없는 신체기관은 지치기 마련이다. 뇌도 그러하다. 하루에 한 번이라도 밖으로 나가 정적인 풍경을 바라보자. 꼭 걷지 않아도 좋다. 해가 비치는 나뭇잎, 하늘에 흘러가는 구름, 계절에 따라 다른 느낌으로 불어오는 바람, 동네에 항상 비슷한 모습으로 있는 건물 어느 것이든 좋다. 또한 형광등이나 스마트폰 불빛 말고 자연 햇빛을 보아야 한다. 자연광은 우리에게 안정적인 색을 보여준다. 그 안에서 우리의 눈은 편안해지고 시간이 흐르면서 잔잔하게 도파민이 나오게 된다.

이렇게 뇌의 휴식 시간을 충분히 가졌다면 기초 운동에 해당하는 것들을 해보자. 우리의 삶에 화려하고 대단한 것만이 의미 있는 것은 아니다. 하루하루 별것 아니더라도 버텨내고 살아나가는 것이 긴 인생을 생각하면 더 중요하다. 엄청난 것을 이루어내는 생산성을 꼭 발휘하지 않아도 된다. 소셜 미디어에 올리기 위해 하는 이벤트가 인생에 우선순위가 되어서는 안 된다. 그냥 매일 실천할 수 있는 루틴을 만들어보자. 아침에 같은 시간에 일어나고 따뜻한 물 한 잔을 마시고 비슷한 시간에 씻고 일과를 준비한다. 학교에 가고 출근을 하고 혹은 집에서 할 일을 시작하며 하루의 리듬을 찾아가보자. 저녁에 하루를 마무리할 때에도 대단한 것을 하지 않아도 좋다. 음악을 들으며 멍하니 시간을 보내도 좋고 가볍게 책을 읽어도 훌

룡하다. **꾸준히 실행하는 하루의 반복이 우리의 뇌를 안정시키고 삶에 찾아오는 불안과 우울을 조절하는 힘을 준다.** 그러다 보면 굳이 큰 보상이 없이도 버텨내는 조절력이 생긴다. 이렇게 하루의 루틴을 잘 지키는 것은 마음의 기초 체력을 길러주는데 큰 도움이 된다.

그 후 **나만 아는 기쁨**을 하나씩 만들어보자. 남의 시선에 의해 만들어지는 도파민은 언제든 불안정하게 분비될 수밖에 없다. 내 안의 만족감을, 수동적인 도파민이 아닌 능동적인 도파민을 찾아야 한다. 예를 들면 이런 사적인 즐거움의 리스트를 만들어보기를 바란다. 오래된 영화를 보며 어릴 적 추억을 떠올리기, 동네 공원에서 마음에 드는 나무 한 그루를 정해서 마치 반려식물처럼 살피러 매일 들러보기, 좋아하는 책의 문구를 마음에 드는 볼펜으로 적어보기, 먹고 싶었던 제철 과일 먹어보기 등 사소하지만 나에게는 의미 있는 기쁨을 찾아보면 좋겠다. 이런 것들을 소셜 미디어에 올리지 않고도 내 안에서 작지만 소중하고 확실한 행복으로 느껴야 한다. 그러다 보면 어느 순간 도파민이 내면에서 활성화되는 것을 느낄 수 있을 것이다.

나만의 관점을 갖추는 삶

내 삶에서 가장 중요한 것은 내가 어떤 생각을 하고 어떤 감정을 가지고 있으며 그것을 어떻게 조절할 수 있는가이다. 남들이 나를 바라보는 것보다 **내가 이 세상을 어떻게 느끼는지가** 중심이 되어야 한다. 나 자신을 돌보면서 도파민을 조절할 줄 알아야 한다. 그렇게 하면서 스스로뿐만 아니라 다른 사람에 대해서도 자극적이고 표면적인, 질 나쁜 관심이 아닌 좀 더 깊이 있는 시선으로 바라보는 힘이 생긴다.

다른 사람의 삶과 나의 삶을 비교하면 잠깐의 동기부여는 할 수 있을지 모르나 비교는 곧 시기와 질투를 불러일으킨다. 결국 분노가 따라온다. 오늘날 우리는 온라인에서 보여지는 서로의 조건과 겉모습에만 너무 의미를 둔다. 그 사람이 사는 아파트, 타고 다니는 차, 연봉 같은 겉모습만 중요하게 생각한다. 그리고 그 조건을 갖추지 못하면 실패한 인생이라고 생각한다. 물론 눈에 보이는 결과도 중요하다. 하지만 그 결과를 이루기까지 한 사람이 노력한 과정과 시간도 마주하고 그것을 대단하다고 인정했으면 좋겠다.

그리고 이때 만들어지는 감정들이 나에게는 더 이롭다. 우리는 다른 사람에 대해서 **질 좋은 관심**을 가지기 위해 노력해야 하며 이것은 질 좋은 도파민과도 연결이 된다. 상대의 내면에 더 시선을 돌려야 한다. 그러다 보면 사람과 사람 사이의 관계에도 깊이가 생긴다. 상대방을 나보다 잘사는지 못사는지 고까운 시선으로 비교하는 것보다 힘든 세상을 같이 살아가는 동료로 바라보면 좋겠다.

코로나 시대를 겪으면서 깨달은 것은 결국 사람을 구하는 것은 사람끼리 주고받는 온정이라는 것이다. 전쟁과 같은 극단적인 환경에서도 결국 서로를 구하는 것은 사람이다.

2024년 초에 발매된 가수 아이유의 노래 「러브 윈스 올Love

Wins All」은 대혐오의 시대에 그래도 '서로에 대한 사랑이 모든 것을 이겨낼 수 있다'고 말한다. 이런 마음이 지금 현재 분노와 혐오로 힘들어하는 우리 사회를 버텨내게 하는 가장 핵심일 거라고 나는 생각한다.

장광호(팔호광장) —

정신건강의학과 전문의, 인스타툰 작가.

강원대학교 의과대학을 졸업했고, 수련을 받아 정신건강의학과 전문의가 되었다. 평창군에서 공중보건의로 복무한 인연으로 국립춘천병원 재직 당시 짧게나마 평창군정신건강복지센터장을 맡았다. 현재는 제주에 서식하면서 맛집 다니고 돌고래 구경하고 진료하고 만화 그리고 글을 쓴다. 관심 받는 것을 좋아하지만 수줍음이 많아 주로 온라인에서 필명으로 활동 중이다. 필명은 오래 살았던 춘천 한가운데 있는 광장 이름에서 따 왔다. 저서로는 정신의학과 심리학을 만화로 풀어낸 『알고 싶니 마음, 심리툰』과 『알고 싶니 마음, 심리툰 : 매운맛』이 있다. 동아일보에 뇌과학 만화 「뇌 마음이야」를 연재 중이다.

지역사회 정신보건 현장의 일에 관심이 많아 전국 각지의 정신건강복지센터 및 정신건강 유관 기관과 협업 중이며 제주시의 정신건강복지센터, 중독관리통합지원센터, 도박문제예방치유센터 등에서 자문의로도 활동하고 있다.

— 심리툰 인스타그램 계정: @palhosquare

아이언맨은 없다

—
높아지는 자살률, 그들은 왜 떠돌게 되었는가

가려지고 밀려나는 아픔들

"마음이 힘들면 도움을 청하세요."

"편견을 해소하고 함께해요."

"당신의 관심과 공감이 생명을 구합니다."

위와 같은 정신 건강 표어를 누구나 들어본 적이 있을 것이다. 해마다 자살 예방의 날(9월 10일)과 정신건강의 날(10월 10일)이 있는 가을이 되면 전국의 각 지자체와 정신건강 유관 기관에서 기념식이 열리고 생명사랑걷기대회 같은 행사나 정신건강 증진과 자살 예방을 위한 캠페인이 벌어진다.

한국이 전 세계에서 가장 자살률이 높은 국가 중 하나라는 사실은 이제는 상식에 가깝다. 2024년 자살 사망자 수는 1만 4872명

(인구 10만 명당 29.1명)으로 OECD 국가 중 가장 높으며 전년도에 비해 894명이 늘었다.[●] 이는 1만 5906명(인구 10만 명당 31.7명)으로 역대 최대를 기록했던 2011년 이후 13년 만에 가장 높은 수치다. 하루에 무려 40명 가까운 사람이 자살로 목숨을 잃는다는 뜻이고 2024년 한 해 교통사고 사망자 수가 2521명임을 감안한다면 얼마나 많은 사람들이 자살로 사망하는지 알 수 있다. 2024년 출생아 수가 24만 명 정도인데 그 숫자에 비교하면 **새로 태어난 사람 수의 약 6%에 이르는 사람이** 자살로 생을 마감한 것이다.

충격적인 일이지만 각자의 일상을 바삐 살아가는 보통의 사람들에게 높은 자살률은 내 앞에 닥친 현실의 문제로 잘 와닿지 않는다. 간혹 유명인의 부고나 자살 관련 사건 사고 등의 뉴스로 접할 뿐, 적극적인 개입이 필요한 중증 정신질환자나 자살 시도가 임박했다 느낄 만큼 위기에 처한 사람을 직접 만나는 경우는 흔치 않다.

정신질환은 발병에 영향을 미치는 다양한 요인이 존재하며 중증도는 물론이고 치료 경과와 예후도 개인차가 크다. 같은 진단이라 하더라도 외래를 통해 자발적으로 진료받으며 일상생활이 충분히 가능한 경증의 상태가 있는가 하면, 스스로 병이라고 인식하지 못해 투약을 거부하고 자조 관리가 되지 않으며 자타해 위험이 높

[●] 통계청, 「2024년 사망원인 통계 결과」, 2025.

아 환자가 거부하더라도 비자의적인 입원 치료가 반드시 필요한 중증의 상태까지 그 스펙트럼이 다양하다. 이 중 중증 정신질환자의 치료 과정에서 어떤 일이 일어나는지에 관해서는 환자의 가족이나 가까운 지인, 정신건강 분야 종사자가 아니면 알기 힘들다. 대표적인 자살 고위험군인 중증 정신질환자들이 조기에 적절하게 치료받을 수 있는 인프라는 수년에 걸쳐 지속적으로 무너져 내려왔다.

마음이 힘들면 도움을 청하라.

우리 사회는 과연 위기에 처한 사람들이 도움을 청하면 필요한 도움을 제공할 수 있는 시스템을 갖추고 있는가? 이 글을 읽고 나면 최근 우리 사회에 일어난 일들이 결코 우연이 아님을 알게 될 것이다. 아름다운 말들 뒤에 숨겨져 보이지 않는 처절한 현장의 절규를 생생하게 들려드리고자 한다.

편견에 관하여

"정신질환은 잘 치료받으면 위험하지 않아요! 편견을 해소합시다!"

많은 사람들이 정신건강에 관한 문제를 이야기할 때 정신질환을 둘러싼 편견을 타파해야 한다고 주장한다. 그러면서 만화, 영상을 제작하여 홍보하기도 하고 캠페인을 벌이기도 한다. 실제로 편견은 정신질환의 조기 치료를 방해하는 요소로 작용한다. '정신질환에 대한 관용적 태도' 설문에서 한국은 전체 29개국 중 최하위를 기록할 정도로 정신질환에 대한 인식이 부정적이다.[●] 실제 국립정신건강센터에서 발간한 『국가 정신건강현황 보고서 2024』에 따르면 우리나라 국민의 정신건강 서비스 이용률[●●]은 12.1%에 불과하다. 정신장애 평생유병률이 27.8%라는 것을 감안하면 어마어마한 수의 사람들이 필요한 정신건강 서비스의 첫 문턱조차 넘지 못하고 있는 것이다.

정신질환에 대한 편견을 어떻게 극복해야 할 것인가? 그러기 위해서는 편견이 어떤 것인지 알면 도움이 된다. 뇌과학적인 관점이 유용하다.

우리 뇌는 생존에 필수적인 부분부터 발달한다. 각종 반사와 심장의 박동, 호흡, 체온 조절 같은 신체 기능 유지에 필수적이고 기본적인 기능을 담당하는 **뇌줄기** 부분이 먼저 발달한 후 불안과 공포 등의 감정을 담당하는 **변연계**의 발달이 이루어진다. 불안과 공포는 부정적으로 여겨지지만 미래를 대비하고 위험을 회피하게 한다는 점에

[●] "정신건강에 대한 우리의 인식", 「NMHC 정신건강동향」 vol. 32, 중앙정신건강복지사업지원단, 2023.

[●●] 보건복지부 국립정신건강센터, 『국가정신건강현황보고서2024』, 2025.

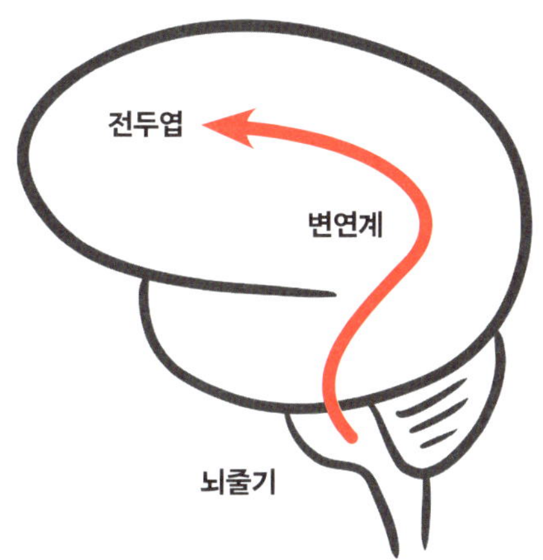

서 생존을 위해서는 필수적인 원시적 감정이다. 인간의 뇌라 할 수 있는 **전두엽**의 발달은 가장 마지막에 이루어지며 성인기까지도 지속된다. 고차원적인 인지 기능과 실행 기능, 계획을 세우고 조율하며 더 큰 만족을 위해 지금 당장의 만족을 미루는 억제 기능 등이 전두엽의 주요 기능이다. 논리적 사고를 가능하게 하는 것이 전두엽이다.●●●

●●● 이른바 삼중뇌 모델(Triune Brain Model) 이론으로 지금은 뇌의 발달과 기능, 진화에 대해 지나치게 단순하게 설명한 모델이라는 비판이 있다. 실제로는 뇌 각 부분의 기능은 명확히 구분되어 있지 않고 서로 긴밀하게 연결되어 있다. 기억, 인지에 관여하는 변연계의 부위들과 감정에 관여하는 대뇌 피질 부위들도 존재하며 네트워크로서 상호작용한다. 하지만 여전히 인간의 감정과 사고, 행동을 이해하는 방식으로서는 유익한 면이 있어 비유적으로 많이 인용된다.

편견에도 순기능이 있다. 편견은 유사한 위험 상황을 마주쳤을 때 이전의 경험을 바탕으로 본능적으로 상황을 회피하여 안전을 확보할 수 있게 해준다. 말로는 구체적으로 설명하기 어렵지만 육감적으로 감지되는 불편하고 불안한 느낌, 명확히 알지 못하는 대상에 대한 막연한 공포야말로 편견과 가장 가까운 감정이 아닐까. 편견을 극복하자며 이루어지는 교육이나 캠페인은 전두엽을 대상으로 하는 논리적 설득이기에 그 한계가 명확하다. 아무리 아름다운 말로 설명해도 특정 대상이나 상황에 대해 자동적으로 느껴지는 불안과 공포를 인위적으로 제거하거나 억제하기는 힘들다.

지난 수년간 정신질환과 관련한 수많은 사건 사고가 있었다. 수차례의 칼부림 사건과 방화, 살인에 관련된 뉴스들. 그중에는 실제 정신질환과 연관이 없다고 밝혀진 것들도 있지만 본능적 공포가 대중에게 한 번 각인되면 더 이상 진위 여부는 중요하지 않게 된다.

편견은 캠페인과 설득으로 없앨 수 있는 것이 아니라 **안전이 충분히 확인되면 그 결과로서 자연스럽게 사라지는 것**이다. 편견이 해소되려면, 그리하여 많은 사람들이 정신건강 서비스의 문턱을 더 쉽게 넘을 수 있게 하려면 중증 정신질환자들이 조기에 적극적으로 치료받을 수 있는 안전한 환경이 만들어지는 것이 우선이다. 하지만 우리의 현실은 어떨까?

정신건강의학과 폐쇄병동 병실이 없어지고 있다

"병실이 없다고요? 도대체 언제 병실이 나는 거예요?"

정신보건 분야에 종사하는 사람들에게는 다소 충격적인 뉴스가 2022년 초에 보도되었다. 인권 치료를 표방하며 2006년 국가인권위원회로부터 대한민국 인권상까지 수상했던 성안드레아병원이 폐원한 것이다. 73년간 운영되던 국내 첫 정신병원인 청량리정신병원이 2018년 3월 폐원한 이후 얼마 지나지 않아 일어난 일이었다.

정신건강의학과 폐쇄병동은 입원 기간이 다른 진료과에 비해 긴 편으로 병상회전율이 낮고 경제적으로 어려운 의료급여 환자가 많이 입원한다. 국가의 지원을 받아 치료를 받는 의료급여 환자는 하루 입원일당 비용이 정해진 정액수가제로 의료비가 정해진다. 의료급여 환자는 중증 정신질환자 비율이 높고 장기 입원 경향도 강하여● 더 많은 인력과 시설이 요구되지만, 낮은 수가 체계로 인해 정신과 병원은 만성적인 경영상의 어려움을 겪어왔고 그런 이유로 폐쇄병동 병상 수도 해마다 감소하는 경향을 보여왔다.

다른 진료 과목에 비해서도 수가가 낮은 편인데 상급종합병원 정신건강의학과의 입원일당 진료비는 다른 진료과 평균의 39%

● 　건강보험심사평가원, 「의료급여 정신의학적 집중관리료 보상방안」, 2025.

수준에 불과하다.[*] 중증도가 높아 더 많은 도움이 필요한 의료급여 환자를 입원시킬수록 손해를 감수해야 하는 구조에서 인력과 시설에 많은 비용이 들고 수익성은 떨어지는 정신과 폐쇄병동은 상급종합병원의 경영 측면에서는 애물단지일 수밖에 없다. 실제 2011년부터 2020년까지 10년간 상급종합병원의 정신과 폐쇄병동은 2011년 1021개에서 2020년 859개로 18% 감소했으며 종합병원의 폐쇄병동도 똑같은 감소 추세다.[**]

이런 경향에 기름을 붓는 사건이 있었다. 2021년 3월 코로나 시국에 감염 관리를 이유로 병상 간 간격을 넓히고 입원실 내에 화장실과 손 씻기 및 환기 시설을 설치해야 한다는 등 위생 시설 기준을 강화하는 정신건강복지법 시행규칙 일부 개정령이 갑자기 공포·시행된 것이다.

이는 현장을 전혀 반영하지 못한 정책이었다. 폐쇄병동에서 환자들은 집단 재활 프로그램에 참여하기도 하고 병실 밖 별도로 마련된 공간에서 다른 환자들과 어울리며 생활하는 경우가 많다. 함께 TV를 시청하기도 하고 탁구를 치거나 옹기종기 모여 바둑을 두거나 게임을 하기도 한다. 환자가 병상에 머무는 것은 휴식 시간이나

---

[*] 「의협신문」, "팬데믹 3년간 쌓인 정신건강 '대위기'… 정신응급도 '표류'", 2023. 10. 1.

[**] 「메디칼업저버」, "무조건 적자인 폐쇄병동, 병원에선 애물단지", 2021. 11. 18.

9장. 아이언맨은 없다

수면을 취하는 시간뿐이다. 환자 간 접촉은 병상 이외의 공간에서 이루어지므로 병상 간격을 넓히는 것은 감염 예방에 아무런 실효성이 없다. 게다가 입원 환자 중에는 정신증적 증상이나 약물 부작용으로 인한 입 마름 등으로 인해 필요 이상으로 많은 양의 물을 섭취하는 경우가 종종 있다. 이 때문에 전해질 불균형 등으로 응급상황이 발생하는 경우도 드물지 않다. 수분 섭취 제한을 위해 환자 병실을 조정하거나 정수기에서 떨어져 생활하도록 집중 관찰해야 하는 경우가 많은데 병실마다 수도 시설이 있으면 이를 통제하기가 매우 어려워진다. 시설 규정 자체가 환자 안전에 직접적인 위험이 되는 것이다. 현장을 모르기에 가능한 규정이다.

병상 간격을 넓힌다는 것은 면적이 한정된 한 병실에 들어갈 수 있는 병상 수가 줄어든다는 뜻이다. 일선 병원에서는 새로운 규정에 따라 많게는 40% 가까이 병상 수를 줄여야 하는 경우도 생겼다. 개정된 시설 기준을 적용하기 위해서 병동 증축이나 설비 신설 등의 공사 비용도 부담해야 했다. 얼마간의 유예 기간이 있었으나 이 정책의 시행으로 정신과 병원들의 경영 상태는 급격히 악화되었다. 2023년 10월에 조사된 정신병원 경영 실태 조사에 따르면 운영 중인 정신병원 중 73%가 적자 상태이며 41.2%의 병원은 3년 이내, 14.7%는 5년 이내 문을 닫을 것이라고 응답했다.●●● 정부에서는 그에 따른 수가를 보전한다는 대책을 내놓았지만 이미 많은 병상이 없어진 2025년이 7월 1일이 되어서야 폐쇄병동 입원 환자에 대한 의료급여 정액 수가 가산에 대한 구체적인 안이 시행되었다. 대한정신의료기관협회에 따르면 당시 정책 시행으로 사라진 병상이 9000병상에 이른다.[•] 정확한 사유는 알려지지 않았지만 성안드레아병원이 폐원한 것도 그 무렵이다.

기존 연구는 정신과 병상의 감소가 자살률의 증가와 밀접한 상관관계가 있다는 사실을 보여준다.[••] 병상 수 감소 자체도 문제이지만 더 심각한 것은 이런 변화가 너무 급격히 일어났다는 점이다. 병상 수 감소가 예상된다면 정책 시행 전에 환자들의 사회 복귀와 재활, 거주를 위한 준비가 미리 이루어져야 마땅하지만 한국은 그런 인프라가 아직 턱없이 부족하며 지방으로 갈수록 상황은 더 심각하다. 실제 정신질환자 관련 범죄가 잇따라 일어나 사회적 불안이 크던 2019년 5월 보건복지부에서 발표한 「중증정신질환자 보호·재활 지원을 위한 우선 조치 방안」에는 환자들이 지역사회 연계가 미흡하고 정신건강복지센터의 인력이 부족하며 재활 시설 부족 등으로 퇴원 이후 지역에서 지속적인 치료·재활 서비스를 받지 못하는 현

[•••] 「메디칼타임즈」, "정신병원 5곳 줄폐업 '정부 정책 따랐을 뿐인데 도산'", 2024. 6. 7.

[•] 「메디칼타임즈」, "2년간 정신과 9000병상 사라졌다… 지역 정신병원 폐업 수순", 2023. 5. 13.

[••] Bastiampillai, Tarun et al., "Increase in US Suicide Rates and the Critical Decline in Psychiatric Beds", *JAMA* vol. 316,24 (2016): 2591-2592.

실을 정확히 지적한다. 수도권 재활 시설이 전체의 51.3%를 차지하고 기초 지자체 중 45.6%(104개소)는 재활 시설이 미설치되어 있다는 사실을 알고 있음에도 정부 당국이 병상 수가 급격히 줄어들 수 있는 정책을 한 번에 추진한 것이다.

정책 강행과 함께 많은 환자들이 퇴원하였고, 갑작스런 병상 수 감소에 따라 전국 정신 응급 대응은 위기에 빠졌다. 자살을 시도하다 구조되거나 정신증적 증상으로 타해 위험이 높은 환자가 입원할 병원을 찾지 못해 이른바 응급실 '뺑뺑이'를 돌며 경찰, 소방 인력과 함께 수 시간, 많게는 하루 종일 배회하는 일이 전국 곳곳에서 일어나고 있다.●●● 결국에는 입원하지 못해 응급 처치 후 귀가 조치를 해야만 하는 경우도 비일비재하여 환자와 가족들은 또 다시 위험에 노출된다. 시스템이 환자를 안전하게 치료·보호하지 못하고 가족이 그 돌봄의 부담을 고스란히 떠안아야 하는 일이 반복해서 일어나고 있는 것이다. 입원이 어려워 현장의 정신건강전문요원과 경찰관, 소방관, 의료진 사이에 갈등이 일어나는 일도 흔하다. 원래 시스템에 문제가 생기면 그 전체 그림을 모르는 말단의 사람들끼리 치고받고 싸우게 되는 것이다. 우리나라 사람들이 은행에서 새치기 문제로 다투지 않는 것은 시민 의식이 훌륭해서가 아니라 번호표

●●● 「의협신문」, "팬데믹 3년간 쌓인 정신건강 '대위기'… 정신응급도 '표류'", 2023. 10. 1.

발급 시스템이 존재하기 때문이다.

폐쇄병동에 입원하기가 어려워진 법률적, 사회적, 의학적 이유

"입원할 수 없습니다. 법이 그래요."

병상 수 감소 말고도 중증 정신 질환자가 입원 치료를 받기 어려운 이유는 몇 가지가 더 있다. 2016년 6월 29일, 기존 정신보건법의 보호의무자에 의한 입원 조항에 대한 헌법 불합치 판결이 내려지면서 1년여에 걸쳐 정신보건법은 **정신건강증진 및 정신질환자 복지서비스 지원에 관한 법률**(이하 '정신건강복지법')로 전면 개정되었다.

기존 정신보건법은 정신질환자를 "정신병, 인격장애, 알코올 및 약물 중독 기타 비정신병적 정신장애를 가진 자"로 정의하였으나 새로운 법에서는 정신질환자를 "망상, 환각, 사고思考나 기분의 장애 등으로 인하여 독립적으로 일상생활을 영위하는 데 중대한 제약이 있는 사람"으로 정의하여 그 범위를 **축소**하였다.

또한 흔히 강제 입원이라고 일컬어지는 비자의 입원의 요건을 강화하여 자타해 위험(자신의 건강 또는 안전이나 다른 사람에게 해를 끼칠 위험)과 치료 필요성(입원 치료 또는 요양을 받을 만한 정도 또는 성질의 정신질환을 앓고 있는 경우) 두 가지 요건을 모두 **충족**하는 환자만 비자의 입원이 가능하도록 했다. 기존 정신보건법에서는 두 가지 요건 중 하나만 충족하더라도 입원이 가능했다.

여기에서 큰 문제가 발생한다. 정신질환자의 정의를 좁게 한정함으로써 알코올 의존 등 중독 질환이나 인격 장애 등의 문제가 있는 환자는 법률상 정신질환자의 정의에 포함되지 않아 비자의 입원이 불가능하다. 또한 자타해 위험이 입원의 필수 조건이 되면서 증상으로 인해 본격적으로 행동 문제가 시작되는 급성기 이전의 전구기 상태에서는 입원 치료가 어려워졌다.

치료받아야 할 환청이나 망상 등의 정신증적 증상이 있어도 음성증상•으로 인해 방 안에서 나오려 하지 않고 병식••이 없어 병원 진료나 투약을 거부해도 치료받게 할 방법이 없어진 것이다. 모든 질병이 그렇지만 정신질환 역시 조기에 치료받아야 그 경과와 예후가 좋고 만성화와 여러 가지 기능의 저하를 막을 수 있다. 정신병적 증상이 발생한 후 첫 치료를 받기까지 걸린 기간을 **정신증 미치료 기간**Duration of Untreated Psychosis, DUP이라고 하는데, 환자를 위해서는 이 기간이 짧을수록 좋다. 현재의 법률상 입원 요건으로는 정신증 미치료 기간이 길어질 수밖에 없다. 가족들이 환자를 병원으로 데려오기도 힘들고 경찰이나 소방관을 부른다 한들 현재 폭력 행동이

• 음성증상: 정신과적 질환, 특히 조현병 등에서 사용하는 용어로, 건강한 사람이라면 정상적으로 보여야 할 모습이 사라지는 상태를 뜻한다. 사회적 위축, 언어 감소, 주변에 대한 무관심, 무감동, 무의욕, 감정 표현 감소 등의 증상이 있다.

•• 병식(Insight): 질병 인식. 현재 자신이 병에 걸려 있다는 자각.

나 자해, 자살 시도 등 명확한 위험 행동을 보이지 않는 상황에서 환자를 연행하거나 이송할 근거가 없기 때문이다. 특히 정신 질환으로 진단받은 적이 없는 초발 환자의 경우는 더 그렇다.

"오랜만에 왔어요, 선생님. 사실은 중간에 투약을 중단하고 사고가 있어서 교도소에 다녀왔어요."

더 심각한 문제는 실제 자타해 위험이 발생하여 입원 치료가 필요한 상황이 되면 법적 문제로 인해 병원이 아닌 교정 시설에 수용된다는 사실이다. 한국 형사·법무정책연구원에서 낸 통계●에 따르면 보건복지부에 등록된 정신장애인의 수는 2023년 현재 약 10.4만 명으로 지난 10년간 전반적으로 증가하는 양상을 보였으나 2017년 정신건강복지법이 시행된 이후 정신의료기관 입원 및 정신요양시설 입소자 수는 2017년 7만 7161명에서 2023년 6만 4666명으로 해마다 점차 감소한 것으로 나타났다.

하지만 정신장애 범죄자 수는 2017년 정신건강복지법 시행 후 큰 폭 감소한 이후 다시 지속적으로 증가하는 추세를 보이며 2023년(1만 3994명)에는 2017년(9089명)보다 훨씬 많은 인원이 단

● 한국형사·법무정책연구원(KICJ), "정신건강복지법 시행 후, 정신질환자는 어디로 갔을까?", 2025. 5. 8.

　　　　　　　　　　　　　　9장. 아이언맨은 없다

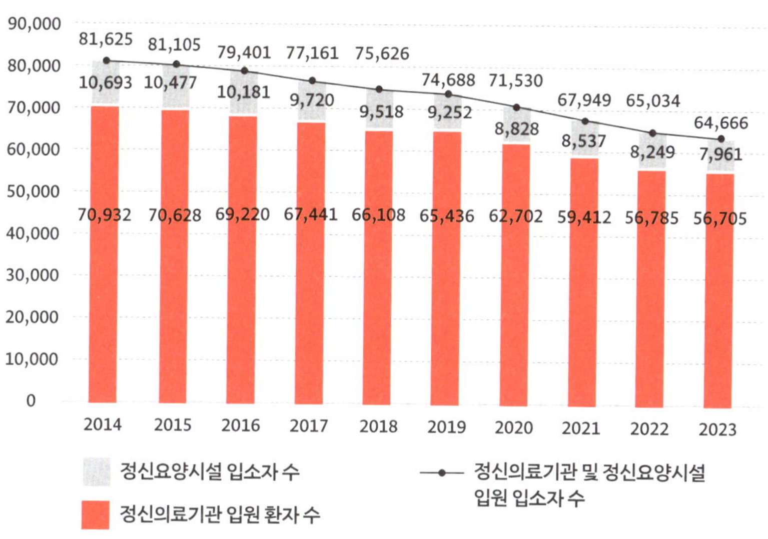

정신의료기관 입원 및 정신요양시설 입소자 수

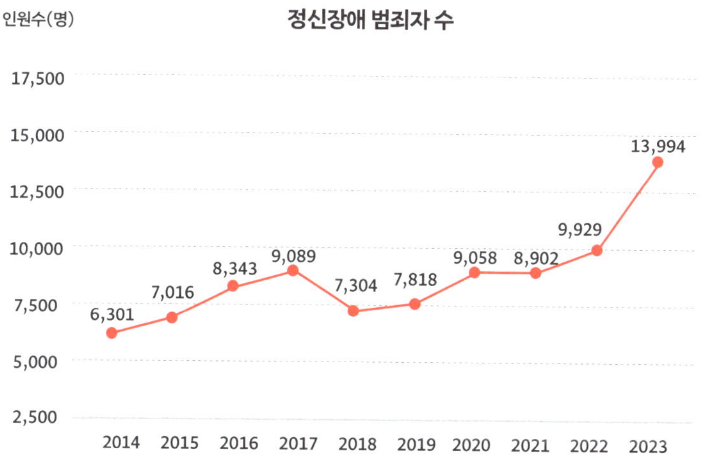

정신장애 범죄자 수

자료: 국가통계포털(KOSIS), '정신장애범죄자' 검색 결과, http://kosis.kr
(원자료: 검찰청 '범죄분석통계').

속되었음을 볼 수 있다.•

　또한 그만큼 교정 시설에 수용된 정신질환자 수 역시 꾸준히 증가하는 추세이다(2017년 3379명, 2023년 6094명).•• 교정 시설에 구속·수감되는 정신장애 범죄자 수가 증가하는 반면 교정 시설 내 정신 질환의 치료를 담당하는 국립법무병원(구 치료감호소)의 피치료 감호자 수는 매년 감소하고 있어 교정 시설 내에서의 정신 질환에 대한 법의학적 관리가 매우 미흡함을 알 수 있다(2023년 기준 정신질환자 총 6094명 중 731명만 치료감호 처분•••). 심지어 국립법무병원에 근무하는 정신건강의학과 전문의들은 인력 부족으로 주치의 한 명당 100명이 넘는 환자를 진료하기도 한다.

　이런 통계들을 통해 정신의료기관에 입원했던 많은 환자가 교정 시설로 **횡수용화**trans-institutionalization되고, 그중 일부만이 그나마 치료 중심의 기관에 입소하여 열악한 조건에서 치료를 받고 있음을 확인할 수 있다. 그런 기관에 입소하더라도 질환에 따라 명확히 구분된 전문적인 치료와 재활 역시 힘든 실정이다. 그렇게 출소한 정

•　국가통계포털(KOSIS), '정신장애범죄자' 검색 결과, http://kosis.kr(원자료: 검찰청 '범죄분석통계').

••　법무부 교정본부, "교정시설 내 병명별 환자 현황", 「2024 교정통계연보」, 2024, 105쪽.

•••　법무부 범죄예방정책국, "피치료감호자의 유형별 수용 현황", 「2024 범죄예방정책 통계분석」, 2024, 291쪽.

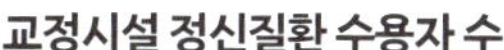

교정시설 정신질환 수용자 수

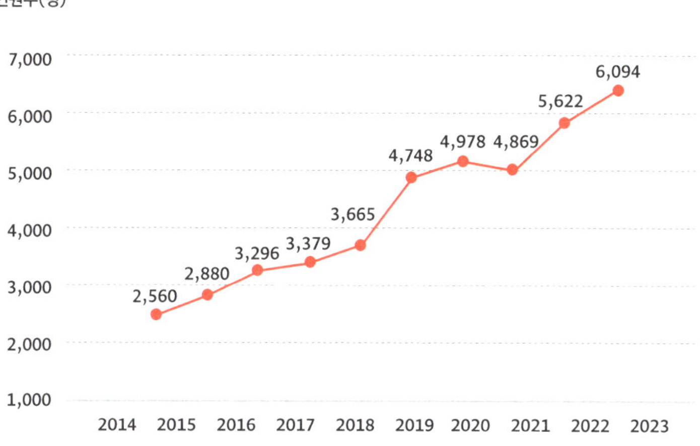

자료: 법무부 교정본부, "교정시설 내 병명별 환자 현황", 「2024 교정통계연보」, 2024, 105쪽.

국립법무병원 피치료감호자 중 심신장애인 수

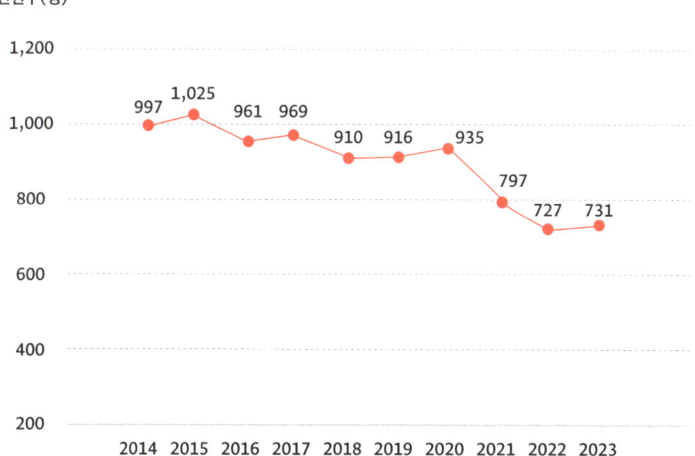

자료: 법무부 범죄예방정책국, "피치료감호자 유형별 현황", 「2020 범죄예방정책 통계분석」, 2020.
법무부 범죄예방정책국, "피치료감호자의 유형별 수용 현황", 「2024 범죄예방정책 통계분석」, 2024.

신질환자가 또 다시 정신의료기관에 입원할 가능성이 높고 입원하지 못하면 다시 범죄를 저지르고 교정 시설에 수용되는 악순환을 낳을 수 있다.

"부모님은 돌아가셨고,
이혼해서 자식들과 연락 끊은 지 오래됐어요."

입원하기 어려운 또 다른 이유는 가족의 해체와 관련이 있다. 환자가 비자의 입원으로 입원하려면 요건을 갖춘 보호의무자 2인의 동의가 있어야 한다. 물론 보호의무자가 1명밖에 없는 경우에는 1인의 동의로도 입원이 가능하지만 문제는 보호의무자가 없는 경우다. 2023년 기준 1인 가구 수는 약 783만 가구로 전체의 35.5%에 이르며● 이는 매년 증가세를 보여왔고 2050년에는 40%에 육박할 것으로 예측된다. 보호의무자 역할을 해줄 가족이 없는 이들이 더 많아진다는 뜻이다.

조현병은 주로 20~30대에 발병하여 제대로 치료받고 관리하지 않으면 평생에 걸쳐 만성화된다. 이 과정에서 그나마 부모가 있는 경우는 부모가 환자와 동거하며 치료 과정을 함께해주기도 한다. 하지만 그 어떤 가족도 시간을 이길 수는 없고, 환자의 부모가 연로

● 국가통계포털(KOSIS).

해지거나 돌아가시게 되면 환자 돌봄에 대한 부담은 형제, 친척들이 떠맡게 된다. 환자와 함께 거주하던 부모와 달리, 생계에 바쁜 가족들은 환자의 일상생활에 적절하고 충분한 도움을 제공하기가 어렵다. 오랜 유병 기간 동안 입퇴원이 반복되며 지친 가족들이 즉시 입원이 필요한 응급 상황에 연락을 받지 않는 경우도 흔하다. 보호의무자를 찾을 수 없는 경우 입원 과정에서 해당 정신건강복지센터 등의 실무자들이 응급실에서 한없이 대기해야 하는 경우도 생긴다. 또 어렵게 입원을 하더라도 자의 입원으로 입원한 환자가 퇴원을 요구하면 법률상 지체 없이 퇴원시켜야 하는데 아직 충분히 치료되지 않은 상태에서 가족 동행 없이 환자를 퇴원시키는 것이 환자를 유기하는 꼴이 되는 경우도 있다. 투약 관리 등 기본적인 생활 관리가 가능한 정신 재활 및 거주 시설에라도 입소하면 좋겠지만 공석이 없는 경우가 대부분이고 본인이 동의하지 않으면 그것마저도 불가능하다.

"신체적인 문제를 같이 치료할 수 있는 병원으로 가세요."

중증 정신질환자는 고혈압, 당뇨, 간질환, 대뇌혈관질환 등 신체적인 동반 질환이 있는 경우가 많다. 서울시정신건강복지사업지원단이 2021년 발간한 자료[**]에 따르면 중증 정신질환자 가운데 만성 신체질환을 앓는 비율은 2014년 53.9%에서 2019년 61.8%로 증가했다. 종합병원이 아닌 정신과 병원에 어렵게 입원하더라도 신체적 질환에 대한 진료를 위해서는 외진이 필요한 경우가 많다. 특히 신체질환으로 인한 응급 상황이 발생하는 경우 보호자의 조력이 필수적이다. 급히 이송을 하더라도 치료 과정에 대한 중요한 문제는 가족이 결정하고 동의해야 하기 때문이다. 직원들이 병원 차량을 이용해 외진을 도와주면 되지 않느냐고 가족들이 요구하는 일도 흔한데, 앞서 언급했듯이 저수가로 인해 일선 정신과 병원은 최소한의 인력으로 병동을 운영한다. 환자 외진을 위해 의료진이 한 명이라도 출장을 가게 되면 남은 의료진의 부담이 커질 수밖에 없고 이는 병동의 환자 안전 문제와 직결된다. 그래서 현실적으로는 보호의무자 역할을 적극적으로 할 수 있는 사람이 없는 중증의 신체질환이 동반된 환자들은 다른 진료과 협진이 가능한 상급종합병원에서의 치료를 권유받게 된다. 특히 외상이 있거나 외과적 처치나 수술이 필요한 경우는 더 그렇다. 하지만 상급종합병원은 다인실이 적거나 없는 경우도 있어 추가적인 병실료를 따로 부담해야 입원이 가능한 경우가 대부분이다. 이런 상황이다 보니 경제적으로 취약한 중증 정신질환자들은 사실상 어느 병원이든 입원 자체가 어려워지는 경우도 많다.

보호의무자가 없는 경우 시군구청장 등 지자체장이 진행하는

●● 양미 외, 『2014-2019 국민건강보험자료 분석 결과보고서』, 서울시정신건강복지사업지원단, 2021.

행정 입원으로 비자의 입원이 가능하지만 이런 경우 입원 후에 생기는 모든 문제를 병원이 떠안아야 하기 때문에 역시 관리가 어려운 신체적 질환이 동반된 경우에는 상급병원으로의 입원을 권유할 수밖에 없다. 입원의 주체가 되는 행정기관에서 담당 직원을 배정하여 외진이나 외출에 필요한 보호의무자의 역할을 대신하도록 하면 좋겠지만 보통은 입원 과정까지만 관여하는 경우가 대부분이다. 그리고 입원만 시키면 손을 터는 바깥 세계와 달리 그때부터 모든 문제가 시작되는 병동의 세계가 존재한다. 1인 가구가 급증하는 시대에 중증 정신질환자의 적절한 입원 치료를 위해서는 이런 문제들에 대한 지자체 혹은 정부 차원의 예산, 인력 지원이 필요하다. 보호의무자 없는 입원 환자의 보호의무자 역할을 대신할 사람이 필요한 것이다. 중증 정신질환 국가책임제에 관한 논의가 종종 언급되고 있지만 국가가 책임진다고 해도 결국 환자를 돌보고 치료하는 것은 사람이 하는 일이다.

이렇듯 관리가 힘든 신체적 질환이 동반된 환자는 여러 진료 과목의 협진이 가능한 상급종합병원에 입원하는 것이 이상적이지만 대학병원에서조차 폐쇄병동은 없어지는 추세이다. 2024년 2월 갑작스럽게 발표된 의료 개혁 정책으로 인한 의정 갈등과 의료 공백 상황에서 상급병원 구조 전환이라는 명분하에 이런 경향은 더 가속화되었다. 병원 경영자의 관점에서도 인권적으로 법률적으로 문제 될 소지만 많고 인력과 시설 유지에 많은 비용이 들어가는데 수가는 턱없이 낮아 적자를 감당해야 하는 폐쇄병동을 유지할 이유가 없는 것이다.

어떤 환자에게는 치료가 인권이며 자유다

실제 진료실에서 일어나는 대화들

"선생님, 집에 딸이 있는데 몇 달 전부터 환청이 들리는지 혼잣말을 하면서 방에서 나오지를 않아요. 누가 자기를 감시한다면서 창문도 테이프로 다 막아놨어요. 병원에서 입원할 수 있게 차량을 좀 보내 주시면 안 되나요?"

영화나 드라마를 보면 병원에서 차량을 보내 병원 직원들이 환자를 강제로 끌고 가서 입원시키는 장면이 나오지만 정신보건법이 제정되기 이전에나 볼 수 있던 일이며 지금은 당연히 불법이다. 어떻게든 환자를 설득해 병원으로 함께 와야 한다. 하지만 어렵게 함께 오더라도 자타해 위협이 저명하지 않은 상태에서 본인이 입원을 거부하면 외래 통원 치료밖에 방법이 없고 약물을 처방해도 투약하지 않는 경우가 많다. 특히 조현병, 양극성장애의 조증 삽화 등 정신증은 처음 발병한 당시에는 스스로 병이라고 인식하지 못하는 경우가 대부분이다.

강제로라도 입원을 시키려면 정신증적 증상이나 기분 증상에 의한 자타해 위험이 생길 경우 경찰과 소방관의 도움을 받아 이송하여 응급 입원 등의 절차를 통해 비자의 입원으로 입원해야 한다. 하지만 위와 같이 뚜렷한 자타해 위험 없이 애매하게 폭언과 와해된 행동 등의 증상만 보이는 경우 경찰이나 소방관이 출동하더라도 병원으로 데려갈 방법이 없다. 막상 출동하면 행동이 억제되어 현행범으로 연행하거나 이송하기 애매해지는 경우가 대부분이고 그렇다고 해서 가족이 환자를 고소하는 것도 현실적으로는 어렵다. 그리고 병원에 가더라도 병실이 없다. **뺑뺑이.**

> "선생님, 집에 아버지가 계신데 몇 달 째 하루 종일 술만 드세요. 알코올 의존 치료를 위해서 병원에 가자고 해도 좀처럼 말을 듣지 않아요. 술 먹다가 넘어져서 머리를 다쳐 대학병원 응급실에 실려 간 적이 있는데 거기에는 폐쇄병동에 자리가 없대요. 뇌출혈은 없으니 다른 과에 입원할 정도도 아니라고 해서 퇴원했어요. 어떻게 하면 될까요?"

알코올 의존 환자 역시 술을 먹다가 쓰러지지 않는 한 병원으로 데려가기 힘들다. 결국 지속된 음주로 다치거나 췌장염, 간염 등 신체 상태가 악화되어야만 구급차를 통한 응급실 이송이 가능하게 되는데, 정신건강의학과가 있는 병원으로 가더라도 상급종합병원에는 폐쇄병동이 없는 경우가 많고, 있다 하더라도 병상이 많지 않아 대부분은 바로 입원하기 힘들며, 병상이 있다고 해도 본인이 동의하지 않는 한 입원은 불가능하다. 최선의 방법은 응급실에서 정신건강의학과 전문의나 전공의를 만나서 면담 후 외래 통원 치료를 권유하는 일인데 이마저도 본인이 방문을 거부하면 방법이 없다.

폐쇄병동에 환자를 자의에 반해 입원시키는 것은 자유를 억압하고 인권을 탄압하기 위해서가 아니다. 외부의 자극이나 스트레스 요인, 자살과 자해 충동으로부터 환자를 보호하고 정신증적 증상으로 인해 발생할 수 있는 자타해 위험을 예방하기 위한 목적이다. 심지어 병동 안에서조차 의료진이 최선을 다하더라도 위험을 완전히 예방하기 힘든 경우도 있다. "자유가 치료다"라는 유명한 구호가 있지만 스스로 병을 인식하지 못하고 치료받지 못해 비참한 생활을 하고 있는 환자와 그 가족들을 만나본다면, 반대로 그가 회복해서 퇴원하여 지역사회에서 건강하게 살아간다는 모습을 본다면 **"치료가 자유다"**라는 역의 명제도 성립함을 알게 될 것이다. 외부적인 구속이나 무엇에 얽매이지 아니하고 '자기' 마음대로 할 수 있는 상태를 자유라 한다면, **그 진정한 '자기'를 잃어버릴 수도 있는 것**이 중증 정신질환의 급성기 상태이기 때문이다. 적절히 치료받아 진정한 자기를 회복할 수 있는 것도 인간의 권리가 아닐까.

환자를 억지로 입원시켜서 치료하는 것은 의료진에게도 힘든 일이다. 퇴원을 요구하는 환자를 지속적으로 설득하고 투약을 거부하는 환자에게 투약을 권하고 프로그램 참여를 독려하고 일상생활을 유지하도록 돕는 일이 병동에서는 매일 반복된다. 그 안에서도 환자가 자해나 자살을 시도하는 경우가 있고 퇴원을 요구하며 폭력을 행사하는 경우도, 심지어는 주치의나 의료진을 협박하는 경우도 있다. 환자들끼리 다툼이 생기기도 하고 다치기도 한다. 심한 경우 안전을 위해 격리나 강박 조치가 필요한 경우도 있다. 물론 일부 병원이 저지르는 반인권적인 행태에 대해서는 강력한 규제와 처벌이 필요하다는 데 동의한다. 하지만 환자 제재와 관리 조치들이 완전히 불가능해진다면 병동 환경은 의료진뿐 아니라 다른 환자들, 무엇보다 환자 자신에게도 위험해질 수 있다. 환자의 폭력적인 행동을 제한할 방법이 없어진다면 결국 그런 환자들은 병동에서 입원 치료를 유지하지 못하고 구치소로 가게 되는 악순환이 반복될 것이다.

정신건강의학과 전문의를 구할 수가 없어요

"공고를 내도 지원하는 선생님이 없어요. 선생님 좀 구해주세요."

정신건강의학과 병원들에서 이런 말이 들리고 있다. 지방일수록 상황은 더 심각하다. 수년 전부터 이른바 '필수의료' 분야의 전문의가 부족해서 응급실 뺑뺑이를 돌다가 환자가 사망하는 사건들이 자주 보도되었다. 이송 문의를 해도 해당 병원에서는 그 분야의 전문의가 없거나 인프라가 부족하여 최종 진료가 불가능한 상황이라, 진료 가능한 병원으로 환자를 이송하려다 보니 시간은 지체되고 환자는 위독해진다. 진료를 거부하는 것이 아니라 전문 인력 이탈로 환자를 받아도 치료할 수가 없어 수용이 불가능한 것이다. 환자가 응급실에 일단 이송이 완료되어 입원하게 되면 최종적인 치료가 가능한 병원을 수소문하는 것은 응급의학과 의사와 병원의 책임이 된다.

응급실 의사는 한 명의 환자만 진료하는 것이 아니다. 의사가 한 환자를 돌보는 동안 그 환자뿐 아니라 다른 환자의 진료 역시 지체될 수밖에 없으며 그로 인해 생기는 모든 책임을 온전히 담당 의사가 지게 된다. 특정 분야의 전문가가 부족할수록 의사 하나가 감당해야 하는 위험은 커질 수밖에 없으니 인력 공백이 생기면 생길수록 의사의 의료 현장 이탈은 가속화될 수밖에 없다. 그렇다고 필수의료가 아닌 다른 분야에 종사하는 의사들에 비해 많은 보상이 주어지는 것도 아니다. 그런 상황에서 무조건 환자를 수용하도록 하는 법안이 추진 중이라 하니 참담하다. 그렇게 되면 앞으로 응급실에서 일하는 것은 법적으로 위험한 일이 된다. 열악한 상황에서도 버티던 많은 의사들이 응급실을 떠날 수밖에 없을 것이다.

정신건강의학과 의사들에게도 비슷한 일이 일어났다. 2016년, 입원 관련 서류 미비 등의 이유로 경기 북부 지역에서 50명 넘는 정신건강의학과 전문의를 수사하고 기소하는 사건이 있었다. 그중 대부분이 무죄로 결론 났지만 이 사건을 계기로 정신과 입원 병동에서 일하는 것은 신체적, 심리적 위험뿐 아니라 법적인 위험도 감수

해야 하는 일이 되었다. 실제로 입원 병동이 있는 병원에서 일하다 보면 국가인권위원회 진정이나 인신 보호 구제청구(위법하게 시설에 수용되거나 부당하게 신체의 자유를 침해당한 사람이 법원에 자신의 석방이나 구제를 요청하는 절차)등으로 소명서를 쓰거나 법원에 출두하는 일이 종종 발생한다.

그렇게 일련의 사건을 계기로 입원 병동에 근무하던 많은 전문의들이 개원을 선택했고 최근 수년간 신규 정신건강의학과 의원이 급격하게 늘어났다. 물론 그렇게 된 데는 정신건강의학과 진료에 대한 일반의 인식 개선과 외래 진료 수요 증가 등 다양한 요인이 있겠지만 의사들에게 입원 병동 근무가 여러모로 부담스러워졌다는 사실 역시 간과할 수 없다. 우리나라는 민간 의료기관의 비율이 전체의 90% 이상으로 매우 높다. 복잡한 행정 절차로 인한 부담, 법적인 위험, 갈수록 까다로워지는 규정과 규제, 그렇다고 보상이 큰 것도 아닌 폐쇄병동을 운영한다는 것 자체가 민간 병원에서는 사명감에 가까운 일이 되었다. 정신건강의학과 전문의들의 대화에서는 아직 병동을 운영하는 선생님들이 존경스럽다는 말과 함께 언제까지 병동을 운영할 수 있을지 모르겠다는 이야기가 자주 오간다. 병동을 운영하더라도 절차상의 어려움과 법적인 부담 때문에 자의 입원으로만 환자를 입원시켜 진료하는 병원들도 공공연하게 있으나 전국적으로 그 실태 파악조차 되지 않는 실정이다.

대학병원과 상급종합병원에서 폐쇄병동이 사라지는 것은 또 다른 문제를 낳는다. 정신건강의학과 전공의 수련 과정에서 폐쇄병동 진료에 관한 수련이 불가능해지는 것이다. 기껏해야 지역의 병원들로 파견을 가거나 순환 근무를 하며 병동을 경험하는 것이 전부인데 이렇게 되면 전문의가 된 후에도 입원 환자를 보는 것이 부담스러운 일이 되고 외래 진료만 보는 병의원에 취업하거나 개원을 선택하게 될 가능성이 높다.

최근 한 국립 정신병원에서 정신건강의학과 전문의 부재로 폐쇄병동 운영을 일정 기간 중단하는 일이 있었다. 전공의 시절 은사님께서 늘 하시던 말씀이 생각난다. 이 세상에 우연히 일어나는 일은 없다. 그 이유를 내가 모를 뿐.

통계 장난

"세상에는 세 가지 종류의 거짓말이 있다. 거짓말과 새빨간 거짓말, 그리고 통계There are three kinds of lies: lies, damned lies, and statistics."
– 마크 트웨인이 영국 정치인 벤저민 디즈레일리의 말을 인용했다며 남긴 말

정신의료기관에 입원하는 환자 수가 줄고 그중에서도 비자의입원의 비율이 줄어드는 것은 환자의 사회 복귀를 지향하는 정신보건의 기본 방향과 환자의 자기 결정권을 존중해야 한다는 인권의 측면에서 매우 바람직한 일이다, 라는 문장을 읽고 '그렇지, 그렇지'

하는 생각이 든다면 한 번쯤 다른 각도에서 생각해볼 필요가 있다.

개정된 정신건강복지법이 시행된 이후에 보건복지부에서는 자의 입원 비율이 획기적으로 늘었다고 발표했다. 2024년 12월 11일 국회도서관에서 발간한 자료●의 정신의료기관 입원 유형별 현황을 보면 정신건강복지법이 시행되기 직전인 2016년의 비자의적 입원율은 전체의 61.6%였고 시행 직후인 2017년에는 36.8%로 급격히 감소했다. 반대로 자의적 입원률은 38.4%에서 63.2%로 급격히 증가했다.

하지만 여기에는 함정이 있다. 자의적 입원에는 두 가지 종류가 있다. 온전히 환자 스스로 입퇴원을 결정하는 자의 입원과 환자와 보호의무자 1명이 함께 입원을 신청하는 동의 입원이 그것이다. 동의 입원은 환자가 입원을 신청한다는 점에서 자의적 입원의 하나로 분류되지만 입원 이후 비자의 입원(보호 입원, 행정 입원)으로 변경이 가능한 형태의 입원으로, 진정한 의미의 자의 입원으로 보기는 어렵다는 비판이 있어왔다.

2023년 자의적 입원의 비율은 62.4%이며 그중 동의 입원은 전체의 20.6%로 이 비율을 제한다면 2023년 순수한 자의 입원 환

● 최경원, "데이터로 보는 정신의료기관 입원제도", 국회도서관 「Data & Law」 2024-13호(통권 제 25호), 2024.

자는 41.7%로 개정 법률 시행 직전인 2016년의 38.4%와 큰 차이가 없다. 비자의적 입원율도 2019년 32.1%까지 감소하였으나 이후 다시 증가하여 2023년에는 36.5%를 기록했다. 이에 동의 입원을 더하면 57.1%로 이전에 비자의적으로 입원하던 환자의 비율(2016년 61.6%)과 비슷한 양상으로 입원 형태만 바뀐 채 병원에 입원하고 있음을 시사한다. 하지만 국가 통계에서는 동의 입원은 자의적 입원으로 분류되기 때문에 통계적 결과가 확연하게 아름다워지는 효과가 있다.

통계의 마법은 정신의료기관 입원 및 정신요양 시설 입소자 수에서도 나타난다. 앞서 언급한 한국형사·법무정책연구원 자료에 따르면 정신의료기관 입원 및 정신요양 시설 입소자 수는 정신건강복지법 시행 후 점차 감소한 것으로 나타났고, 이러한 경향은 정신장애인의 지역사회 통합을 지향하는 UN 장애인권리협약이나 정신건강복지법의 관점에서 매우 바람직한 현상이라고 해석했다. 하지만 입소자 수 감소는 많은 부분 앞서 이야기했던 정신병동 병상 수 감소에 기인한다. 탈시설과 탈원화는 퇴원한 환자들이 지역사회에서 생활할 수 있는 기반을 마련하며 재활을 위한 인프라를 갖춘 상태에서 단계적으로 추진해야 한다. 지금까지 우리 사회의 탈원화는 그런 체계적인 대비 없이 단지 병상 수를 줄이고 병원을 없애는 방향으로 이루어져왔다. 그것도 매우 급격하게. 그런 식이라면 정신병원 전체를 폐쇄해버린다면 한국은 세계적인 인권 선진국이 될 수도 있을 것이다. 준비되지 않은 탈원화에 따른 돌봄의 부담은 환자의 가족들이 온전히 떠안고 있는 것이 현실이며 가족이 없는 환자들은 교정 시설에 입소하게 되는 등 치료와 사회 복귀로부터 더욱 멀어지고 있다. 성급하게 제도 변화를 시도할 때마다 정신건강의학과 의사들과 현장의 실무자들이 우려를 밝혔지만 결국 그 우려 그대로 현실이 되고 있다.

새로운 무언가를 만들고 시작하기 전에

"있는 센터들이나 좀 지원하지, 또 무슨 사업을 빌미로 일이 늘어날지 그게 걱정일 뿐이에요."
— 정신건강복지센터에서 근무 중인 정신건강전문요원의 말

정신의료기관 이외에도 지역사회의 정신건강을 위해 힘쓰는 기관들이 이미 많이 있다. 2025년 현재 전국 각 지역에는 263개의 광역·기초정신건강복지센터, 63개의 중독관리통합지원센터, 56개의 자살예방센터 등이 설치되어 있다.[•] 이들 기관에서는 지역사회 정신건강 증진을 위한 예방, 회복 지원, 사례관리 등의 서비스를 제

[•] 보건복지부국립정신건강센터, 『2025 전국 정신건강관련 기관 현황집』, 2025.

공하며 환자 응급 대응 등 위기에 처한 이들의 치료 연계에도 결정적인 역할을 하는 경우가 많다. 소아 청소년에서부터 노인까지, 전화 상담에서부터 가정 방문까지, 경증의 우울증부터 중증 정신질환까지의 사례관리, 예방에서부터 치료 연계, 질병 교육, 재활, 사회복귀 훈련, 주거 연계, 가족 교육과 관리, 편견 해소 사업과 홍보에 이르기까지 실로 방대한 범위의 정신건강 사업을 수행한다.

그러다 보니 실무자들은 격무에 시달리고 정신 응급 대응이나 밀도 있는 사례관리에 어려움을 겪고 있다. 『국가 정신건강현황 보고서 2024』에 따르면 사례관리자 1인당 등록정신질환자 수는 22.5명이다. 이것도 여러 가지 사건 사고 이후 인력 지원을 늘려 기존 1인당 60여명●에서 많이 줄어든 것이지만 아직 지역 편차가 커 1인당 30명 가까운 대상자를 담당하는 곳도 있다. 실적 위주의 센터 간 경쟁, 평가 체계가 관행이 되다 보니 실무자들은 늘 실적 압박에 시달리며 서류 작업에 많은 시간을 쏟는다. 그리고 뉴스에 정신건강 관련 이슈가 터지면 또 새로운 사업을 추진하라는 공문이 현장을 모르는 상급 기관에서 떨어지고, 지난 사업들에 새로운 사업을 얹는 형태로 업무가 가중된다. 추가적인 실적 압박은 덤이다.

그렇게 많은 실무자들이 오래 근속하지 못하고 퇴사한다. 보

● 보건복지부, 「중증정신질환자 보호·재활 지원을 위한 우선 조치 방안」, 2019. 5., 4쪽.

 　　　　　　　　　　　　　　

건복지부 자료에 따르면 2021년 한 해, 배치된 지 3년 이내 퇴직한 이가 495명에 달했고, 2018~2021년 입사자 중 3년 이내 퇴직자는 1220명이었는데 같은 기간 입사한 이의 22.5%에 해당하는 인원이며 실제 퇴직자 비율은 이것보다 높을 것으로 보인다고 한다.[●●] 2023년 연구[●●●]에서는 전라남도(22개소), 충청북도(14개소) 지역의 기초정신건강복지센터를 대상으로 조사한 시범 평가 결과 36개월 이상 근속률이 평균 29.40%에 불과했다.

숙련이 될 만하면 퇴사하고 신규 인력이 채워지면 다시 그만두는 악순환이 반복된다. 아직 충분히 숙련되지 않은 직원이 바로 현장에 투입되다 보니 신체적, 심리적 위험을 미처 예방하지 못하는 경우도 많다. 현장 방문을 갔다가 대상자의 폭언과 폭력에 노출되기도 하고, 자살예방사업 중 사망한 대상자를 발견하고 트라우마를 겪기도 하며, 더러는 집요한 민원에 시달리기도 한다. 정신건강 서비스를 제공하는 실무자들조차도 정신건강의 위기를 경험하는 경우가 흔히 있으나 관련한 실태조사조차 제대로 이루어지지 않고 있다.

[●●]　「세계일보」, "〈단독〉 고용 불안·업무 과중… 구멍 난 '정신건강센터' 〈심층기획–국민정신건강 관리망 흔들〉", 2023. 4. 24.

[●●●]　국립정신건강센터, 「정신건강복지센터 평가체계 운영강화 연구」, 2023.

상담과 정신보건 사업에 종사하는 사람들이 하는 일은 어떻게 보면 내가 가진 마음의 힘을 힘겨운 누군가에게 나누어주는 것이라 할 수 있다. 하지만 현장을 발로 뛰는 많은 실무자들이 그런 힘이 부족할 만큼 소진되어가는 것이 현실이다. 누군가를 돕고자 하는 순수하고 선한 마음으로 일을 시작하지만 현장에 실망하고 떠나는 일이 반복해서 일어나고 있다.

기초정신건강복지센터는 지자체 보건소의 직영 운영(94기관)이나 민간 위탁(148기관) 형태로 운영되는데 2020년 기준으로 기초정신건강복지센터 상근 인력의 70%에 달하는 인원이 비정규직으로 고용 불안정성이 높다.● 실무자 입장에서는 지자체 여건에 따라 예상치 못하게 계약 연장이 되지 않는 경우도 생기고, 운영 형태가 전환되거나 위탁 기관이 변경되면서 고용이 승계되지 않거나 많은 인원이 동시에 해고되는 일도 벌어진다. 호봉을 인정받지 못하는 경우도 흔하다. 열악한 처우로 인해 돌봄 서비스 제공자들이 빈번하게 퇴사하며 사례관리 대상자에게도 일관적인 서비스 제공이 어렵게 된다. 실무자가 전문성을 축적하여 업무를 지속할 수 없는 환경에서 정신건강서비스의 질적 향상 역시 기대하기 어렵다.

● 「헬스경향」, "남인순 의원, 기초정신건강복지센터 종사자 70%가 비정규직", 2021. 10. 5.

특히 정신건강전문요원이 되기 위해서는 간호사, 사회복지사, 임상심리사, 작업치료사가 되고 나서도 일정한 기간 수련을 추가로 받아야 한다. 자격 취득 과정이 어려운 것에 비해 처우가 열악한 것도 이들의 퇴사를 부추긴다. 이들이 어렵게 수련해 쌓은 능력을 발휘할 수 없게 된다는 점에서도 사회적 낭비가 매우 크다.

한국은 전체 보건 예산 중 정신건강 투자 비율이 2023년 기준 1.9%(약 3158억 원)에 불과하다. 이처럼 눈에 보이지 않는 분야에 대한 투자를 늘리고 현장 실무자들의 근무 환경과 복지, 처우를 개선하지 않는 이상 정신건강증진과 자살률 감소는 요원한 목표다.

제발 현장의 이야기를 듣고 단계적으로 추진하세요

"우선 시행하고 향후 발생하는 문제점을 보완해나가겠다."
― 보건복지부

어떤 문제가 발생할 것을 예상하고 현장에서 아무리 경고해도, 결국 급히 강행하고 예상한 바로 그 문제가 정확히 나타나길 반복하는 것이 의료 정책이다. 문제가 본격적으로 나타나면 현장 상황은 이미 비가역적인 경우가 많다. 도대체 뭐가 그리 급한 것일까. 제발 어떤 정책이든 천천히 살살 단계적으로 추진해주길 정부 당국에 간곡히 부탁드리고 싶다.

부디 현장의 목소리를 들었으면 한다. 책상에 앉아 숫자를 보는 사람들의 이야기 말고, 제때 제대로 치료받기 어려운 상황에 놓인 환자와 환자의 가족들, 발로 뛰며 정신질환자를 만나는 정신건강 분야 실무자들, 그리고 그런 현장을 연구하는 전문가들과 의료진의 이야기를.

막간의 여유를 틈타 진료실에서 이 글을 마감하고 있는데 마침 한 노모가 오셔서 아들이 몇 개월째 약도 안 먹고 집에서 하루 종일 술만 먹는다며 제발 입원 좀 시켜달라면서 흐느끼신다.

어머님, 말씀을 들으니 저도 너무너무 안타깝지만 환자를 데리고 오셔야 입원을 시켜드리지요.

같이하는 마음

박진성

이 책은 실제 진료 현장에서 사람들의 삶을 가장 가까이에서 마주해온 의사들이 함께 쓴 기록이다. 각자의 진료실에서 본 고민을 한자리에 모으는 이런 시도에 참여할 수 있어 개인적으로 큰 영광이었다.

참 복잡한 세상이다. 자극은 넘쳐나고 집중력 도둑은 잡을 길이 없다. 에필로그 몇 줄을 쓰는 데 반나절이 걸렸음을 수줍게 고백한다. 당신은 혼자가 아니라는 사실이 작은 위로가 되기를 바란다.

하주원

어떤 날은 맑을 겁니다. 하지만 다른 날은 또 차가운 장대비가 쏟아질 거라고 합니다. 『마음 예보』를 통해 어떤 날씨든 행복하게 이겨내는 데 작은 도움이 되기를.

차승민

글을 쓰고 싶어 하고 글에 관심이 많다는 공통점을 가지고 모인 사람들이라 같이 뭔가를 써보자 하는 마음이 쉽게 모였고, 다들 본업만큼이나 열심히 글을 써 이렇게 책이 되었다. 혼자서 쓸 때는 어렵고 외롭고 잘하고 있는지 모르겠고 불안했다면, 다른 사람들과 함께하는 작업은 비록 몸은 떨어져 있지만 같이한다는 생각만으로도 든든했다. 그리고 이렇게 결과물을 만나게 되니 그저 감개무량하다. 결국 사람이 사람에게 주는 위안이 세상을 살아가게 하듯이, 같이하는 마음들이 이 책을 읽는 당신의 하루하루 버티는 삶에 작은 힘이 되기를 빈다.

이두형

정신건강의학과 진료 현장이란 삶과 인간의 바닥을 보는 연속이다. 정신과 의사는 성공하거나 운이 좋은 일부의 특권이 아닌, 좀 더 보편적인 행복과 삶의 의미를 고찰하는 직업이다. 각자의 전문 영역을 바탕으로 어둠에서 빛을 찾는 의미 있는 과정에 참여할 수 있어, 쑥스럽지만 기뻤다. 읽는 분들이 익숙한 불행과 낯선 행복에 대해 영감과 통찰을 얻을 수 있기를, 그로써 조금은 삶이 나아지기를 바라본다.

장광호(팔호광장)

평소 동경해왔던 선생님들과 같은 책에 글을 실을 수 있다는 것만으로도 스스로가 자랑스럽습니다. 다른 정신과 의사의 눈으로 새로운 각도에서 세상을 바라볼 수 있었던 배움의 과정이기도 했습니다. 진료실에 찾아오는 분들은 종종 누군가를 탓합니다. 자신을 탓하기도 하고 남을 탓하기도 하지만 어떤 경우 서로 다투고 탓할 수밖에 없는 커다란 시스템의 문제가 뒤에 숨어 있음을 기억해주셨으면 하는 바람으로 맡은 부분을 썼습니다. 여러 선생님의 훌륭한 글들을 병풍 삼아 소심하게나마 작은 돌 하나를 세상에 던질 수 있어 감사하고도 든든한 마음입니다. 겨울에 던진 작은 돌이 여기저기 구르고 굴러 현실을 변화시킬 큰 눈덩이가 되기를 소망해봅니다.

배승민

아이들을 진료하는 내내 손에서 흘러나가는 물을 붙잡는 심정이곤 했다. 사건들 생각에 긴장을 풀지 못해 나도 모르게 자면서도 자꾸 이를 악물었고, 30대 초반의 어느 날, 일어나니 어금니가 깨져 있었다. 내 직업을 모르는 동네 치과에서는 나에게 자는 동안 너무 턱에 힘을 주는 게 원인 같다며 스트레스를 줄이라고 조언했다. 하지만 나는 긴장을 푸는 순간, 손아귀에 쥔 긴장을 잠시라도 놓으면 아이들을 더 놓칠 것만 같은 조바심에 사로잡혀 있었다. 그러다 어느 순간, 부들거리는 내 손에 슬그머니 닿는 따뜻한 손길을 느꼈다. 한 손 한 손 마주 잡으며 '우리'는 점점 늘어났다. 정신을 차려보니 그동안 내가 혼자라고 착각했을 뿐, 수많은 선후배와 동료들이 언제나 함께였다. 매일매일 맑음이 아니라고 해서 모든 순간이 아픔인 것도 아니었다. 함께하는 이들과 함께, 하는 순간은 언제나 감사하다는 것을, 이번 책을 작업하며 새삼 깨달을 수 있었다. 이 책이 닿는 모든 이들이, 그러한 연대의 순간, 그 순간의 감사함을 느낄 수 있기를 바란다.

지민아

이 책을 쓰기 전까지 나는 '함께한다'는 말을 조금 거창하게 생각했던 것 같다. 처음에는 이렇게 다른 주제와 문체의 글들이 과연 어울릴 수 있을지 쉽게 그려지지 않았다. 하지만 엮고 보니 우리는 같은 색이 되지 않고도 충분히 연결될 수 있었다. 혼자였다면 버거웠을 이 작업을 함께였기에 끝까지 마무리할 수 있었다. 이 책이 독자 분들 각자의 삶에서도 그런 '함께'를 발견하는 작은 계기가 되기를 바란다.

박종석

아홉 분의 글을 하나로 이어주신 편집자님의 능력과 열정에 박수를 보냅니다. 여덟 명의 동료이자 친구들에게 많이 배우고 영감 받았습니다. 내년, 내후년에도 『마음 예보』가 이어지기를.

　　　　　　　　　　　　　　　　　　

윤홍균

순한 사람들과 웃으면서 작업했지만, 막상 보내온 원고들을 읽어보니 '다들 속으로는 이를 갈았구나' 하고 감탄했다. 그리고 '나만 못 썼다고 혼나면 어쩌나' 하는 생각에 내내 불안해했다. 에필로그를 모으는 지금도, 다들 "덕분이다" "감사하다" 하면서도 여전히 수백 번 고민하고 다듬은 문장들을 보내주고 있다.

동료들을 보며 '어쩜 저렇게 똑똑하면서도 친절할 수 있지?'라고 생각했는데, 생각해보니 아는 것이 많아서 착한 것 같다. 공부들도 많이 했지만 이야기들도 많이 듣고, 다른 이에게 공감해보려던 노력들이 모여서 저런 사람들이 된 것 같다.

식상한 얘기 같지만 많은 것을 배우는 시간이었다. 생각지도 않았던 경쟁심이 불타오르기도 했지만, 나보다 나은 사람들을 보면서 뿌듯해지는 경험도 했다. 이런 양가적인 행복감을 많은 사람들과 나누고 싶다. '우와! 저 사람이 나보다 낫다. 다행이다' 하는 느낌. 이런 게 팀워크인가?

마음 예보

초판 1쇄 발행 2026년 1월 22일
초판 3쇄 발행 2026년 1월 30일

지은이 윤홍균, 박진성, 하주원, 이두형, 박종석, 지민아, 배승민, 차승민, 장광호(팔호광장)
펴낸이 유정연

이사 김귀분
책임편집 유리슬아 **기획편집** 신성식 조현주 이지은 황서연 유자영 정유진 **디자인** 안수진 기경란
마케팅 반지영 박중혁 하유정 **제작** 임정호 **경영지원** 박소영

펴낸곳 흐름출판(주) **출판등록** 제313-2003-199호(2003년 5월 28일)
주소 서울시 마포구 월드컵북로5길 48-9(서교동)
전화 (02)325-4944 **팩스** (02)325-4945 **이메일** book@hbooks.co.kr
홈페이지 hbooks.co.kr **인스타그램** instagram.com/nextwave_pub
출력·인쇄·제본 (주)삼광프린팅 **용지** 월드페이퍼(주) **후가공** (주)이지앤비(특허 제10-1081185호)

ISBN 978-89-6596-792-7 03180